陕西省交通规划设计研究院有限公司系列专著

黄土沟壑区高速公路勘察设计关键技术

陕西省交通规划设计研究院有限公司　主编

人民交通出版社股份有限公司

北京

内容提要

本书共包括10章,从黄土沟壑区高速公路建设入手,重点介绍黄土沟壑区高速公路勘察设计关键技术,内容包括:概述、地质勘察、总体设计及路线勘察设计、路基路面勘察设计、桥梁涵洞勘察设计、隧道勘察设计、互通式立交勘察设计、交通工程及沿线设施勘察设计、环境保护与景观设计、四新技术应用等。

本书可供高速公路勘察设计人员工作参考,亦可作为高等院校相关专业人员的教学研究参考书。

图书在版编目(CIP)数据

黄土沟壑区高速公路勘察设计关键技术/陕西省交通规划设计研究院有限公司主编. — 北京:人民交通出版社股份有限公司,2022.7
ISBN 978-7-114-18045-3

Ⅰ.①黄… Ⅱ.①陕… Ⅲ.①黄土区—沟壑—高速公路—道路工程—工程地质勘察 Ⅳ.①U412.36

中国版本图书馆 CIP 数据核字(2022)第 107113 号

书　　名:	黄土沟壑区高速公路勘察设计关键技术
著 作 者:	陕西省交通规划设计研究院有限公司
责任编辑:	刘永超　石　遥
责任校对:	孙国靖　魏佳宁
责任印制:	刘高彤
出版发行:	人民交通出版社股份有限公司
地　　址:	(100011)北京市朝阳区安定门外外馆斜街3号
网　　址:	http://www.ccpcl.com.cn
销售电话:	(010)59757973
总 经 销:	人民交通出版社股份有限公司发行部
经　　销:	各地新华书店
印　　刷:	北京印匠彩色印刷有限公司
开　　本:	787×1092　1/16
印　　张:	18.5
字　　数:	415千
版　　次:	2022年7月　第1版
印　　次:	2022年7月　第1次印刷
书　　号:	ISBN 978-7-114-18045-3
定　　价:	170.00元

(有印刷、装订质量问题的图书由本公司负责调换)

《黄土沟壑区高速公路勘察设计关键技术》编审委员会

审定委员会

主　　任：陈长海
副 主 任：郭永谊　张　弛
委　　员：王永平　李展望　吴战军　韦　虎　张　亮
　　　　　田　秦　陈晓轩　安登奎

编写委员会

主　　编：熊　鹰　吕　琼
副 主 编：冯联武　姚　军　王　涛　石永飞　任　权
参编人员：姚　庆　马　杰　孙　星　侯春红　郭　珮
　　　　　刘孝康　张倩云　师日圣　卢斌莹　陈锦文
　　　　　魏　鑫　刘　斌　孙乾峰　肖松涛　张国庆
　　　　　米　瑞　贺　欣　张　瑛　周　瑶　王子言
　　　　　马　青　郭　钊　乔　琳　张俊英　王　山
　　　　　李　玲　孙兴华

前　言

本书以陕西省内黄土沟壑区的地形、地貌、地质等特点为基础,对该区域完成的公路勘察设计项目建设运营效果、经验以及教训进行全面、系统的总结,最终形成整套先进实用的勘察设计技术成果。

本书共分10章。其中,概述章节主要介绍了陕西省内黄土沟壑区高速公路建设历史及现状,分析了黄土分布特点、黄土沟壑区高速公路特点,总结了黄土沟壑区高速公路勘察设计的难点;工程勘察章节针对黄土沟壑区地形地貌,重点对其区域地质条件、勘察关键技术及应用进行介绍;路线章节基于地质、勘察要点,介绍路线的设计原则、指标运用、方案比选,并对重点案例展开分析;路基路面章节对不同类型的路基设计、防护、排水、路面设计进行介绍;桥梁涵洞章节对桥梁的勘察设计、排水防护设计进行了介绍,并且重点对特殊区域的桥梁设计展开叙述;隧道章节针对黄土沟壑区的地质特点,对区域内的隧道设计、衬砌、排水分块介绍;互通式立交章节对互通总体的设计原则,黄土沟壑区互通式立交特点、位置选择、方案比选展开了详细介绍;交通工程章节重点对机电工程、沿线房建工程等进行介绍;环境保护章节结合陕南黄土沟壑区自然特点和高速公路特点,给出了环境保护与景观设计的相关指导建议;最后一章对黄土沟壑区设计中运用的新技术进行了汇总,介绍及评价各项新技术的特点以及应用情况。

本书主要以陕西省内黄土沟壑区高速公路工程为依托,对地质勘察、总体、路线、路基路面、桥涵、隧道、互通式立交、交通工程及沿线设施、环境保护与景观设计以及四新技术应用,从设计思路、控制标准、具体措施、关键技术等方面进行系统全面的总结和提炼,期望能为黄土沟壑区其他高速公路建设提供借鉴和参考。

本书参阅了大量的国内参考文献,在此对各文献作者一并致谢!

本书如有未尽善之处,希望读者提出宝贵意见,以便及时修改完善。

编者

2022年4月

目 录

第1章 概述 ··· 1
  1.1 黄土沟壑区高速公路发展成就 ································ 1
  1.2 黄土沟壑区地质条件 ··· 7
  1.3 黄土沟壑区高速公路勘察设计的难点 ······················ 19
  1.4 品质工程理念在勘察设计中的落实 ························· 22
  1.5 绿色公路理念在勘察设计中的落实 ························· 31

第2章 地质勘察 ··· 40
  2.1 区域地质条件 ·· 40
  2.2 勘察关键技术及应用 ·· 72

第3章 总体设计及路线勘察设计 ································ 147
  3.1 总体设计 ·· 147
  3.2 路线设计 ·· 150
  3.3 黄土沟壑区典型勘察设计案例 ······························· 163

第4章 路基路面勘察设计 ··· 168
  4.1 路基工程 ·· 168
  4.2 路面设计 ·· 190

第5章 桥梁涵洞勘察设计 ··· 196
  5.1 概述 ·· 196
  5.2 桥梁总体设计 ··· 196
  5.3 水文分析 ·· 200
  5.4 桥梁勘测及设计 ·· 202
  5.5 特殊地基桥梁的设计 ·· 208

第6章 隧道勘察设计 ·· 211
  6.1 隧道总体设计 ··· 211
  6.2 洞门设计 ·· 214
  6.3 衬砌结构设计 ··· 215

6.4	防排水设计	219
6.5	经典案例	220

第7章 互通式立交勘察设计 … 224

7.1	互通式立交的作用及设计原则	224
7.2	互通式立交的特点	225
7.3	互通式立交的位置选择	225
7.4	互通式立交形式选择	227
7.5	互通式立交匝道视距设计	231
7.6	互通式立交设计及典型案例	232

第8章 交通工程及沿线设施勘察设计 … 238

8.1	机电工程	238
8.2	房建工程	248

第9章 环境保护与景观设计 … 255

9.1	总体要求	255
9.2	景观设计	256
9.3	环境保护	266

第10章 四新技术应用 … 272

10.1	便携式激光扫描测量	272
10.2	航空摄影测量	273
10.3	机载激光扫描测量	278
10.4	成果形式	282
10.5	BIM技术的应用	282

参考文献 … 284

第1章 概　　述

1.1 黄土沟壑区高速公路发展成就

1.1.1 发展历程

陕西的高速公路是伴随着改革开放的坚强脚步和现代化建设的伟大进程而发展壮大起来的。从1986年西安至临潼高速公路开工建设起步，到1990建成通车实现陕西高速公路"零的突破"，20世纪90年代，陕西先后建成三原至铜川、西安至宝鸡、临潼至渭南等高速公路，实现关中黄土地区的西安、咸阳、宝鸡、渭南以及铜川等5地市之间的高速公路连接。进入21世纪，高速公路建设步伐持续加快。2003年底，陕西高速公路通车里程达到1000km，陕西成为中国西北第一个、西部第二个高速公路通车里程突破1000km的省份。2007年12月13日，咸阳至永寿高速公路建成通车，宣告陕西高速公路通车里程突破2000km，达到2064km，居当时西部地区第一位。2010年11月10日，青岛至兰州高速公路陕西段正式建成通车，标志着陕西高速公路突破3000km，继续保持西部第一位。2012年9月29日，榆林至绥德高速公路通车，陕西高速公路通车里程突破4000km，达到4039km，陕西高速公路网基本形成。之后，结合经济发展及社会效益，高速公路建设步伐有所减缓，截至2018年底陕西省高速公路通车总里程达5475km。截至2020年底，陕西平利至镇坪、太白至凤县等11条（段）高速公路建成通车，解决了剩余8个县通高速公路问题，新增通车里程578km，全省高速公路通车里程突破6000km。按照陕西省"十四五"交通发展规划，陕西高速公路通车总里程将突破7000km，省际出口数量将增至29个。图1-1～图1-6为陕西黄土沟壑区有代表性的几条高速公路。

1.1.2 建设成就

截至2020年底，陕西省高速公路通车里程超过6000km，而位于黄土高原地区的就超过4500km。交通运输是国民经济和社会发展的基础性和先导性产业，更是能源开发的重要基础设施。陕北经济的跨越式发展以及关中城市群的极速发展，与以高速公路为主的交通跨越式发展密不可分。改革开放以来，交通基础设施的不断完善，尤其是福银高速公路（西安至长武段)、包茂高速公路(西安至榆林段)、京昆高速公路(西安至韩城段)、连霍高速公路(渭南至宝鸡段),以及西安绕城、西安咸阳机场、渭南至富平等高速公路的建成通车,让地处中华大地中部的陕西迅速发展。关中城市群在全国区域经济战略格局中被定位为陕西乃至西北地区的重要生产科研基地,由此形成了高等院校、科研院所、国有大中型企业相对密集且能够辐射西北经济发展的产业密集区。

图1-1 合阳至铜川高速公路

图1-2 铜川至黄陵高速公路

图1-3 旬邑至凤县高速公路

第 1 章 概　述

图 1-4　延长至黄龙高速公路

图 1-5　黄陵至延安高速公路

图 1-6　榆林至绥德高速公路

2012 年 9 月,榆林至绥德高速公路建成通车,其与包茂高速公路、青银高速公路相接(图 1-7),在榆林国家能源重化工基地形成了一个高速公路环线,缩短了榆林、内蒙古优质煤炭经青银高速公路吴堡黄河大桥出陕供应华北、华东地区的距离,破解了区域发展的交通瓶颈,加快了以榆林、米脂、绥德盐化工业区为代表的能源重化工基地的建设。

图1-7　榆林至绥德高速公路立交桥

延安安塞经志丹至吴起高速公路(以下简称延志吴高速公路,见图1-8)所经区域沟壑纵横、山峦重叠、滑坡多发,地质条件复杂,小于100m的短路基达160多处,施工难度极大。陕西省交通运输厅在建设管理上,大力推广新技术、新材料、新工艺、新设备的应用,全面提升建设品质。2013年12月,延志吴高速公路建成通车,不仅为延安开辟了一条红色旅游大通途,也对完善陕西高速公路网、优化延安市路网结构、促进区域经济发展、推进白于山区的扶贫开发起到了十分重要的作用。

图1-8　延志吴高速公路

对外畅通、对内便捷的高速公路网强有力地支撑起了陕北绿色、多元、低碳化的持续快速发展,生机勃勃的国家新型能源中心正在陕北大地上形成。

2015年12月8日,西咸北环线高速公路(图1-9)建成通车,标志着陕西省高速公路通车里程突破5000km。作为国内首条"大规模、多用途、新技术、低成本、高质量"综合利用建筑垃圾再生材料的高速公路,西咸北环线高速公路被交通运输部列为"全国生态环保示范工程"。西咸北环线横跨福银、京昆、连霍、包茂等10条高速公路,把高陵装备工业、阎良航空工业和临潼现代工业三个组团连成一线,西安东西南北各个方向的车辆不必再经西安绕城高速公路进行转换,有效缓解了西安绕城高速公路的交通压力,节省了运输车辆的通行成本。

图1-9　西咸北环线高速公路

2012年3月,韩国三星电子投资70亿美元的存储芯片项目落户西安高新区。两个月后,三星电子快速干道(图1-10)项目开工,次年11月建成通车,创出了陕西公路建设的"陕西速度、交通效率",架起了陕西外向型经济腾飞发展的新干线。美光半导体、霍尼韦尔、韩国信泰电子、日本NEC、华为、中兴等1000余家电子信息企业先后入驻西安高新区,陕西区域性电子信息产业集群加速成长。

图1-10　三星电子快速干道

2013年9月,渭南至玉山高速公路(图1-11)开工。陕西省交通运输厅大力推行精细化管理、标准化施工,引进新设备,采用新工法和信息化管理手段,有效解决了原地面处理、"三背"(涵洞涵背、桥台台背、挡土墙墙背)回填控制、高边坡防护等质量通病难题,确保了工程结构安全、质量耐久。该高速公路建成通车后,在京昆、连霍、沪陕3条国家高速公路陕西境内段之间形成了一条新的联络线,大大增强关中东部局域路网的便捷性和公路运输的应急保障能力,对西安、渭南经济社会发展和对外交流产生直接的促进作用,同时进一步扩大西安经济辐射带动的范围。

图 1-11 渭南至玉山高速公路

2015年11月,西安至临潼高速公路(图 1-12)改扩建工程通车。至此,八车道的连霍高速公路(陕西境)横贯关中,串起渭南、西安、咸阳、宝鸡4个国家级高新技术产业开发区,杨凌国家级农业高新技术产业示范区和阎良国家级航空高技术产业基地,"通道经济"的辐射带动作用进一步增强。图 1-13 为西安至宝鸡高速公路。

图 1-12 西安至临潼高速公路

图 1-13 西安至宝鸡高速公路

高速公路的有效串联，让地处关中的大中城市逐渐形成城镇群发展格局，"关中城市群"这个概念便逐渐形成。2018年1月9日，国务院正式批准了《关中平原城市群发展规划》，提出以西安为中心的"米"字形高速公路网将加快人口、经济要素向关中平原城市群和西安都市圈集聚，进一步提升宝鸡、铜川、渭南、杨凌、商洛、运城、临汾、天水、平凉、庆阳等重要节点的综合承载能力，适度扩大城市人口规模，提升综合服务功能，发挥关中平原城市群承东启西、连接南北的区位优势，推动全国经济增长和市场空间由东向西、由南向北拓展。这有利于引领和支撑西北地区开发开放，有利于推进西部大开发，有利于纵深推进"一带一路"建设，有助于将关中平原城市群逐渐建成经济充满活力、生活品质优良、生态环境优美、彰显中华文化、具有国际影响力的国家级城市群。

1.2 黄土沟壑区地质条件

1.2.1 黄土的形成

大约在800万年以前，黄土高原地区是一片汪洋的湖泊，其西起青海日月山，东到河南洛阳，南至陕西秦岭，北达陕北长城，湖面辽阔，水如汪洋，面积有如今的6个渤海之大，可称其为黄土原湖。在这巨大湖泊的西岸，是一片广阔的沙漠，南边和东边是一片荒芜的山。由于此前的地质时期十分寒冷，大陆上吹的是干寒的西北风，所以风沙尘粉多是由西北向东南运行。在尘粉的运行过程中，大的颗粒总是要先落下来，中小的和小的依次后落下来，落进了广袤的黄土原湖，于是在这湖泊的底部就形成了从西向东泥土层由粗到细的格局，靠近西北部的地方，泥的颗粒较粗一些，靠近东南部的地方，泥土颗粒依次较细。随着千万年的风吹积累，湖底的泥土越来越厚，在水面涌浪的感应力和重力作用下，泥沙颗粒排布也越来越紧密，这就为以后黄土的坚硬打下了基础。

每当大暴雨的季节，强大的山洪又会挟带着山石和鹅卵石以及更粗大的沙粒奔向湖区，将这些石块粗沙平布在已积堆好的靠近湖边的黏土层上。而大暴雨过后，风沙尘粒又天长地久地落在湖中，将那些石块粗沙蒙盖好，靠近湖边的地区经常这样反复着，最终形成几层这样的泥层土、石层结构，这种运动大约持续了成千上万年。慢慢地，地球上的气候变得暖和起来，风暴渐渐地不那么强劲了，吹入湖中的泥灰也就越来越少了。随着天气的变暖，湖边也就渐渐长起了青草植被，湖中也慢慢有了贝类等小生物。大约2000万年以前，这里便有了数量众多的生物，而且有了大象、犀牛等热带动物，动物们常常在湖边嬉戏、游玩进食，有些死去的动物在湖边被泥沙埋起来，继而变成了化石。时间在推移，地球在变化，大约1500万年前的时候，这里的地貌发生很大的变化，从南印度洋推来的地球板块与欧亚大陆板块发生碰撞，以至把整个湖区慢慢地推升起来，湖的底部被抬高，湖水便一泻而下，向东边的底洼地区涌去，流向东海。

巨大的洪水挟带着泥土在华北平原上堆集,为以后华北平原的形成打下了最重要的基础。

在时间的推移下,黄土湖区愈抬愈高,而湖水变得越来越少,也越来越浅。终于,在大约800万年的时候,湖水干枯,黄土被抬出地面,而渐渐地成了高原,最终形成了如今黄土高坡的地貌。随着湖水的干枯,高原的形成,气候也渐渐变冷,大象、犀牛等热带动物也就慢慢灭绝了,于是形成了当今的地理环境和生态环境,这就是黄土高原的形成过程。

从黄土高原发展历史分析,黄土的物质来源及搬运外营力,在早、中更新世与晚更新世晚期以后有较大差异,源区所在地,也就是黄土发育最完整的地区,早、中更新世时是一个盆地,盆地中的物质主要来源于周围山地的风化壳。而早、中更新世黄土层底部常常是粉砂层或混杂带(红、黄相混的亚黏土),黄土本身较为致密,其内部有微层理、黏土团块等结构特征,因而确定搬运外力主要是水。至于晚更新世晚期,黄土湖区已由盆地被抬高为塬,并考虑到处于高原北部和西北部的沙漠已发育完善,故此时黄土物质来源主要是北部沙漠区,搬运营力主要是风。这一点从马兰黄土的疏松结构、成分单一等特征上可以得到证实。黄土的形成除了水、风等外营力将周围物质搬运堆积外,最重要的,也就是说形成黄土必不可少的一个条件是黄土物质堆积后必须要有一个风化过程,即黄土化过程。所以除生物作用外,在特定的干旱或半干旱的大陆性气候条件下,碳酸盐化的作用是黄土形成的最重要原因。因此,从这个意义上讲,黄土成因全应视作复合成因,即不能说单纯是风形成的,也不能说是一次性洪水灾害形成的。它是在特殊的地理环境和特别条件下,慢慢由风和水相互容存、相互作用而形成的。20世纪初,中国乃至世界地学界对黄土高原的成因进行过热烈的讨论,并提出了风成说、水成说、残积说和多种成因说等多种学说,后来认为黄土有复杂的形成过程,但风成过程是黄土形成的主要过程。

1.2.2 构造特征

黄土高原基岩构造以六盘山为界分为东西两部分,西部属西域陆块,东部属华北陆块。六盘山以西黄土高原以新生代断陷盆地为构造特征,陇中盆地黄土下伏基岩为直接堆积在古老岩层之上的中新世到上新世早期的甘肃群。甘肃群堆积后,上新世晚期地面抬升,黄河及其支流洮河、祖历河、葫芦河随抬升而下切,基岩地面成为起伏较大的丘陵状。甘肃群为一套含有石膏的紫红色黏土、砂质黏土、砂岩和砂砾岩。其成岩性差,抗蚀力较弱,在地下水浸泡和润滑作用下极易发生重力侵蚀,常形成大型滑坡。六盘山以东的华北陆台由鄂尔多斯台向斜和山西台背斜构成,中间夹以黄河凹陷,其地貌如图1-14所示。鄂尔多斯台向斜和山西台背斜是未经褶皱变动的前震旦纪陆台。

陕北、陇东和晋西的鄂尔多斯台向斜在中生代发展成为一个大型的内陆盆地,当时地势为东南高西北低,与今况刚好相反。西北部堆积了厚达1500m的完整中生代地层序列。其中神木、准格尔旗一带广泛出露的中生代灰绿色、黄绿色长石砂岩,当地叫砒砂岩,极易发生风化侵蚀,是当地及黄河中粗砂的主要来源。燕山运动使鄂尔多斯台向斜抬升,边缘发生断陷,形成汾渭谷地等一系列地堑谷地,到第三纪的中新世末鄂尔多斯台向斜成为准平原。上新世鄂尔多斯高原长城以南的准平原面上广泛堆积了三趾马红土,从三趾马红土的分布和厚度看,上新世时长城以南、渭北北山以北、六盘山与吕梁山之间是一个浅凹形的巨大盆地。地势西北高,东南低,与今相同。三趾马红土透水性极差,是黄土下覆的主要不透水层,而且三趾马红土容易吸水膨胀,是黄土高原大型滑坡的主要滑移层。上新世晚期到更新世,鄂尔多斯高原边缘如汾渭地堑谷地进一步发展,同时高原整体发生掀斜运动,使地面形成自西北向东南倾斜的斜面,控制着河流的流向。在地貌演变过程中沟谷的发展,谷间地有些形成面积不大的平台,有些成为长条状或椭圆状丘陵,它们是鄂尔多斯高原塬、墚、峁地形的基础。

图 1-14　华北陆台地貌图

山西台背斜包括太行山以西、吕梁山以东。五台山是山西台背斜最古老的部分,并以此为顶点向南延伸,东部为太行山,西部为吕梁山,两山之间为凹陷部分。古生代以来,凹陷部分堆积了巨厚的陆相碎屑物。燕山运动后山西台背斜中部受断裂作用晋中大断谷开始形成。中新世末晋中南的漳沁地区形成准平原,随后形成了上新世的三趾马红土堆积。喜马拉雅运动使山西台背斜进一步上升,晋中断谷不断发育,河流下切,到更新世黄土堆积时地面形成起伏较大的丘陵,表现为山地与断谷、盆地相间分布的地形特征。

黄土高原是新构造运动比较活跃的区域,新构造运动的主要表现是高原内部间歇性大面积整体抬升,同时周围的坳陷区域不断地沉降。从黄土高原广大地区河谷多发育有 3~4 级阶地等判断,第四纪以来黄土高原以抬升为主,抬升幅度在 150~30m,地壳抬升有利于河流下切和侵蚀地貌发育,也有利于土壤侵蚀过程的加强。黄土高原内部六盘山是新构造运动的抬升中心,据现代水准测量,抬升速度为 20mm/a。六盘山以西地区抬升量大于以东地区,抬升最快在华家岭一带,据 1934—1955 年陇海铁路水准测量,陇西、渭源等地现代抬升速度为 31.4mm/a,隆德、庄浪一带沟床下切速率达 45~240mm/100a。

华家岭以南地区河谷狭窄,一般有 3~4 级阶地,华家岭以北河谷较宽阔,只有 2~3 级阶地发育,所以华家岭以南抬升幅度更大。六盘山以东地区白于山至东胜一带是新构造运动抬升的中心。保德附近现代抬升速度为 3mm/a 左右。山西台背斜新构造运动抬升幅度较大,在五台山至恒山一带,这从五台山、恒山山前发育的串珠状洪积扇可以得到证明。第四纪黄土高原在抬升的同时,边缘坳陷区如银川平原、汾渭谷地在大幅度下沉,渭河平原固始凹陷第四纪沉积物厚度接近1000m。据地形变化资料,汾渭地堑的下沉速度为3mm/a。黄河自140万年前后冲出三门峡后,汾渭谷地是黄河中游众多支流的侵蚀基准面,一方面黄土高原不断抬升,另一方面汾渭谷地持续下沉,必然对黄土高原土壤侵蚀起促进作用。地震是黄土高原新构造运动的强烈表现形式,对历史时期黄土高原地震记载进行统计,可以反映出黄土高原历史时期新构造运动的强弱变化过程。

1.2.3 地貌特征

黄土高原地势西北高,东南低,自西北向东南呈波状下降。以六盘山和吕梁山为界把黄土高原分为东、中、西三部分:六盘山以西的黄土高原西部,海拔2000~3000m,是黄土高原地势最高的地区;六盘山与吕梁山之间的黄土高原中部,海拔1000~2000m,是黄土高原的主体;吕梁山以东的黄土高原东部,地势降至500~1000m,河谷平原占有较大比例。据此可将黄土高原分为山地区、黄土丘陵区、黄土塬区、黄土台塬区、河谷平原区。

1.2.3.1 山地区

黄土高原西部涅水与黄河谷地之间的拉脊山、马衔山等海拔3000~4000m,相对高差1000~2000m,地势高亢,河谷深切,谷坡陡峭,是黄土高原海拔最高的石质山地。黄土高原中部的六盘山、白于山、崂山、子午岭、黄龙山、关中盆地北侧的北山等主要为石质或土石中山。六盘山主脊海拔2500m以上,主峰米缸山海拔2942m,东西两侧地貌差异较大,是黄土高原中西部之间一条重要的地形界线。白于山海拔1500~1800m,是洛河、延河、无定河、清涧河等的发源地,山体黄土厚度50~70m,岭脊起伏和缓,山坡流水侵蚀、重力侵蚀活跃,是黄土高原典型的土石山地。子午岭、黄龙山,岭脊和缓,受人为采伐、开垦,植被破坏严重,流水侵蚀、重力侵蚀严重。关中盆地北侧的北山,由娄敬山、宝鉴山、碑子山、尧山等构成,海拔900~1200m,山势舒缓低矮,南陡北缓,主要由寒武、奥陶系灰岩构成,岩溶地貌发育。黄土高原东部山地主要有吕梁山、太行山、中条山等,以石质中山为主。吕梁山北起管涔山,南到龙门山,山体宽度30~100km,海拔多在1500m以上,山势北高南低,山顶起伏和缓,局部保留有宽展平坦的古夷平面。中条山位于晋豫之间,走向北东东,主脊海拔1500m左右,主峰雪花山海拔1994m,山势西高东低。山地区地貌如图1-15所示。

1.2.3.2 丘陵区

丘陵区是黄土高原面积最为辽阔的地貌区,占黄土高原面积的56.79%。由于丘陵区面积广大,各地之间存在着较大的差异。甘肃临夏、和政、渭源等地为土石丘陵,海拔1900~2300m,相对高差150~250m,坡面沟谷侵蚀强烈。甘肃定西、渭源、通渭、会宁等地分布着面积广大的黄土墚状丘陵。陕西白于山、子午岭、崂山的外围地区,以及富县、宜君一带丘陵多呈纵长的墚状,墚面坡度和缓、墚坡陡峭、坡面沟谷侵蚀活跃。分布于山西河曲、保德、兴县、临县等黄河沿岸,以及陕西绥德、米脂、佳县、清涧、神木、府谷等地的峁状丘陵是黄土高原最典型的丘陵地区,峁顶海拔 1200~1400m,呈错落的馒头状,赤坡多凸形坡,地面异常破碎,是黄土高原土壤侵蚀最强烈的地区。山西临县、离石、柳林、永和、汾西、古县等地,以及陕西延安、安塞等地为黄土墚峁丘陵,一般海拔 1300~1600m,相对切割深度 150~200m,墚赤坡面沟谷密布,坡面流水侵蚀、重力侵蚀活跃。陕西榆林、横山等长城沿线墚峁丘陵表层有薄层片沙覆盖,被称为沙盖墚峁丘陵。分布于陕西富县、宜川,陇东环县、庆阳、镇原等地的残塬墚峁丘陵是由黄土塬长期受侵蚀切割,塬面缩小,残破而成。丘陵区地貌如图 1-16 所示。

图 1-15 山地区地貌图

图 1-16 丘陵区地貌图

1.2.3.3 塬区

黄土塬区主要分布在陕甘宁盆地南部与西部以及陇西盆地北部,洛川塬、董志塬、白草塬、长武塬是黄土塬的代表。洛川塬位于子午岭和黄龙山之间的洛河中游,基底为三趾马红土覆盖的山间盆地,第四纪黄土厚度 120~150m,塬面向洛河倾斜。董志塬位于陕甘宁盆地西南,介于径河支流马莲河与蒲河之间，塬面海拔1250～1400m，走向为西北—东南。董志塬受基地古盆地控制，塬面宽畅开阔，长约80km，宽5～10km，最宽处近20km。白草塬位于祖历河中下游，在第三纪古盆地基础上形成，第四纪黄土厚度200m左右，塬面海拔1750～1900m，相对切割深度180～200m，塬面比较完整。长武塬位于径河流域，是陇东黄土塬的南延部分，塬面海拔1000～1300m，地势向东南倾斜，塬面比较完整。此外，在黄土塬的外围如山西曙县、大宁、吉县等地，太原盆地北部的黄寨、大孟一带，陕西宜川云岩河与仕望河流域，陇东环江流域等分布着大面积的黄土残塬。黄土残塬是黄土塬被沟谷分割的结果，塬面呈条块状。塬区地貌如图1-17所示。

图1-17 塬区地貌图

1.2.3.4 台塬区

黄土台塬区主要分布在关中盆地、汾河谷地、豫西、晋南黄河沿岸。关中黄土台塬沿渭河两侧呈东西向分布，渭河北岸面积更为宽广。渭河以北自西向东主要有陵塬、贾村塬、周塬、咸阳塬、合肠阳—澄城塬等。渭河以南自西向东主要有五丈塬、翠峰塬、神禾塬、少陵塬、乐游塬、白鹿塬、铜人塬、代王—马额塬、阳郭塬、孟塬等。关中黄土台塬呈阶梯状向渭河倾斜，塬面平坦。豫西山地北麓台塬沿黄河南岸东西延伸，较大的有张村塬、张汁塬、苏村塬、阳店塬、焦村塬、程村塬等，塬面呈阶梯状向黄河倾斜。晋南黄土台塬分布于中条山南麓苗城、平陆一带及峨眉台地，其中峨眉塬面积最大。汾河谷地黄土台塬沿汾河两侧分布，汾河下游浮山、翼城、翟山附近台塬面积尤为宽广。台塬区地貌如图1-18所示。

1.2.3.5 河谷平原区

关中平原、汾河谷地平原和伊洛河下游平原是黄土高原面积最大的三个平原。关中平原由渭河及其支流冲积而成，西起宝鸡、东至潼关，东西长300km。西安附近宽可达40km。渭河沿线的河漫滩宽窄不一，宝鸡附近宽0.5～0.7km，西安北郊宽4～6km，华县、华阴附近宽5～7km。渭河两岸有1～3级河流阶地，其中汁河与溺河之间阶地最宽可达10～20km。渭河北岸河流阶地在径河以东最为宽广，由径河、石川河、洛河共同形成，阶地宽度可达20～30km。汾河谷地平原主要分布在大同、忻州、太原、临汾、运城盆地，其中太原盆地长130km，宽15～

30km,是汾河流域面积最大的冲积平原。临汾盆地长150km,在临汾、洪洞一带最宽可达20km。伊洛河下游平原西起洛阳,东到巩义,面积达670km²。此外,在湟水、大夏河、洮河、祖历河、延河、无定河、秃尾河、窟野河、皇甫川、三川河、泾河、洛河及黄河干流分布着由河漫滩和河流阶地构成的河谷平原。黄河干流永靖至靖远平原呈串珠状沿河谷分布,以兰州、靖远面积为最大。兰州平原长35km,宽5~6km,发育有1~2级低阶地。湟水河谷地宽谷和峡谷相间分布,宽谷段形成宽广的河谷平原,如西宁段阶地宽可达4~5km。无定河在鱼河堡至绥德四十里铺段形成长60km、宽1000m的河谷平原,米脂县城1~2级阶地宽1300~1500m,上盐湾—鱼河峁附近宽度在2000m以上。河谷平原区地貌如图1-19所示。

图1-18 台塬区地貌图

图1-19 河谷平原区地貌图

1.2.4 气候特征

1.2.4.1 气候类型

黄土高原地理位置处在沿海向内陆、平原向高原过渡地带,自南向北兼跨暖温带、中温带两个热量带,自东向西横贯半湿润、半干旱两个干湿区。高原东部、南部属于暖温带半湿润区,中部属于暖温带半干旱区,西部和北部属于中温带半干旱区。黄土高原的气候既受经、纬度的影响,又受地形的制约,具有典型的大陆季风气候特征。

1.2.4.2 气温

黄土高原区域年平均温度为3.6~14.3℃,具有冬季严寒、夏季暖热的特点,气温年较差和日较差大,且东部和西部的温度变化较大。

1.2.4.3 降水

黄土高原东西之间的降水有较大差异,由于位于中纬度地带的东部季风区,又属高空盛行西风带的南部。冬季受蒙古高压控制,极地大陆气团南下,造成黄土高原冬季寒冷干燥、降水稀少。春季由于冬季风衰退,而较弱的太平洋暖湿气流还难以影响该地区,造成大气和土壤干旱明显,春旱现象严重。夏季黄土高原近地面处于大陆热低压槽的前部,而高空则在副热带高压的影响和控制之下,盛行太平洋热带海洋气团湿度较大,经冷空气的激发作用形成大面积降水,成为黄土高原降水的主要来源。秋季暖湿的海洋气团南退,冷空气进入黄土高原,但因南退的暖湿海洋气团受秦岭的阻挡,而变性大陆性气团侵入很快,形成较多的锋面降水。由此造成了黄土高原夏秋季多雨,而冬春季干旱少雨的降水特征,年降水量为150~750mm。该区域东南部的汾渭盆地和晋南、豫西黄土丘陵区,年降水量为600~750mm,是该地区降水最丰沛的部分。而位于西部和西北部的宁夏、内蒙古黄河沿岸地带,鄂尔多斯高原西部,甘肃靖远—景泰—永登一线,年降水量为150~250mm。降水400mm等值线通过榆林、靖边、环县、固原北部一带,将整个黄土高原划分为东南和西北两个部分,年降水量自东南向西北逐渐减少。一年之中,降水多集中在7—9月,占全年降水量的60%~80%,冬季降水一般只占到5%左右。而且由于季风的影响造成区域降水的年际和季节分配不均、变率大的特点,区内降水量的年相对变率平均为20%~30%,季节降水的相对变率更大,多在50%~90%。丰水年的降水量往往是枯水年的几倍,甚至几十倍。再有就是区内极容易产生暴雨天气,相对集中于陕北、晋西和内蒙古准格尔旗一带,最大暴雨强度高达2mm/min。

1.2.4.4 蒸发

黄土高原的蒸发量普遍高于实际降水量,年蒸发量为1400~2000mm,其总体趋势是南低北高、东低西高。就年蒸发的变率而言,一般是春末夏初最高,冬季最小。区域的农业气候资源具有如下特点:光热条件优越,但降水量少、蒸散量大,农田水分亏缺严重。大风和沙尘暴日数多。

1.2.5 黄土地层与黄土分布特征

1.2.5.1 黄土分布特征

黄土高原原生黄土是第四纪冰期干冷气候条件下的风尘堆积物,次生黄土是原生黄土经洪积、冲积改造而成的。在第四纪黄土堆积时期，随着冰期、间冰期的气候旋迴，黄土地层呈现黄土与古土壤的更替变化。根据黄土中的古土壤，黄土地层自下而上可以分为午城黄土、离石黄土、马兰黄土和全新世黄土。按洛川黑木沟黄土剖面，第十五层黄土下界面之下为早更新世午城黄土。第一古土壤上界面之下至第十五层黄土下界面之间为中更新离石黄土。第一黄土层是形成于晚更新世的马兰黄土。马兰黄土之上的黑沪土为形成于全新世的古土壤层。黄土高原黄土地层的分布厚度在六盘山与吕梁山之间一般为150~250m，六盘山以西一般在100m以内。不同地层黄土厚度也不相同：午城黄土厚度不大，洛川黑木沟为58m，山西午城为17.5m。离石黄土是黄土高原黄土地层的主体，一般厚度100~150m，最大厚度分布在径河与洛河的中游地区。马兰黄土分布极为广泛，一般厚度10~30m，天水附近小于10m，董志塬9.6m，洛川塬10m左右。全新世黄土厚度一般为2~3m，其中的黑沪土层厚度1~2m。

1.2.5.2 黄土粒度组成

黄土是在风力吹扬搬运下，在干旱半干旱环境堆积的风成堆积物，经过长距离的搬运和分选，其物质组成具有高度的均一性。黄土粒度以粒径0.05~0.005mm的粉砂为主，所占比例为58%~75%；其次为粒径大于0.05mm的细砂，占15%~32%；粒径小于0.005mm的黏土占10%左右。黄土粒径存在着自西北向东南逐渐变小的特点，这一特点以砂粒和黏粒的变化最为明显。北部榆林附近砂粒的质量比在30%以上，向南到清涧、延安附近降为20%左右，咸阳、宝鸡一带降至10%上下。相反，榆林地区黄土黏粒仅占10%左右，延安、清涧一带增至13%~18%，咸阳、宝鸡为23%~26%。这样自西北向东南根据黄土粒径可以把黄土高原黄土分为砂黄土、典型黄土和黏黄土三个带：静乐北—绥德—子长—环县—海原一线以北为砂黄土带，阳泉—沁县—浮山北—淳化—秦安—渭源以北、砂黄土带以南为典型黄土带，典型黄土带以南为黏黄土带。黄土在南北方向上的粒度分异对黄土地貌及土壤侵蚀具有深刻的影响。

黄土含有60多种矿物，其中石英占总质量的50%左右，长石占20%左右，碳酸钙占10%左右。就化学组成而言，以二氧化硅占优势（50%），其次为三氧化二氯（8%~15%），氧化钙（10%左右），以及三氧化二铁、氧化镁、氧化钾、氧化钠等，黄土中易溶性化学成分含量较高。

黄土结构为"点、棱接触支架式多孔结构"，土体疏松，垂直节理发育，极易渗水。黄土中细粒物质如黏土、易溶性盐类、石膏、碳酸盐等在干燥时固结成聚积体，使黄土具有较强的强度，而遇水后随着矿物溶解与分散，土体会迅速分散、崩解。黄土的抗侵蚀能力很弱。黄土中孔隙度一般可达45%~50%，尤其大孔隙特别突出，当受水浸润后土体在自重和上部压力作用下，易发生湿陷。同时大孔隙也成为土体中水体和细粒物质迁移的通道，使黄土易发生潜蚀。

1.2.5.3 黄土的物理力学性质

黄土是一种风力搬运堆积而的特殊物质，具有高孔隙比、低重度和低含水率等特征。其物理性质主要有含水率（w）、天然密度（ρ）、孔隙比（e）、塑限（w_p）、液限（w_L）、塑性指数（I_p）等，力学性质主要有压缩系数、湿陷系数、自重湿陷系数等，详见表1-1。

表1-1

湿陷性黄土的物理力学性质指标

分区	亚区	地貌	黄土层厚度（m）	湿陷性黄土层厚度（m）	地下水埋藏深度（m）	含水率 w(%)	天然密度 ρ (g/cm³)	液限 w_L(%)	塑性指数 I_p	孔隙比 e	压缩系数 $a_{0.1-0.2}$ (MPa⁻¹)	湿陷系数 δ_s	自重湿陷系数 δ_{zs}	特征简述
陇西含青海地区①	—	低阶地	4~25	3~16	4~18	6~25	1.2~1.8	21~30	4~12	0.70~1.20	0.10~0.90	0.020~0.200	0.010~0.200	自重湿陷性黄土分布很广，湿陷性黄土层厚度通常大于10m，地基湿陷等级多为Ⅲ~Ⅳ级，湿陷性敏感
		高阶地及台塬	15~100	8~35	20~80	3~20	1.2~1.8	21~30	5~12	0.80~1.30	0.10~0.70	0.020~0.220	0.010~0.200	
陇东—陕北—晋西地区②	—	低阶地	3~30	4~11	4~14	10~24	1.4~1.7	20~30	7~13	0.97~1.18	0.26~0.67	0.019~0.079	0.005~0.041	自重湿陷性黄土分布广泛，湿陷性黄土层厚度通常大于10m，地基湿陷等级一般为Ⅲ~Ⅳ级，湿陷性较敏感
		高阶地及台塬	50~150	10~39	40~60	9~22	1.4~1.6	26~31	6~12	0.80~1.20	0.17~0.63	0.023~0.088	0.006~0.048	
关中地区③	—	低阶地	5~20	4~10	6~18	14~28	1.5~1.8	22~32	9~12	0.94~1.13	0.24~0.64	0.029~0.076	0.003~0.039	低阶地多属非自重湿陷性黄土，高阶地和黄土塬多属自重湿陷性黄土塬，湿陷性黄土层厚度一般大于20m；在渭北黄土塬一般大于多为4~10m，秦岭北麓地带一般小于4m（局部可达12m）。在陕西与河南交界的黄土塬区湿陷性厚度可达20~50m。地基湿陷等级一般为Ⅱ~Ⅲ级，自重湿陷性黄土层一般埋藏较深，湿陷发生较迟缓
		高阶地及台塬	50~100	8~32	14~40	11~21	1.4~1.7	27~32	10~13	0.95~1.21	0.17~0.63	0.030~0.080	0.005~0.042	

续上表

分区	亚区	地貌	黄土层厚度(m)	湿陷性黄土层厚度(m)	地下水埋藏深度(m)	物理力学性质指标							特征简述
						含水率 $w(\%)$	天然密度 ρ (g/cm³)	液限 $w_L(\%)$	塑性指数 I_p	孔隙比 e	压缩系数 $a_{0.1-0.2}$ (MPa⁻¹)	湿陷系数 δ_s	自重湿陷系数 δ_{zs}	
山西—冀北地区Ⅳ	汾河流域区—冀北区Ⅳ	低阶地	5~15	2~10	4~8	6~19	1.4~1.7	25~29	8~12	0.58~1.10	0.24~0.87	0.030~0.070	—	低阶地多属非自重湿陷性黄土，高阶地多属自重湿陷性黄土（包括山麓堆积）黄土层厚度多为5~10m，个别地段小于5m或大于10m，地基湿陷等级多为Ⅱ~Ⅲ级。在高阶地新近堆积黄土分布较普遍，土的结构松散，压缩性较高
		高阶地及合隰	30~140	5~22	50~60	11~24	1.5~1.6	27~31	10~13	0.97~1.31	0.12~0.62	0.015~0.089	0.007~0.040	
	晋东南区Ⅳ	—	30~80	2~12	4~7	18~23	1.5~1.8	27~33	10~13	0.85~1.02	0.29~1.00	0.030~0.070	0.015~0.052	冀北部分地区黄土含砂量大
河南地区Ⅴ	—	—	6~25	4~8	5~25	16~21	1.6~1.8	26~32	10~13	0.86~1.07	0.18~0.33	0.023~0.045	—	一般为非自重湿陷性黄土，湿陷性土层厚度一般为5m，土的结构较密实，压缩性较低，该区浅部分一般为Ⅱ级，压缩性较高
冀鲁地区Ⅵ	河北区Ⅳ	—	3~30	2~6	5~12	14~18	1.6~1.7	25~29	9~13	0.85~1.00	0.18~0.60	0.024~0.048	—	一般为非自重湿陷性黄土，湿陷性土层厚度为小于5m，局部地段为5~10m，土的结构较密实，压缩性一般为Ⅱ级，边缘地带及鲁山北麓地段，湿陷性土层薄，含水率高，湿陷系数小，地基湿陷等级为Ⅰ级或不具湿陷性
	山东区Ⅳ	—	3~20	2~6	5~8	15~23	1.6~1.7	28~31	10~13	0.85~0.90	0.19~0.51	0.020~0.041	—	

续上表

分区	亚区	地貌	黄土层厚度(m)	湿陷性黄土层厚度(m)	地下水埋藏深度(m)	物理力学性质指标								特征简述
						含水率 $w(\%)$	天然密度 ρ (g/cm³)	液限 $w_L(\%)$	塑性指数 I_p	孔隙比 e	压缩系数 $a_{0.1-0.2}$ (MPa⁻¹)	湿陷系数 δ_s	自重湿陷系数 δ_{zs}	
	宁—陕区(Ⅳ)	—	5~30	1~20	5~25	7~13	1.4~1.6	22~27	7~10	1.02~1.14	0.22~0.57	0.032~0.059	0.021~0.039	大多为自重湿陷性黄土，湿陷性黄土层厚度一般小于5m，地基湿陷等级一般为Ⅰ~Ⅱ级，土的压缩性较低，土中含砂量较多，湿陷性黄土分布不连续，定边及靖边等边区、宁东等部分地区湿陷性土层厚度可达20m，为自重湿陷性黄土，湿陷等级为Ⅱ~Ⅲ级
	河西走廊区(Ⅴ)	—	5~10	2~5	5~10	14~18	1.6~1.7	23~32	8~12	—	0.17~0.36	0.029~0.050	—	靠近山西、陕西的黄土地区，一般为非自重湿陷性黄土，地基湿陷等级一般为Ⅰ级，湿陷性黄土层厚度一般为5~10m，土的压缩性较低
	内蒙中部—辽西区(Ⅵ)	低阶地	5~15	5~11	5~10	6~20	1.5~1.7	19~27	8~10	0.87~1.05	0.11~0.77	0.026~0.048	0.040	堆积黄土新近堆积黄土分布较广，土的结构松散，压缩性较高；高阶地黄土的结构较密实，压缩性较低
		高阶地	10~20	8~15	12	12~18	1.5~1.9	—	9~11	0.85~0.99	0.10~0.40	0.020~0.041	0.069	
边缘地区(Ⅶ)	新疆(Ⅶ)	—	3~30	2~20	1~20	3~27	1.3~1.8	19~34	6~13	0.69~1.20	0.10~1.05	0.015~0.199	—	一般为非自重湿陷性黄土场地，地基湿陷等级一般为Ⅰ~Ⅱ级，局部为自重湿陷等级为Ⅰ级，湿陷性黄土层厚度一般小于8m（最厚可达20m），天然含水率较低。黄土层厚度及湿陷性变化大。主要分布于沙漠边缘、冲洪积扇中上部、河流阶地及山麓斜坡，北疆呈连续条状分布，南疆呈零星分布

1.2.5.4 黄土的湿陷性

黄土湿陷性是指黄土在遇水作用时所显示出的土体收缩、结构变密实的特性,黄土层具有可供压缩的大孔隙和遇水其结构发生破坏的特点。研究人员对马兰黄土的显微结构研究发现,凡湿陷性黄土,其固体部分以粉粒为主,粒间结构在水平面上呈现较多的大孔隙,颗粒之间为点式接触,在垂直方向上很多颗粒为叠复式接触。孔隙度较大,一般孔隙比大于1,整个土体处于欠压密状态。

水在湿陷过程中所起的作用相当复杂,是一个物理化学作用过程。原始状态下的黄土含水率较小,土体三相体系中的孔隙基本为空气充填,骨架结构中土粒表面吸附的水膜很薄,该水膜具有固体的某些特征,吸力可达几百到上万个大气压,此时吸附水膜在土体骨架中起强化结构的作用。当水分补充时,具有较大吸附力的固体颗粒有水膜厚度增大、势能降低的趋势,从而导致颗粒间联结力减弱,以致散化。另外,土颗粒接触点处,起胶结作用的结晶盐在吸附大量水分后,溶解分离,失去连接作用而发生湿陷。大量的水不仅使土体骨架中的固体颗粒间联结力减弱,破坏土体原始结构,而且在土粒相对位移时起润滑作用。

湿陷性黄土一般出露于较高的梁峁顶部,或其附近缓倾斜坡上。常见的湿陷形态为凹形陷坑,这类陷坑是地表水的汇集区,是形成黄土落水洞的前奏。

黄土的湿陷性与其成因年代密切相关,一般新黄土湿陷性较强,老黄土湿陷性微弱或不具有湿陷性。马兰黄土属湿陷性与自重湿陷性黄土;离石黄土除顶部土体稍具湿陷性外,一般属非湿陷性黄土,而午城黄土不具有湿陷性。

马兰黄土的湿陷性受土体天然含水状态及埋藏深度的控制(表1-2),当含水率一定时,湿陷性随深度增加而降低,类似地,当深度一定时,湿陷性随含水率增大而减小。马兰黄土的湿陷性系数一般介于0.01~0.20之间。

马兰黄土湿陷性变化规律　　　　表1-2

深度(m)	不同含水率(%)土体的湿陷系数				
	4~6	6~8	8~10	10~12	12~14
5.0	0.172	0.160	0.142	0.123	0.107
10.0	0.102	0.091	0.077	0.062	0.045
15.0	0.072	0.060	0.044	0.023	0.011
20.0~25.0	0.035	0.024	0.021	0.017	0.009

1.3 黄土沟壑区高速公路勘察设计的难点

黄土沟壑丘陵区面积在我国分布范围广,包括山西、陕西、宁夏、甘肃等地,因此在建设黄土沟壑区高速公路时面临的最大问题是山区独特的地形、地质、水文、生态等自然环境。如何使得高速公路建设与自然环境相适应、相协调,是沟壑区高速公路勘察设计的关键。本节将从山区高速公路在技术标准确定、路线方案选择、技术指标运用、地质勘察、工程方案拟定、环境保护、道路景观、工程造价等方面与平原区高速公路的区别进行分析,以阐述山区高速公路勘察设计的特点。

1.3.1 技术标准

平原区高速公路在技术标准拟定时,主要考虑公路网规划、高速公路在路网中的地位和作用,从全局出发,按照公路的使用任务、功能和远景交通量综合确定。平原区经济组团发达、产业布局密集,高速公路对区域经济发展十分重要,因此其指标拟定主要以道路功能为主,一般强调采用较高的技术标准。平原区不同技术标准在自然环境因素的受限方面主要表现在与区域经济发展规划、既有建筑物的关系及占地、噪声污染等,因此,不同技术标准对路线走廊方案布局的影响仅限于对局部问题的处理上。沟壑区高速公路在技术标准拟定时,除考虑平原区的因素外,还必须着重考虑高速公路区域的自然条件,正确处理技术标准与自然条件的关系,在最大限度地保护区域自然环境的前提下,拟定技术标准。不同技术标准有时会影响路线的总体布局,使得高速公路的建设规模发生质的变化,因此,在拟定技术标准时,必须以路线走廊方案布置为前提,要凸现其对自然环境的影响程度,给出定量结果,以此评价选用技术标准的合理性。

1.3.2 路线方案

平原区高速公路路线方案布置可以说是一种平面几何模型,注重考虑与区域路网的关系,路线控制点主要为城镇或交通枢纽,强调方案的交通功能,路线方案比选着重考虑路线的顺捷程度,与交通源的联系以及拆迁、占地等方面。沟壑区高速公路路线方案布置主要以地形、地质、水文、生态等自然条件为基础,路线控制点较为分散,应从面上进行总体研究。路线方案比选内容除考虑平原区的因素外,还要着重考虑自然环境保护、水土保持、工程地质灾害等内容。

1.3.3 技术指标

在技术标准确定之后,平原区高速公路一般强调采用高指标,以最大限度满足行车舒适性要求。沟壑区高速公路技术指标运用强调与自然条件、地形地质等相结合,应在满足道路使用基本功能的前提下选用技术指标,并强调技术指标的均衡性。

1.3.4 地质勘察

平原区不良地质现象相对较少,勘察范围较小,易被勘察人员所认识,只要投入充足的工作量和采取切实可行的处理措施一般就可解决。黄土沟壑区高速公路不良地质除了平原区的类型外,还包括黄土滑坡、泥石流、崩塌、黄土陷穴等灾害地质条件,这些不良地质分布面较广,处理难度较大。有些地质问题在一定程度上对路线方案起着极强的控制作用,而且在勘察工作的某个阶段有时不被勘察人员完全认识,因此需要投入巨大的工作量。对于沟壑区高速公路,必须对路线走廊的地质环境进行全面勘察,强调依地质选路的重要性。

1.3.5 工程方案

平原区高速公路工程方案的拟定一般是在符合路线总体走向的前提下进行,一般不因局部工程方案的变化而影响到路线总体方案的布局。沟壑区高速公路工程方案的拟定与路线方案有着极强的内在联系,两者是相辅相成的关系。工程方案的拟定如高路堤与高架桥、深路堑与隧道方案的采用等,对路线方案有着较大的制约与影响,有时会改变路线的总体布局。

1.3.6 环境保护

平原区高速公路环境保护主要表现在公路与人的问题(即人与人的问题)上,如噪声、景观等,可采取有效的工程措施予以解决,是一种被动型的保护。沟壑区高速公路环境保护表现在公路与自然条件的问题(即人与自然的问题)上,必须强调以主动的姿态保护区域自然环境,因此会涉及技术标准、技术指标、路线方案、工程方案、不良地质处理等各个方面。

1.3.7 道路景观

随着黄土高原生态环境的逐渐恢复,黄土沟壑区高速公路设计首先要考虑如何保护独特的自然景观,在此前提下,再考虑道路景观设计如何与自然景观相配合的问题,而且这种配合设计必须与工程设置紧密结合,其难度较大。

1.3.8 工程造价

由于沟壑区复杂的地形、地质、水文、生态等自然条件,因此,一般来讲,黄土沟壑区高速公路的造价要高于平原区高速公路,主要表现在构造物和不良地质处理费用上。但从后来的交通量统计情况看,黄土沟壑区高速公路的交通量基本达不到预测水平,工程经济效益与工程投资不成正比,因此在拟定黄土沟壑区高速公路建设标准、路线方案、工程方案的每一个环节时,一定要充分考虑高速公路对地方经济的带动作用,探索多种建设模式,以利政府决策和实施的顺利进行。

1.4 品质工程理念在勘察设计中的落实

1.4.1 建设品质工程的意义

党的十八大以来,习近平总书记对交通运输工作做出一系列重要论述,强调交通运输的发展要求是当好先行,发展路径是建设综合交通运输体系。2019年9月,中共中央、国务院印发《交通强国建设纲要》,要求"构建安全、便捷、高效、绿色、经济的现代化综合交通体系,打造一流设施、一流技术、一流管理、一流服务,建成人民满意、保障有力、世界前列的交通强国"。

打造品质工程是公路建设贯彻落实五大发展理念和建设交通强国的重要举措。2015年10月,交通运输部在全国公路水运工程质量安全工作会议上提出打造"品质工程"的新理念,引起行业内广泛关注和共鸣。2016年,交通运输部印发的《关于打造公路水运品质工程的指导意见》明确指出,打造品质工程是公路水运建设贯彻落实五大发展理念和建设"四个交通"的重要载体,是深化交通运输基础设施供给侧结构性改革的重要举措,是今后一个时期推动公路水运工程质量和安全水平全面提升的有效途径,是推进实施现代工程管理和技术创新升级的不竭动力,对进一步推动我国交通运输基础设施建设向强国迈进具有重要意义。同时,全国各地启动了一批品质工程试点工程建设。品质工程要求坚持目标导向,从强化系统设计、注重统筹设计、倡导设计创作等方面不断提升工程设计水平,为建成优质耐久、安全舒适、经济环保、人民满意的公路工程奠定基础。品质工程的基本组成如图1-20所示。

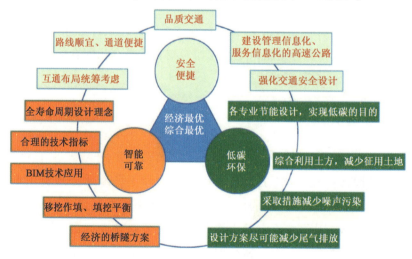

图1-20 品质工程的基本组成

1.4.2 建设品质工程的对策措施

1.4.2.1 积极应用高精度测量技术为勘察设计提供支持

勘察设计阶段积极采用机载激光雷达技术对全线走廊区域进行地形扫描测量;针对在枢纽互通范围内对既有高速公路进行改扩建的路段,除采用机载激光雷达扫描测量以外,还需采用车载激光雷达进行扫描测量;针对全线建立以 DOM + DEM 合成的三维实景地模,对特殊工点,可采用倾斜摄影测量获取高精度三维实景地模。ALS80 激光雷达系统组成如图 1-21 所示。

图 1-21　ALS80 激光雷达系统

采用无人机倾斜摄影测量,照片采集时利用无人机的高机动性及低成本的优势,可以快速获取现场实际资料,倾斜摄影采集示意图见图 1-22。数据处理采用自动化建模工具,该软件能够基于数字影像照片全自动生成高分辨率三维模型,其构建模型可达到厘米级精度。利用最终形成的三维大场景模型(图 1-23),可以分析掌握公路周边地形条件、进行风险管理、监督施工项目,从而优化决策、降低风险、减少成本。这套技术相比于传统的现场勘察方式能够节约大量的时间及人力,经济效益显著。

图 1-22　倾斜影像采集示意图

图 1-23　三维大场景建模成果

1.4.2.2　路线设计

平面设计：路线布设应确保符合地区发展与规划需求，与城乡用地规划相协调；项目选线应充分结合区域土地利用现状和土地利用总体规划，尽量少占用基本农田，最大限度地减少对耕地和基本农田的占用，同时应把是否侵占基本农田作为方案选择的重要前提。

纵断面设计：尽量采用较缓坡率，避免长大纵坡，确保行车顺适、燃油经济。从节约土地和可持续发展理念出发，全线因地制宜采用低路堤设计理念，除受总体方案、设计洪水位等因素影响的段落外，纵断面设计应尽可能降低路基填土高度，减小挖方边坡高度。

加强平纵组合设计，组合设计应做到平面顺适、纵坡均衡、平纵组合良好、线形连续，满足汽车行驶安全、驾乘人员视觉和心理反应要求，充分注意路线与自然景观相协调，减少对生态环境的影响。路线平纵组合设计案例见图1-24。

图 1-24　路线平纵组合设计案例

1.4.2.3　路基路面工程

为适应新时期交通运输部关于打造公路水运品质工程的要求，路基路面设计应根据所在区域的地质、地形、地貌、水文、气候、气象、地震等特点，积极采用新技术、新材料、新工艺，尤其在特殊路基、防护排水、路基填料、边坡坡率及自动化等方面予以重点考虑。主要措施有以下几方面。

1）推广标准化设计

小型构件集中预制：路基防护工程采用成熟的设计方案，主要的圬工工程均采用混凝土预制块，边坡采用预制混凝土块拼接，各种预制块均采用常规形式和尺寸，便于工厂集中预制。

预制厂、拌和厂标准化施工：贯彻标准化施工，严格执行"三集中"，实现混合料（混凝土）集中拌制（图1-25）、钢筋集中加工（图1-26）、构件集中预制，充分发挥集约化施工的优势，从而加快施工速度，提高施工质量。同时，施工现场推行工厂化管理理念，标准化工厂生产。无论工点大小，积极推行工厂化管理理念，做到施工场地封闭化、场容场貌标准化、操作流程精细化、安全防护规范化，达到工完、料尽、场地清。

图1-25 混合料集中拌制

图1-26 钢筋集中加工

2）科技创新

路面结构拌和设备（图1-27）：对混合料拌和设备性能要求高。沥青拌和机采用四仓式自动计量拌和识别，沥青混合料采用间歇式拌和机拌和，配备计算机及打印设备。

图1-27 四仓式自动计量混凝土拌和楼

红外智能温度监测系统(图1-28):在水泥拌和楼安装红外智能温度监测系统,利用红外温度传感器对出料口实时温度进行监控,将温度信号转变为电信号,由监测系统对电信号进行数据采集,从而实现对高压设备温度的实时检测,并及时做好的温度调整。此外,整个系统还具有测试精度高、智能化程度高等特点。

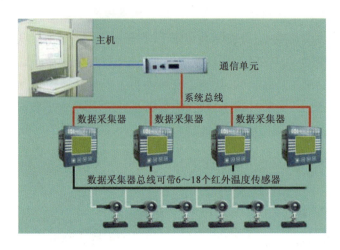

图1-28 红外智能温度监测系统

路基智能压实监控系统(图1-29):路基智能压实监控系统通过传感装置,与先进的数据采集和信号传输设备相结合,通过监控系统软件进行控制,在碾压施工质量控制研究方面取得重大突破。该系统具有施工效率高、有效防止漏压或碾压遍数不足等特点,能够显著提高路基路面的碾压质量。

图1-29 路基智能压实监控系统

1.4.2.4 桥梁工程

1)建养一体化

桥梁设计中,还考虑了运营养护期桥梁结构的可达、可检、可修、可换需求;适当提高了中小跨径预制结构的支承高度,以便千斤顶设置等检修需要;对于高填土桥台,设置二级平台,以利于检修;钢结构设计中,考虑设置检修平台,或设置检修人孔、挂钩、吊耳等,以便养护人员、设备的通过和固定。自动化养护系统如图1-30所示。

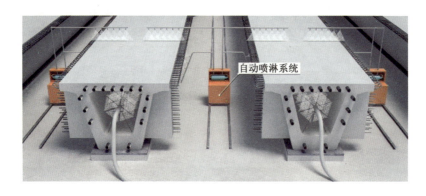

图1-30 自动化养护系统

2)耐久性设计

根据项目环境类别和环境作用等级,在结构设计指标的把控、构造措施等方面,严格执行耐久性设计相关规范。混凝土结构桥梁尽量避免采用钢筋混凝土结构,除个别半径特别小的桥梁外,均采用预应力结构,以避免早期裂缝的发生。智能化张拉压浆系统见图1-31。适当提高构件混凝土强度等级,同时考虑施工标准化,尽量减少混凝土种类。钢箱梁铺装采用10cm厚钢纤维混凝土,以提高钢板在车载作用下的抗疲劳特性。

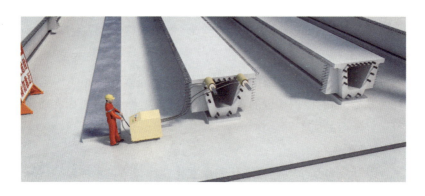

图1-31 智能化张拉压浆系统

3)精细化设计

对桥梁总体设计原则、重点桥梁方案等加强多方案比选,提高桥梁方案的深度、广度和合理性;小型构造物地基处理注重与两侧地基沉降的均衡,对复合地基处理与其他地基处理之间考虑合理设置过渡段,减小差异沉降,避免出现横向裂缝。

4)标准化设计

在工程中全面推广标准化设计,助力标准化施工,减少结构类型和尺寸,加快施工速度,提高施工质量,减少建设环境污染,降低建设能耗。一体化小型构件见图1-32。

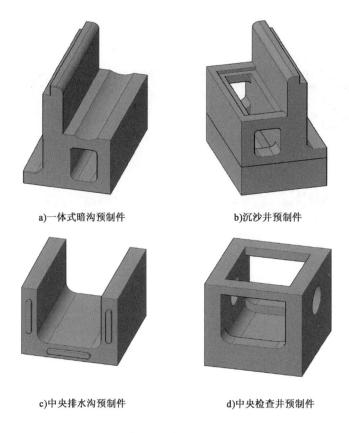

图 1-32　一体化小型构件

1.4.2.5　隧道工程

加强隧道总体设计,着重考虑隧道的地质条件和环保因素。良好的地质条件能为隧道工程的质量打下扎实基础,而对保护环境的重视提升了隧道工程的品位,内在质量和外在品位的有机统一才能打造好隧道品质工程。

1)结构可靠,安全耐久

隧道品质工程设计应做到全专业精细化和标准化设计。隧道主体结构应按永久性建筑设计,满足使用年限要求,方便养护和维修作业。

2)动态设计,信息反馈

隧道品质工程设计应融合项目特点,认真贯彻"动态设计,信息化施工"的理念。根据所处地质条件、周边环境等,合理确定隧道断面形式及适应于地层特性和环境要求的施工方法。隧道土建设计应制订超前地质预报和监控量测的总体方案,为动态设计提供依据,及时反馈信息,指导施工。

3)经济节能,安全运营

隧道品质工程设计应充分考虑节能减排措施,优选能耗少、功效高的设备,实现运营期节能的目标。同时应建立完善的运营安全体系,通过监控系统将建筑、结构、通风、消防、防排水、供电、照明、监控等各子系统构成一个有机整体,以实现隧道总体安全运营的目标。

4)技术融合,智慧创新

隧道品质工程设计应充分融合各种新技术、新手段,尤其是在长大隧道中积极采用互联网、大数据、人工智能等新技术,打造具有"智能感知、智能分析、智能沟通、智能联动、智能救援、智能节能"的智慧隧道(图1-33),让隧道使用者完美体验"安全、舒适、便捷"的通行环境,让隧道管理者完美实现"平安、绿色、高效"的目标。

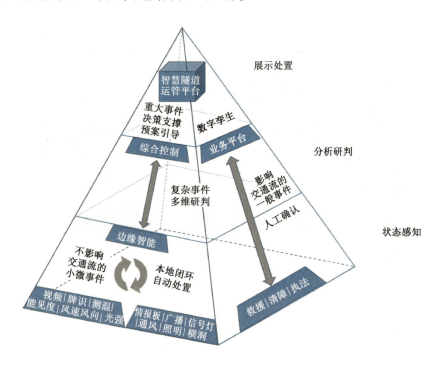

图1-33 智慧隧道架构

1.4.2.6 路线交叉工程

互通式立交设计重点在运营安全、服务水平、资源节约、生态环保、可持续发展等几个方面践行品质工程设计理念,其体落实原则如下。

1)注重运营安全,提升服务水平

践行品质工程理念,安全是前提,也是互通式立交设计的重中之重,规范规定的强制性要求应严格执行,几何设计指标取值应均衡,避免极限参数的组合运用;在满足交通需求的同时,互通设计需考虑运行过程中驾驶者身心感受以及车辆行驶特征,提供与人车特征和谐统一的运行条件。

2)统筹资源利用,实现集约节约

互通式立交方案应更注重考虑集约节约,合理选用技术指标,严格控制工程规模,减少资源和土地消耗,缩短施工工期;在工程规模可控的前提下,方案比选时应尽量减少主流向交通绕行，并采用合理的匝道设计速度；匝道线形应顺捷，利于车辆运营中的节能。

3）加强生态保护，注重自然和谐

互通式立交设计需因地制宜，强调生态环境保护，设计示意见图1-34。对于交通量较小、地形条件复杂的互通式立交，主要注重其联通的功能，适应地形变化，不刻意追求过高的平纵线形指标，互通内防护、景观设计应融入周边自然生态环境，提高生态效益，实现对生态环境最大限度地保护、最低程度地影响这一目标。

图1-34　互通式立交设计示意图

4）预留发展空间，控制全寿命周期成本

互通建设不是一个静态的项目，它是一个适应经济发展和交通量增加的动态过程。互通式立交设计要实现可持续发展，要紧密结合区域发展和路网规划，在满足远景年交通需求的同时预留一定的发展空间，采用合理的方案实现全寿命周期的成本最低化。

1.4.2.7　特色服务区打造

近年来，随着国民经济收入的稳步提高，私家车的快速普及和自驾游的逐渐兴起，旅游业和全域旅游理念得到了极大发展和深入，人们对服务区的品质要求，不仅仅停留在停车、加油、吃饭、用卫生间等简单的功能需求，也不局限于服务的便捷、景观环保等方面的要求，而是对当地的人文环境和历史演变都表现出兴趣。高速公路服务区是恰恰能够展示地方特色、彰显地域文化的场所，设计时应根据当地的历史特点，充分挖掘历史及人文，将其通过建筑、景观小品等不同形式展现出来，将文化传承与服务休闲融为一体，将服务区变成展示文化的窗口。通过搭建旅游信息平台、旅游宣传，整合周边的旅游资源，可将服务区打造成"慢旅游""乡村游""周边游""交通+旅游"的综合场所，使高速公路服务区形成一个人流汇集区和旅客集散地，真正体现高速公路运输功能及旅游功能。服务区建设示意见图1-35。

第1章 概　　述

图1-35　服务区建设示意图

1.5　绿色公路理念在勘察设计中的落实

1.5.1　绿色公路的内涵

在我国高速公路建设初期，绿色公路的概念仅仅局限在传统的环保、景观、绿化等范畴。国家及交通运输部一系列政策法规以及指导意见的出台，对交通运输行业建设节能减排、低碳环保、资源节约的绿色交通提出了更高要求。对绿色发展理念的认识不断深化，使得对绿色公路建设的认识也更加系统，可以概括为：绿色公路建设是按照绿色发展和高质量发展的要求，采用系统论方法，在公路全寿命期内，统筹公路规划、设计、施工、运营全过程，统筹公路建设品质、资源利用、环境影响和运行效率之间的关系，通过理念提升、技术进步和科学管理，因地制宜优选工程方案，精细设计、精心实施，提升工程品质，完善服务功能，提高运行效率，最大限度减少资源能源耗用和环境影响，实现耐久性好、适用性强、景观协调、环境友好、资源节约、运行安全、服务提升等综合目标最优。主要内涵可归纳为"全寿命、全要素、全方位""低消耗、低排放、低污染"和"高效能、高效率、高效益"。

全寿命周期要求坚持系统论的思想，将绿色发展理念贯穿规划、设计、建设、运营、养护等整个寿命周期的各个阶段；全环境要素要求综合考虑各方面要素，贯彻"安全、耐久、节约、高效、环保、健康"等要求；全方位协同要求除公路主体工程外，还要在附属设施建设及公路运营等方面践行绿色发展理念。

低消耗即节约资源、降低能耗，在确保安全、耐久的前提下，公路建设优先采用可再生材料、可降解材料，促进材料循环利用，通过提升材料品质不断提升工程耐久性，体现节约资源的要求；低排放要求建设过程中有效收集处理废水、废气，最大限度减少污染物排放；低污染要求注重环境平衡,尽量避免对环境造成污染,保护沿线环境、资源和生物多样性。

高效能即整个生命周期通过提升技术水平、综合运用各种措施,达到整体运行效率和服务能力的最大化;高效率要求最有效地使用自然、社会及经济资源,达到资源配置效率最优;高效益要求以最小的环境和资源代价获得可持续发展的最大利益,实现经济效益、社会效益和环境效益的有机统一。

绿色公路在内涵上贯彻高质量发展的要求,落实《交通强国建设纲要》,实现新的发展。一是在延续公路的功能因素、强调经济效益的传统建设思想的基础上,增加了整体考虑区域经济、环境、社会综合系统的可持续发展思想;二是不仅注重公路经济合理性、技术可行性,还综合考虑经济、节能、环保、景观、可持续发展等多目标;三是不仅重视当前利益,关注代内公平,还注重保护生态环境、降低能源成本,促进材料循环利用,关注长远利益,统筹代际、代内公平。

1.5.2 建设绿色公路的对策措施

1.5.2.1 路线设计

顺应地势、吻合地形需要灵活运用平面指标,使路线适应地形起伏,与地形、地物、环境和景观相协调,并与纵面线形和横断面相互配合,保持线形的连续性与均衡性。对于山体外形规则、坡面顺滑舒展、分布错落有致的丘陵地形,应充分利用各类曲线要素组合搭配布线。根据山体的自然条件,可采用曲线定线手法,选择整体式、分离式或高低错落式路基等,使路线适应地形变化,与自然相融合。具体设计实例见图1-36~图1-38。

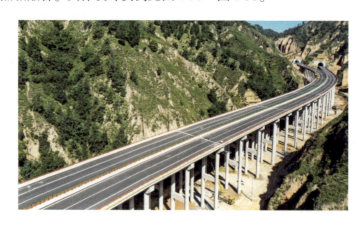

图1-36 延安子长至姚店高速公路(设计实例)

1.5.2.2 路基设计

路基设计中应加强工程勘察和现场调查,避免设计与实际脱节。采用灵活性设计,结合地形、地质条件合理确定路基断面。加强生态恢复,避免过度防护,减轻人工痕迹。完善各项排水设施的衔接,采用生态型边沟提升排水设施景观效果。优先选择柔性结构,推广集中预制、装配化施工的防护、排水结构形式。追根溯源、因地制宜,选择高效环保的特殊路基方案。加强土石方的纵向调配和综合利用,尽量做到"零弃方、少借方",结合路基弃土治沟造地。具体设计实例见图 1-39。

图 1-37　黄陵至延安高速公路(设计实例)

图 1-38　吴起至定边高速公路(设计实例)

图 1-39　延安子长至姚店高速公路弃土治沟造地

1.5.2.3　路面设计

绿色公路路面建设应践行全寿命周期绿色发展理念,遵循因地制宜、品质耐久、资源节约、生态环保的原则选用路面材料,减少对高品质材料的过度依赖和远距离调运,优先选用地方性材料。路面材料的选择一方面需满足交通、环境对路面结构与材料的要求,另一方面要充分考虑工程区域特点和经济性,充分利用地方性材料。当地方性材料性能不满足要求时,应优先考虑通过科技创新、技术措施予以解决。

注重功能性路面设计应用,加强旧路面再生利用和环保技术应用。橡胶沥青作为新型的路面材料用于沥青路面可改善路面使用功能,延长路面使用寿命,减轻轮胎废弃带来的环境压力,符合国家当前发展循环经济的政策。橡胶沥青混合料以其良好的路用性能和显著的社会经济效益,在公路建设领域中得到了广泛应用。橡胶沥青混合料具有良好的高温稳定性、抗疲劳性、水稳定性、低温性和延缓反射裂缝等路用性能,可用于各种等级公路新建和改扩建工程,适用于沥青路面的各结构层位,还可用于应力吸收层、碎石封层、防水黏结层或填缝料等(图1-40)。

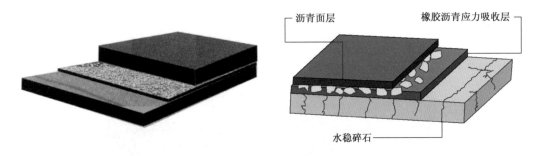

图1-40 功能性路面设计示意

1.5.2.4 桥涵设计

从绿色公路建设的理念和内涵来看,桥梁和涵洞的绿色建设技术,要遵循耐久、适用、环保、经济和美观的原则,从提升社会属性和艺术属性、完善功能属性和技术属性入手,在设计阶段要着重做好下列工作:合理选取桥位与桥型,做好总体设计,贯彻全寿命、全要素、全方位的"三全"原则;加强造型和结构比选,关注美学设计,打造协调美、形态美、功能美的"三美"景观;完善构件和设施布设,注重技术优化,体现高效能、高效率、高效益的"三高"要求;利用既有资源,符合低消耗、低排放、低污染的"三低"趋势;重视耐久和排水设计,提升质量效益和工程品质。具体设计实例见图1-41~图1-43。

1.5.2.5 隧道设计

隧道设计应合理选择隧道位置及形式,精心设计洞口和洞门,实现与周围环境自然和谐。洞口设计应了解并掌握洞口附近地形、地质、地下水和气象等自然条件,以及区域内房屋和结构物等地物现状及规划用地情况,分析其对坡面稳定性、景观和车辆运行安全的影响。设计时既要考虑降低施工过程对山体的扰动和破坏,又要注重建成以后的整体效果。隧道洞口设计应与洞口地形相协调,加强对自然环境的保护,提倡"早进洞、晚出洞"的原则,有条件时宜提早施作明洞或洞门结构,减少洞口开挖。洞门设计应根据洞口的地形地貌,因地制宜、随形就势、合理布局,体现自然和谐的洞口设计理念。隧道设计实例见图 1-44 和图 1-45,隧道节能设计见图 1-46。

图 1-41　湫坡头至旬邑高速公路高家河特大桥

图 1-42　黄陵至延安高速公路葫芦河特大桥

图 1-43　合阳至铜川高速公路桥梁

图1-44 黄陵至延安高速公路二郎山隧道

图1-45 延安子长至姚店高速公路寨子沟隧道

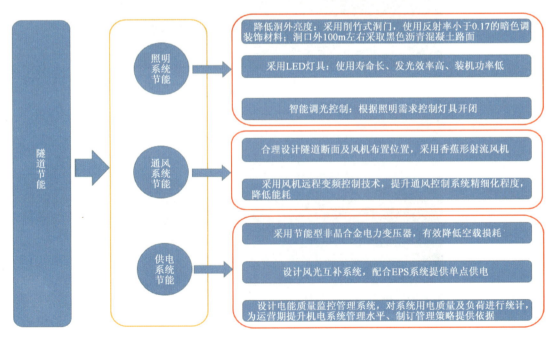

图1-46 隧道节能设计

1.5.2.6 立交、服务区等服务设施设计

立交区作为整个公路景观系统中的景观节点,一方面需要作为整体公路景观风格表达的亮点,另一方面需要从环境心理和交通功能的角度考虑其空间形态的塑造。总体上,立交区的绿地景观宜表达开阔、通透、自然、简洁、鲜明的标志性等景观意象。在重要节点互通上(项目起终点、靠近城市附近的互通),结合当地地形,适当运用植物造景手法表现人文和历史内涵。植物运用上以乔木为骨架,灌木、地被作铺垫,形成复合型结构体系,创造多层次、多色彩、生态型道路环境,构筑良好的生态群落环境;形成视觉上林木葱郁、虚实相间的绿色空间。在重要景观点栽植观赏性强的花木和富有象征意义的特色植物,起到点景与烘托渲染气氛的作用。对于一般路段互通立交,可选择造林的苗圃方式,为高速公路补给苗木,也可选择自然式种植,恢复被破坏的景观。如立交区绿地景观绿化设计遵循近自然植物群落设计的理念,通过乡土植物自然式布局实现与周围山地自然环境相协调。立交区设计实例见图1-47和图1-48。

图1-47 延安子长至姚店高速公路枢纽立交

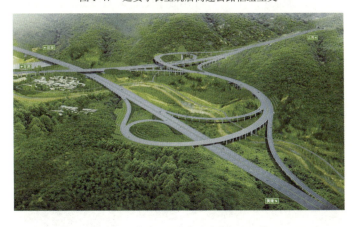

图1-48 黄陵至延安高速公路枢纽立交

服务区设计应综合考虑其在路网中的地位和作用、自然环境、用地条件等因素确定总体设计方案,以保障基本服务功能为主,强化为驾乘人员提供停车、加油、充换电、饮水、如厕、休息、

餐饮、购物等基本服务,提倡因地制宜开展旅游休闲娱乐、仓储物流等延伸服务,提升综合服务能力,满足群众多样化服务需求,同时按照"基本功能+拓展功能"的发展模式确定用地面积、规模,最大限度地节约资源、保护环境,以适应整个公路运营期间的服务需求。服务设施设计见图1-49。

图1-49　服务设施设计

1.5.2.7　环保与景观设计

设计中应系统梳理项目沿线地理、地质、生态、环境和自然及人文景观特点,坚持因地制宜,明确设计定位,确定突破方向,开展有特色、有亮点、有品位的公路景观设计方案研究,建成绿色景观公路示范工程。积极推进应用节能环保先进技术,在桥梁、隧道等交通基础设施中全面推广节能灯具、智能通风控制等新技术与新设备。合理选用降低生态影响的工程结构、建筑材料和施工工艺,尽量少填少挖,追求取弃平衡。落实生态补偿机制,降低交通建设造成的生态影响。落实国土绿化行动,大力推广公路边坡植被防护,在公路沿线大力开展绿化美化行动,提升生态功能和景观品质,支撑生态廊道构建,实施交通廊道绿化行动。联合旅游等部门健全交通服务设施旅游服务功能,打造旅游风景道,促进交通+旅游融合发展。环保与景观设计实例见图1-50~图1-52。

图1-50　蒲城至白水至黄龙高速公路

图 1-51　湫坡头至旬邑高速公路弃土造田实景

图 1-52　榆林至神木高速公路

第2章 地质勘察

2.1 区域地质条件

2.1.1 自然地理

2.1.1.1 地形地貌

陕西地区的地质地貌呈现区域差别明显的特点,从北至南可划分为4个地质地貌区域:陕北沙漠高原、陕北黄土高原、关中断陷盆地、陕南秦巴山地。本书涉及的黄土沟壑区位于黄土覆盖区域,地貌区域归属陕北黄土高原、关中断陷盆地两个地貌单元。

1) 陕北黄土高原

陕北黄土高原是在第三纪末起伏和缓的准平原基础上,历经第四纪以来多次黄土堆积和侵蚀作用而形成的,高原地形破碎、沟壑发育。延安以北为黄土梁峁区,沟壑纵横,地面非常破碎,水土流失极为严重,生态环境相当脆弱;延安以南的西、缘分布有岛状基岩低中山。南部为中低山夹黄土塬,山区植被覆盖率高,塬面平坦,适宜农作物生长。根据形态特征可将陕北黄土高原分为以下几种类型。

(1) 沙盖黄土梁:主要分布在横山区东部、榆林至神木间长城以南邻近地区。它是被沙丘沙地半覆盖的黄土梁地。梁地低缓,多东—西、西北—东南延伸,为古代河流、盆地、低地的分水梁地。由于风沙侵袭,流沙覆盖,现阶段流水侵蚀已非常微弱。梁地大小不一,相对高度由几米至四五十米、宽几十米至百米,长可达几百米至几千米,如图2-1所示。

(2) 黄土梁峁:主要分布在延安以北的大部分地区。梁峁顶面高程为800～1800m,切割深度为100～400m,主要河流有洛河、延河、无定河、清涧河、佳芦河、秃尾河、窟野河、孤山川、皇甫川等。由古生界灰岩和煤系地层(仅出露在府谷一带)、中生界砂岩和煤系地层、新生界第三系上新统红土及第四系黄土组成,黄土层一般厚50～70m,流水侵蚀、滑坡、崩塌发育,水土流失严重,如图2-2所示。

(3) 黄土塬:主要分布在陕北黄土高原的南部。黄土塬是在第四纪以前山间盆地古地形基础上,被黄土覆盖的面积较大的高台地,是黄土高原经过现代沟谷分割后存留下来的部分。黄土塬顶面平坦,侵蚀微弱。周围被深切沟谷环绕,在流水及边坡重力侵蚀作用下,塬边参差不齐。黄土塬面积在数平方千米以上,是良好的农业耕作区。由于沟谷的侵蚀切割程度不同,黄土塬地貌特征迥异,可分为黄土塬、黄土残塬和黄土墚塬三类,如图 2-3 所示。

图 2-1　神木至米脂高速公路沙盖黄土墚地貌

图 2-2　绥德至延川高速公路黄土墚峁地貌

图 2-3　延长至黄龙高速公路黄土塬地貌

(4)河谷阶地:主要分布在无定河、大理河、清涧河、延河、洛河等较大河流中游地段,一般河谷开阔,阶地发育。谷底宽多达 300～500m,有的可达 1000～2000m。地面平坦,多由冲积砂土组成,地下水位较高,水丰土肥,是陕北地区的耕作基地,如图 2-4 所示。依据河谷宽度,可将河谷阶地分为宽谷阶地(谷底宽度大于 1000m)、一般河谷阶地(宽度小于 1000m)两种类型。

图 2-4 黄土高原区河谷阶地地貌

①宽谷阶地:主要指无定河鱼河堡至四十里铺段、延河延安至姚店段、洛河甘泉至富县段的谷地。谷底一般宽 1000m 以上。一级阶地发育,高出河床 4～10m,由冲积黏质砂土组成。阶地连续分布,往往长达 10～20km,凸岸宽度一般在 500～1000m 以上。阶面平坦,很难观察出倾斜,只在一些较大支沟沟口,因洪积物叠加,或阶地后缘因坡积物覆盖,才能看出阶地向河床倾斜。二级阶地呈条块状零星残存,高出河床 20～25m,其上为河流冲积的粉质黏土。

②一般河谷阶地:主要包括大理河、淮宁河、清涧河、延河上游延安至安塞段、洛河上游的吴旗段。一般谷宽 300～500m,局部宽 600～1000m。各谷地一般由一、二级阶地组成,其中一级阶地较普遍。阶地高出河床不足 10m,由河流冲积砂土及粉细砂组成,阶面平坦。其宽度不等,多呈连续分布。

在陕北黄土高原地貌区主要工程项目按照时间顺序如下:青兰线子洲至靖边高速公路、包茂线黄陵至延安段高速公路、包茂线铜川至黄陵一级公路、包茂线靖边至安塞高速公路、包茂线黄陵至靖边高速公路、包茂线榆林至陕蒙界高速公路、延安至志丹改建二级公路、青兰线壶口至雷家角高速公路、包茂线西安至铜川高速公路、长延线延安至延川高速公路、神米线神木至米脂高速公路、合凤线铜川至旬邑高速公路、榆商线榆林至绥德高速公路、延安至志丹至吴起高速公路、榆商线延长至黄龙高速公路、子长至姚店高速公路、延安东绕城高速公路等及相应的改扩建高速公路。

2)关中断陷盆地

关中断陷盆地,南依秦岭,北连黄土高原,为西狭东阔的新生代断陷盆地,渭河横贯其中。盆地两侧地形向渭河倾斜,由冲积平原、黄土台塬、洪积平原组成,呈阶梯状地貌。

(1)冲积平原:位于盆地中部,系渭河及其支流冲积而成。眉县以西,渭河河谷狭窄,发育有四、五级阶地。眉县以东河谷变宽,发育有三级阶地。漫滩及一、二级阶地宽广平坦,连续分布,三级以上阶地多呈断续分布。二级以上各级阶地均为黄土覆盖。渭河北岸,泾河以东的泾、石、洛冲洪积三角洲平原,宽达10~24km。渭洛两河之间为在阶地基础上形成的沙丘地,如图2-5所示。

图2-5 西咸北环线冲积平原地貌

(2)黄土台塬:可分为两级黄土台塬。一级黄土台塬是在下更新世湖盆基础上形成的,黄土厚100余米,塬面高程为540~880m,高出冲积平原40~170m,分布于渭河北岸及西安、渭南、潼关等地。塬面上有洼地,塬周斜坡陡峭,冲沟发育。当斜坡下部有隔水的软弱土出露时,斜坡稳定性差。二级黄土台塬主要分布在宝鸡、乾县、蓝田、白水、澄城等地,高600~1000m,高出一级黄土台塬或高阶地50~150m。二级黄土台塬是在第三纪末准平原或山前洪积扇上形成的,黄土厚度一般小于100m,沟壑发育,地形破碎。如蓝田横岭塬呈丘陵状地貌形态,沟谷切深超过200m,大多切入第三纪地层,侵蚀强烈,如图2-6所示。

图2-6 合阳至铜川高速公路黄土台塬地貌

(3)洪积平原:分布于秦岭和北山山前,由多期洪积扇组成。由于所处地质环境和物质来源不同,组成岩性也有所不同。秦岭山前以粗粒为主,北山山前则以细粒物质为主,且多被黄土覆盖,如图 2-7 所示。

图 2-7　曲江至太乙宫高速公路秦岭山前洪积平原地貌

在关中断陷盆地地貌区主要工程项目按照时间顺序如下:连霍线西安—临潼—渭南—潼关高速公路、连霍线西安—宝鸡高速公路、国道 312 咸阳过境暨咸阳机场高速公路、京昆线禹门口—阎良—西安高速公路、西安绕城公路南段及北段、包茂线西安—太乙宫高速公路、关中公路环线礼泉—阎良一级公路、关中环线渭南过境公路、关中环线法门寺—岐山一级公路、福银线陕西境陕甘界至永寿高速公路、西安咸阳国际机场专用高速公路、银百线咸旬高速公路、陇汉线甘陕界至宝鸡公路、法门寺联络线绛帐至法门寺高速公路、西咸北环线、三星电子快速路、西安大环线渭南至玉山段公路、合凤线铜川至旬邑高速公路、菏泽至宝鸡联络线陕西境合阳至铜川公路等及相应的改扩建高速公路。

2.1.1.2　气象特征

黄土沟壑区包括陕北黄土高原及关中平原;该区为温带季风气候区,有四季分明、日照充足、昼夜温差大的特点。受季风环流、地理位置和地形影响,春季干旱多风,常有寒流发生;夏季温热、干旱、雨涝相间;秋季凉爽多雨;冬季寒冷干燥,降水一般较少。黄土沟壑区气象要素的时间变化表如表 2-1 所示。

黄土沟壑区气象要素的时间变化表　　　表 2-1

气候要素	区　域	平　均　值	历年最大值(出现年份)	历年最小值(出现年份)
平均气温(℃)	陕北	9.2	10.4(1998)	8.0(1984)
	关中	10.1	13.7(2013)	11.0(1984)
最低气温(℃)	陕北	2.3	4.6(2006)	2.0(1986)
	关中	7.4	8.8(2013)	6.6(1963)
最高气温(℃)	陕北	16.4	17.9(1998)	14.6(1964)
	关中	17.9	20.1(2013)	16.0(1984)
≥0℃积温(℃·d)	陕北	3855.1	4195.7(2005)	3530.6(1976)
	关中	4540.9	5082.7(2013)	4211.0(1976)

续上表

气候要素	区域	平均值	历年最大值(出现年份)	历年最小值(出现年份)
≥10℃积温(℃·d)	陕北	3295.6	3725.7(1998)	3017.9(1986)
	关中	3924.2	4308.7(2013)	3629.2(1993)
日照时数(h)	陕北	2582.9	2921.8(1965)	2287.5(1964)
	关中	2095.4	2428.2(1965)	1727.2(1984)
降水量(mm)	陕北	481.5	749.2(1964)	307.2(1965)
	关中	597.3	895.7(1983)	351.7(1997)
平均风速(m/s)	陕北	2.0	2.4(1969)	1.7(2003)
	关中	2.0	2.5(1969)	1.6(2011)
蒸散量(mm)	陕北	903.0	1008.0(2014)	771.1(1964)
	关中	850.2	944.8(2014)	765.5(1964)
干燥度	陕北	1.9	2.1(1997)	1.0(1964)
	关中	1.5	2.6(1997)	0.9(1983)

注：本表统计分析了陕北15个气象站及关中39个气象站1961—2014年的气象数据。

陕北及关中年平均气温分别为9.2℃和12.1℃，两区域年平均气温均呈显著上升趋势，陕北平均每10年增温0.25℃，关中区域平均每10年增温0.23℃。陕北年降水量为481.5 mm，最大为749.2 mm；关中年平均降水量为597.3，最大为895.7 mm；两区域最大降水均集中在6—8月；年平均降水量呈下降趋势，但其减少趋势不显著。黄土高原范围内，降水量最大值出现在20世纪60年代，60—90年代降水量持续减少，由461mm减少到428mm。2000—2015年降水量有所增加，均值为454mm。黄土沟壑区日照时间大幅度下降，陕北每10年减少6.8h，关中每10年减少41.5h。风速两区域均呈下降趋势，每10年下降0.1~0.2m/s。陕北由于植被增加，蒸散量呈增加趋势；关中由于城市化进程，蒸散量呈减少趋势。上述气候变化导致干燥度均呈上升趋势，但幅度较小，均不显著。陕西省年暴雨日数和极端降水事件变化趋势系数的空间分布见图2-8。

近些年来，依据气象变化及工程反馈，陕北高原区集中降雨频次及幅度均增加，地表水流会快速汇集，汇集水流沿着上部黄土地层下渗，黄土层下伏冲洪积粉质黏土、黏土岩及基岩等隔水层，下渗的地下水在该层上部富集，致使隔水层上部土体呈软塑状态。

软塑地层的存在主要会导致三类灾害出现：路基下卧软塑层土体造成承载力不足，引起路基不均匀沉陷灾害；地下水通过毛细管上升到路基填土范围，引起路基结构受力重新分配，土质黏结力降低，进而路基强度降低，路基在自身重力及车辆荷载作用下发生沉陷灾害；软塑层位于开挖高边坡中，使边坡土体抗剪强度降低，导致边坡滑塌灾害。具体可见图2-9和图2-10。

2.1.1.3 河流水文

陕西省河流以秦岭为界，北属黄河水系，南属长江水系，黄土沟壑区位于秦岭以北，归属黄河水系。由北向南黄河主要支流为无定河、延河、洛河、泾河及渭河，其分布情况见表2-2。

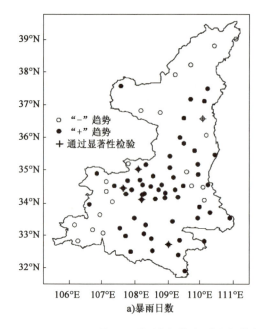

a) 暴雨日数　　　　　　　　　　　　b) 极端降水事件

图 2-8　陕西省年暴雨日数和极端降水事件变化趋势系数的空间分布

图 2-9　子长至姚店高速公路 K28+145~K28+800 段湿软路基

图 2-10　子长至姚店高速公路服务区 B 区坡脚出露软塑层高边坡

黄土沟壑区河流分布表　　　　　表 2-2

黄河支流	陕西境内主要支流	河流位置	河流详情
无定河	榆溪河	发源于刀兔海子附近,于鱼河堡附近注入无定河	王则湾至红石峡段谷宽 1000 多米。红石峡以下河谷宽坦,水流分散,多心滩,谷宽 1500~2000m
	泸河	发源于白于山地,于横山吴家沟附近注入无定河	杨米涧以下谷宽 200~1000m,河床宽 20~60m,切深 20~60m。一级阶地宽 300~500m
	大理河	发源于白于山地东侧,于绥德县城附近注入无定河	石湾以下河谷略开阔,河道变宽
	义沟河	为无定河东岸的一级支流	全长 42km,沟道平均比降 6.86‰,流域面积 427.0km²

第 2 章 地质勘察

续上表

黄河支流	陕西境内主要支流	河流位置	河流详情
延河	杏子河	发源于靖边县大路沟乡关圣塌。由王窑乡井庄入境，经王窑、招安、沿河湾3个乡（镇），至沿河湾镇黄崖根汇入延河	全长106km，流域面积1486km²，水土流失面积占93%。靖边县境内河段长40km，为延河一级支流，流域面积610.7km²，占总流域面积的41%。有常流水支流26条，年平均径流量0.23亿 m³，河床宽度25～35m，流速0.7m/s，常流量0.8～1.5m³/s
	西川河	由西河口乡的李盆窑子入境，于延安市兰家坪汇入延河	年平均径流量0.20亿 m³，县境内河长4.13km，流域面积644.9km²，河宽15～20m，流速0.8m/s
	小州河	发源于王家湾乡郝家圪台，由北向南流经坪桥、郝家坪至剑华寺沟岔汇入延河	全长39.3km，为延河支流。流域面积337.8km²，年平均径流量0.17亿 m³，常流量0.5～0.6m³/s，流速0.4m/s，河床宽18～22m
	小沟河	发源于郝家坪乡大理沟，由东北向西南流经该乡9个村，至剑华寺汇入延河	全长10km，河宽15m，属常流河
	岳口沟河	发源于黑家堡乡碾子岘渠和后张罗沟	全长12km，流域面积45.4km²，流量0.02694m³/s，多年平均径流量84.96万 m³，占径流总量的57%
	郭旗河	发源于郭旗乡樊家圪台，于丁旗汇入延河	全长17.5km，流域面积103.8km²，河床宽10～50m，流量0.023351m³/s，多年平均径流量73.64万 m³，占径流总量的5%
	郑庄河	发源于郑庄镇后董台，于杨家沟注入延河	全长24.3km，流域面积175.3km²，河床宽15～60m，流量0.05176m³/s，多年平均径流量162.23万 m³，占径流总量的11%
	关子口河	发源于七里村乡杨寺坡，于延长镇槐里坪汇入延河	全长19km，流域面积88km²，河床平均宽20.5m，流量0.01671m³/s，多年平均径流量52.7万 m³，占径流总量的3.6%
	西河子沟河	发源于黑家堡乡贤村岘，于县城西延长大桥处汇入延河	全长13km，流域面积44km²，河宽13.5m，流量0.028293m³/s，多年平均径流量89.23万 m³，占径流总量的6%
	烟雾沟河	发源于刘家河乡孙家塌，于呼家川烟雾沟口汇入延河	全长22.4km，流域面积122km²，河床平均宽43m，流量0.081451m³/s，多年平均径流量256.86万 m³，占径流总量的17.4%
	孙家河	发源于安河乡杨道原北沟，于孙家河沟口汇入延河	全长10.4km，流域面积36.8km²，流量0.030696m³/s，多年平均径流量96.8万 m³，占径流总量的6.5%
	安沟河	发源于安沟乡后岔口沟掌	全长18.9km，流域面积135.6km²，流量0.04376m³/s，多年平均径流量138万 m³，占径流总量的9.3%
	暖泉窑子河	发源于张家滩镇碾子河沟，于暖泉窑子沟口汇入延河	全长13km，流域面积40.4km²，流量0.0122m³/s，多年平均径流量38.47万 m³，占径流总量的2.6%

续上表

黄河支流	陕西境内主要支流	河流位置	河流详情
延河	薛家河	发源于张家滩镇艾团东南沟,于薛家河村汇入延河	全长12.5km,流域面积39.63km^2,流量0.0122m^3/s,多年平均径流量38.47万m^3,占径流总量的2.6%
	月余沟河	发源于交口镇下房家原村东南侧井沟	全长14km,流域面积42.3km^2,流量0.013892m^3/s,多年平均径流量43.81万m^3,占径流总量的3%
	赵家河	发源于张家滩镇柳卜崾崄东沟,于赵家河沟口汇入延河	全长15km,流域面积74.1km^2,流量0.025044m^3/s,多年平均径流量78.98万m^3,占径流总量的5.3%
洛河	文峪河	发源于华州水仙台,穿瓦子坪至眉底注入洛河	境内长32km,流域面积118.3km^2,平均比降24.9‰,河流落差567m,水势湍急。多年平均径流量3430万m^3,水力资源理论蕴藏量2024kW
	麻坪河	发源于华阴市肉架子沟,自栗峪乡斜岭村北部燕石沟进入洛境后流经栗峪、麻坪、孤山至石门峪口注入石门河	全长38.2km,流域面积184.1km^2,平均比降20.9‰,多年平均径流量5081万m^3,常流量0.9m^3/s,枯水流量0.45m^3/s,水力资源理论蕴藏量3529kW
	石门河	发源于黄龙山道沟,于石门峪口汇入麻坪河至尖角注入洛河	全长43.9km,流域面积352.1km^2,平均比降16.1‰,多年平均径流量10608万m^3,常流量1.88m^3/s,枯水流量0.89m^3/s,水力资源理论蕴藏量3187kW
	石坡河	发源于驾鹿火龙关,自西北向南流经巡检、石坡、李河,于梁头塬王村注入洛河	流程56.2km,流域面积662km^2,平均比降20.4‰,多年平均径流量18403万m^3,常流量2.27m^3/s,枯水流量1.34m^3/s,水力资源理论蕴藏量19961kW
	周湾河	发源于驾鹿五道沟,流经驾鹿、窄口河至石坡,汇入石坡河	全长38.6km,流域面积117.1km^2,平均比降20.7‰,多年平均径流量3161.7万m^3,常流量0.56m^3/s,枯水流量0.34m^3/s,水力资源理论蕴藏量2396kW
	桑坪河	发源于秦岭八套山麓,流经寺耳、桑坪至李河口汇入石坡河	流程35.1km,流域面积183km^2,平均比降20.7‰,多年平均径流量5033万m^3,常流量0.89m^3/s,枯水流量0.37m^3/s,水力资源理论蕴藏量3183kW
	西峪河	发源于陈耳大王西峪,于河口注入洛河	全长40.8km,流域面积161km^2,平均比降26.7‰,多年平均径流量4427万m^3,常流量0.79m^3/s,枯水流量0.24m^3/s,水力资源理论蕴藏量4389kW
	龙河	发源于庙台寺沟,至大庄口又汇合大庄河,南流至后碥汇入洛河	全长25.8km,流域面积136km^2,平均比降19.9‰,多年平均径流量3264万m^3,常流量0.58m^3/s,枯水流量0.40m^3/s,水力资源理论蕴藏量1573kW

续上表

黄河支流	陕西境内主要支流	河流位置	河流详情
洛河	县河	发源于马河乡境内的埝浪,沿西南转向东北流向,经马河、谢湾、城关,于城关陶川村碾子沟口注入洛河	干流长31.4km,流域面积154km²,河流落差307m。多年平均径流量400万m³,常流量0.71m³/s,枯水流量0.58m³/s,水力资源理论蕴藏量373.4kW
	西沙河	发源于油泉分水岭,经景村至下堋双桥汇鹿池川河,流经茶臼山西纳鳌峪河,于薛楼注入洛河	干流长35.5km,流域面积123.5km²,河流落差323m,多年平均径流量3087万m³,常流量0.55m³/s,枯水流量0.25m³/s,水力资源理论蕴藏量860kW
	中沙河	发源于蟒岭北侧老君峪流岭槽,北流经沙坪纳小秦峪河、高河、蒋河至页山再纳韩西沟河,于沙河口注入洛河	干流长35.5km,流域面积157.9km²,河流落差349m。多年平均径流量3947万m³,常流量0.683m³/s,枯水流量0.24m³/s,水力资源理论蕴藏量1604kW
	东沙河	位于县境东南。沿东流经寺坡、三要折向东北,于土家嘴注入洛河	长41.2km,流域面积355km²,河流落差359m。多年平均径流量3347万m³,常流量0.59m³/s,枯水流量0.39m³/s,水力资源理论蕴藏量3908kW
	姬家河	发源于古城马连滩卧牛石沟,沿东北流至寺坡何村,下游称沙河	长26.5km,流域面积133.9km²,河流落差38m。多年平均径流量852万m³,常流量0.15m³/s,枯水流量0.10m³/s,水力资源理论蕴藏量1636kW
泾河	马莲河	正源名曰环江,南流经合水、宁县,至政平汇入泾泾河	全长374.8km,雨落坪以上流域面积1.9万km²,多年平均径流量4.70亿m³
	黑河	发源于华亭县东南部的上关罐子梁背后,至陕西省长武县亭口镇亭南村注入泾河	河长168km,平均比降2.9%,流域面积4255km²,多年平均径流量1.02亿m³
	南河	发源于陕西省陇县河北乡北庙坡和甘肃省崇信县宰相庄,由甘肃省灵台县东流,自巨家乡马成寺入境,经巨家、枣园乡,从河川口村汇入黑河	境内流程12.5km,河谷宽200m,平均比降1.72‰,年均流量4.85m³/s
	磨子河	发源于陕西省麟游县亢家店村,经路家、亭口乡,从安华村汇入泾河	境内流程10.3km,河宽1m,平均比降1.25‰,年均流量0.12m³/s
	泔河	发源于永寿县永平乡北部的罐罐沟脑,向东南流经永寿、乾县,于礼泉县烽火乡百灵宫注入泾河	全长91km,流域面积1136km²,河床高程1416~410m,平均比降11.1‰
	红岩河	发源于子午岭西侧,流经甘肃省正宁县、陕西省旬邑县、彬县,于彬县高渠村汇入泾河	流域总面积715km²,干流全长78.7km

续上表

黄河支流	陕西境内主要支流	河流位置	河流详情
泾河	四郎河	发源于甘肃省庆阳市正宁县艾蒿店子,最后在长武县雅口流入泾河	总长80km,其中庆阳市境内长70km,流域面积783km²,四郎河多年平均径流总量0.288亿m³,年均流量0.91m³/s,均径流深44.7mm,径流模数1.41L/(s·km²),多年平均输沙率108L/s,平均含沙量119kg/m³
	三水河	发源于马栏山区北部,从源头向东南流,到杨家洞站后,转为北南向,从关门子又转为东北—西南向,经转角、马栏、县城,于本县丈八寺蔡家河滩出境流入彬县	境内河长113.5km(全长128.6km),为境内最长的一条河
	支党河	发源于甘肃省正宁县东子午岭山区,自东北向西南流,到旬邑县职田镇文家川村入境,流缝陕甘边界,再经底庙乡店子河、刘家店村后,至万家川入彬县,再汇入泾河	县境内河长14.9km,流域面积129.2km²,平均比降6.1‰
	姜家河	发源于旬邑县石门山东南的暗门子附近,向西南流经水沟口、窑上、岭村后,转向南并成为本县和淳化县的界河,至土桥镇胡同同村进入淳化县,再注入泾河	县内河段称七里川,界河以下称姜家河。境内河长20.4km(全长41.6km),流域面积69.95km²,占总流域面积的49.3%,多年平均径流量361万m³
渭河	千河	渭河左岸支流,源出甘肃六盘山南坡石嘴梁南侧,东南流至唐家河入陕境,斜穿宝鸡陇县中部,经千阳、凤翔,于宝鸡市陈仓区冯家嘴注入渭河	河流全长152.6km,平均比降5.9‰,流域面积3493km²,其中省内分别为129km与3272km²,多年平均径流量4.85亿m³
	漆水河	渭河左岸支流,位于关中西部宝鸡、咸阳两市之间	全河长151km,平均比降4.7‰,集水面积3824km²,多年平均径流量约2亿m³
	黑河	渭河右岸支流,流域全在周至县境内。源头在太白山东南坡二爷海	长91km,纳大小支流34条,集水面积约1500km²
	沣河	渭河右岸支流,位于关中中部西安西南,正源沣峪河源出长安区西南秦岭北坡南研子沟,在草滩农场西汇入渭河	全河长78km,平均比降8.2‰,流域面积1386km²,多年平均径流量4.8亿m³
	灞河	源出蓝田县东北隅,南流至灞源乡急转西北,经九间房至玉山村折向西南,于贾家滩北汇入渭河	全长104km,流域面积2581km²,平均径流量7.43亿m³,年平均输沙量278万t,平均比降6.2‰。洪水频繁

续上表

黄河支流	陕西境内主要支流	河流位置	河流详情
渭河	石川河	上源二支,东支漆水,又称铜官水,西支沮河为石川河正源,于耀州城南汇入沮河	全河长63km,流域面积814.7km²,平均比降11‰,多年平均径流量0.38亿m³
	石川河右岸支流清河	由清峪河与冶峪河汇流而成	清河长147km,长于石川河干流,集水面积1550km²,平均比降2.3‰,多年平均径流量0.63亿m³。石川河全长137km,平均比降4.6‰,集水面积4478km²,多年平均径流量2.15亿m³
	零河	流经大王、负曲公社西侧,何刘公社东侧、北侧,三张公社南、西侧的深沟中,过白杨公社张义村西北汇入渭河	主流长27km,流域面积303.9km²。多年平均径流量419万m³,平均比降2‰
	湭河	自川道北流到川口王,经灰堆村穿渭南城到双王公社张庄村东北汇入渭河	全长40.4km,流域面积259.5km²。平均比降3.47‰,多年平均径流量374万m³。年平均输沙量86万t,平均侵蚀模数3270t/km²
	赤水河	为渭南、华县界河。源于秦岭箭峪岭,出峪后西汇桥南东沟,经崇凝、丰原东侧沟里,到蔡郭村,穿赤水镇流至念头村东汇入渭河	总流域面积300.8km²,全长41.4km,平均比降3‰,多年平均径流量1190万m³

2.1.2 区域地质构造

2.1.2.1 区域构造单元

黄土沟壑区位于中朝准地台。中朝准地台南侧以八渡—虢镇—眉县—铁炉子—三要断裂带为界,由陕甘宁台坳和汾渭断陷两个构造单元组成。五台运动使其主体部分基本固结,最终形成则在于中条运动。基底岩系为太古界及下—中元古界(铁铜沟组)。沉积盖层包括中晚元古代、寒武—奥陶纪的浅海沉积,石炭、二叠纪的海陆过度相到陆相沉积以及中、新生代的陆相沉积。缺失志留系、泥盆系和下石炭统。

1)陕甘宁台坳(Ⅰ)

呈近似南、北方向的椭圆形,西南侧以八渡—虢镇断裂与六盘山断陷为界;南被渭河断凹北缘北山山前断裂围限。南缘为褶断束,以陇县—白水一线与陕北台坳为界。南缘褶断束呈向南弯曲的带状,主要出露寒武—奥陶系,因加里东运动上升为陆。西为景福山—永寿断褶段,东为铜川—韩城断褶段。本区南侧有3条大断裂,即八渡—虢镇深断裂、渭河盆地北缘北山山前大断裂及口镇—官池(隐伏)大断裂。

该区拱起地块，自中生代以来，堆积了巨厚的陆相碎屑岩建造，岩层产状平缓，断裂不发育，见于边缘地带，以正断层和平推断层为主。新生代在晚白垩世缓慢上升为大面积拱起区，且具有在更新世西南部掀斜、全新世东北部掀斜的特点。新构造所形成大的活动断裂不明显，在中生界基岩中有裂隙密集带发育。

2) 汾渭断陷（Ⅱ）

呈近似东、西方向的三角形，北与陕甘宁台坳相邻，南至北缘北山山前与南缘秦岭山前为两大断裂所控制。西起宝鸡，东到潼关，长约300km，宽30～60km，陆相堆积层厚度大于700m，与秦岭地形高差3000多米。

渭河地堑系新生代断陷盆地，新构造运动强烈，活动性断裂发育，地震活动频繁，区域稳定性差。活动性断裂以近东西、北东东、北东向为主，北西向次之。近东西向断裂形成于中生代末新生代初，直接控制着侏罗、白垩、老第三系和中新统的分布，第三纪以来仍有活动，如口镇—关池大断裂。北东东向断裂形成于中新世早期—上新世初，直接控制着中新统和上新统的分布，直至现在仍有活动，如渭河大断裂、乾县—临猗大断裂；同期的还有北北东向断裂，如韩城断裂。北东向断裂形成于第三纪末—第四纪初，控制着第三系张家坡组，第四系上、中更新统的分布，现在仍在活动，主要有毛家河断裂、白龙潭断裂等；同期的还有北西向断裂，如八渡—虢镇断裂。断裂皆为高角度断层，直接控制、影响沉陷的形成和发展，使本区形成具差异性断块构造的某些特征。近东西向地堑与北东向凹陷叠加形成断陷洼地，如陵前洼地、保南洼地、卤阳洼地等，近东西向地垒与北东向隆起带共同作用形成断块中低山、断块黄土塬，如嵯峨山、将军山、尧山、五龙山、九龙塬、紫金塬、焦作塬、铁镰塬等。

2.1.2.2 区域主要断裂

1) 固关—宝鸡断裂

该断裂是鄂尔多斯西南弧形断裂束最南段的一个重要组成部分，西起固关，南到秦岭，北窄南宽，北部固关一带宽仅15km，至渭河一线宽达70km，整个断裂带长度为120～140km。该断裂自古生代以来具有多次强烈的活动，控制了白垩系、第三系和第四系的分布，在地貌上形成断垒与断陷相间排列的格局。

断层由甘肃华亭延入陕西，向南东经陇县麻利滩、段家峡、八渡后延至宝鸡市陈仓区（虢镇东），向南消失于秦岭北麓大断裂北，总体走向北西45°，倾向南西，倾角为55°～70°，局部产状有变化，陕西境内长约130km。在段家峡可见构造角砾岩，具有压扭特征。

断层在八渡及宝鸡新街以东有长约5km的断层崖，景象十分壮观，比高为50～100m，这是新生代断层差异运动的结果。由于断层的垂直差异运动，千河东岸存有四级阶地，西岸只有一级阶地；渭河阶地位相图反映出该断层两侧阶地变异，断裂以东五级阶地面大幅度降低，而二级阶地和一级阶地则表现为东升西降，反映了中更新世早、中期断层活动表现为西升东降，而晚更新世和全新世早期断层活动又表现为东升西降，由此说明该断层在第四纪时期存在挤压、拉张多次活动。

2）千阳—彪角断裂

该断裂是鄂尔多斯西南弧形断裂束最南段的一个重要组成部分,断裂沿宝鸡金陵河展布,定向为北西40°。北端至宝鸡市陈仓区新街镇交汇于固关—八渡—宝鸡断裂,南端过渭河后消失,长约40km。沿断裂方向分布一系列小断层,组成平行相间的阶梯状断层组,该断裂两侧的五级阶地与二级阶地的高差为20~40m。二级阶地形成于晚更新世,故认为阶地变位时期最后一次应在全新世。

3）陇县—岐山—马召断裂

该断裂是鄂尔多斯西南缘陇县—宝鸡断裂带东侧的一条主干断裂。总体呈北西走向,总长度达140km。断裂北段在中更新世曾有过较强烈的活动,但晚更新世以来活动已不明显。断裂中段地貌表现清楚,露头较丰富。该断层在晚更新世以前活动强烈,但主要表现为正断层。晚更新世早、中期仍有较明显活动,但至晚更新世末期活动明显减弱,全新世时期断层没有进一步活动的迹象。断裂南段大部分地段地表反映不明显,处于隐伏状态。该断裂为渭河断陷盆地内西安凹陷与宝鸡断隆的分界线,它控制了新生代地层的分布和发育。断裂西侧缺失上新世以前的沉积,第四系厚度在300m以内,东侧的第四系厚度在500~1000m以上,其上还有巨厚的河湖相堆积。据钻孔资料,自始新世以来,两侧的垂直差异升降幅度可达300m,在哑柏一带,第四纪底界在断层两侧落差为300~400m。若以第四纪下界年龄240万年计算,则断裂在第四纪时期平均差异升降运动速率为0.15~0.2mm/a。

4）口镇—关山断裂

该断裂近东西向,南倾,倾角为40°~80°,口镇一带古生代破碎带宽达50m,断层角砾岩发育。东段被第四系压覆,据地震资料,断裂带北侧缺失上新统,而南侧厚达640m,并错断第四系,断距达50~200m,现代地貌断裂以北为基岩山地和黄土台塬,冶峪河谷中谷地貌表明断裂以北的北山近期继续继承性隆起。断裂以南为河流阶地区,地貌对照性明显,石川河、冶峪河、浊峪河在流经该断裂带时发生同步弯转,说明该断裂在更新世以来发生过左旋扭动。

5）乾县—富平—蒲城断裂

该断裂以泾河为界,两段北东东向,东段北东向,大体呈向东南凸的缓弧形,由一系列南倾阶梯状正断层组成,在北山与盆地交界地带以及一些低山丘陵基岩中可见其形迹断续分布。盆地内为第四系覆盖,据物探和钻探资料,前第三系基岩由北向向南渐次跌落,并控制第三系和第四系的沉积,主要断裂有宝鸡—乾县隐伏断裂、扶风—三原隐伏断裂、尧山断裂、富平—蒲城断裂、任原断裂和韩城断裂等。

这些断裂近期均有不同程度的活动,沿断裂带第四系中发现多处小断层,如扶风—三原断裂在龙王沟中上更新世黄土中见有两组断层,走向北东60°和北西85°,倾向南东和南西,倾角为60°~80°,断距为1.5~2.5m,前者为逆断层,后者属正断层,更新统黄土中的断层在宝鸡—乾县断裂带的龙崖寺及韩城断裂带亦时有发现。此外,这些断裂往往成为地貌单元的分界线或控制某些地貌单元的发育,如尧山断裂北为凤凰山及洪庆塬和马额塬,南为明阳洼地、陵前洼地,韩城断裂的露井—百良段为一、二级黄土台塬界线,两者高差达 40~60m,沿富平—蒲城断裂带及扶风—三原断裂有条形凹地分布。

渭河北山南缘断裂带发现多处温泉,如乾县龙岩寺、经阳筛珠洞、蒲城温汤、常乐温泉等低温泉水,组成北山南缘温泉带。

6) 渭河断裂

该断裂武功以西呈北西西向,武功以东为北东东向。据物探资料,该断裂为渭河断陷基底岩相分界,断裂以北为下古生界海相碳酸岩,断裂以南为太古界震旦亚界变质岩及花岗岩,该断裂同时控制新生代沉积。西段断裂以北缺失下第三系,上第三系厚约 1800m;断裂以南下第三系有较厚沉积,上第三系厚达 2800m。上新统底板等深线断裂两盘高差达 500~1000m,为西安凹陷北界,断面向南陡倾。东段断面北倾,倾角达 70°~80°。断裂南北两侧新生代沉积厚度相差悬殊,如中新世、上新世和第四系,南盘厚度分别为数百米、200m 及 200 余米,而北盘分别为 1500~2000m、850~1100m 及 1200m,明显控制固市凹陷南界。从地貌上看,西段断裂以北为黄土塬,以南为渭河阶地,东段以南为黄土塬,以北为渭河阶地,东西两段沿断裂带第四系中均见有小断层。西段卧龙寺、斗鸡台、蔡家坡和眉县车站等滑坡与该断裂有一定关系。由蔡家坡、马嵬坡、咸阳温泉组成的渭河盆地中央温泉带沿断裂分布。据地震探测资料,该断层已断至第四系。下第三系、上第三系及第四系断距在断裂东段分别达到 800~1500m、150~1000m 和 50~550m。这是一条在整个新生代反复活动的大断裂。

7) 临潼—长安断裂

该断裂北起临潼,南到长沣峪口进入秦岭,位于骊山凸起与西安凹陷的交界部位,走向总体北东 35°~45°,全长 60 余千米,断裂带宽 37km,由数条平行断层组成,较大者有 3 条,即江伊—鲍陂断裂、马腾空断裂、斜口—东大断裂。

该断裂第四纪以来活动显著。据钻孔资料,断层两盘早更新世垂直断距为 57~74m,错断上更新统黄土古土壤 5.7m,错断全新世 0.7m,沿断裂带多处发现地裂缝、构造凹地。据历史记载,西安地区 4 级以上地震沿该带相对集中,所以它可能是西安地区主要的发震和控制构造。近期形变观测垂直位移速率为 2.0~2.4mm/a,表明该断裂现今差异运动还相当活跃。

8) 骊山北缘断裂

该断裂是骊山凸起的北界断裂,西起临潼华清池,东到渭南阳郭,全长 36km,断裂宽约 50m。该断裂第四纪以来活动显著,据钻孔资料,下更新统地界与中更新统底界在断层两侧落差分别为 180m 和 140m。沿断层带第四纪断层十分发育,而晚更新世和全新世地层中断层的断距为 0.2~10m,全新世地层断距一般小于 1m,个别达 2m,最大断距见于杨家剖面,断裂错断了全新世冲洪积砾石层,断距 2m。骊山山前断裂从晚更新世晚期以来,平均垂直滑动速率为 0.2mm/a 左右,全新世以 1 万年计算,平均垂直滑动速率为 0.2mm/a 左右,两者基本一致。

9) 华山北缘断裂

该断裂为渭河断陷东南的边界断裂,东起潼关,西南至蓝田交于秦岭北缘断裂,总体呈折线状延伸。石堤峪以西走向北东25°,石堤峪以东总体近东西向,总长约100km。断裂北侧为固市凹陷;南侧为华山基岩断块山,由深变质岩、混合岩、花岗岩等组成。

该断裂于新生代早期追踪多组断裂而形成,断裂下盘残留的第三纪夷平面高山渭河平原2000m,而上盘的新生界河潮相地层厚6000m,说明该断层自新生代以来发生了强烈的正断层运动、其深部产状变缓,为一铲式正断层。

全新世以来,东段仍强烈运动,在多数峪口可见到错断晚更新世和全新世冲积物的断层剖面和断层陡坎,断距1~14m不等,推算距今10000年和2500年以来它们的垂直运动速率分别为0.72~140mm/a。

该断裂是一条强震发展断裂,历史上曾发生过1556年华县8级地震和两次5~6级中强地震。古地震研究表明,大震的重复间隔平均为2000~2500年。

10) 余下—铁炉子断裂

该断裂近东西向展布,为西安凹陷南界,属秦岭地区兰桥—古城断裂西延部分,上覆新生界地层。据物探资料,断面北倾,倾角为60°~80°,断裂以南仅有上新统至第四系沉积层,厚度较小。断裂以北下第三系至第四系发育齐全,厚达数千米,为明显控制新生代沉积的活动性断裂。

11) 秦岭北缘断裂

该断裂为秦岭山地与渭河地堑的分界构造。宝鸡—汤峪段大体上呈北西西略向南弯曲的弧形;汤峪—华县段追踪南北向与北东向断裂,主体呈北北东向展布;华县—潼关段为东西向,局部呈北西和北东向。沿秦岭北坡断层崖和断层三角面清晰可见,同时又有挤压破碎带和糜棱岩带,断面北倾,倾角为60°~80°,断裂带以南的秦岭急剧隆起,断裂带以北的渭河平原下沉,差异运动幅度达万米以上。秦岭上升造成的北坡72个峪口广泛发育有谷中谷、悬谷和瀑布等。周至—长安、华县和华阴地区山前地带分布有从下更新统到全新统层层叠覆的埋藏型洪积扇,表明关中盆地局部地段的沉降持续到第四纪晚期。山前第四纪洪积物厚度达300~500m。

12) 商县—丹凤断裂

该断裂由蓝田汤峪入秦岭经商县、丹凤、商南向南东进入湖北省内,走向为北西—南东向,陕西省境内长约180km,由一系列平行断层组成,控制了商县、丹凤盆地,切割了第三系地层,沿断裂带两侧有新生界构造变动。断裂在库峪口切割了第四系地层,在与秦岭山前大断裂交汇处,出露有蓝田汤峪温泉;沿断裂出露有基性、超基性岩。地质学家将该断裂作为划分内陆古板块的分界线。沿此断裂带无强震记录。

2.1.2.3 区域地层岩性

陕北黄土高原属华北地层区,跨鄂尔多斯盆地和鄂尔多斯盆缘两个地层分区,地层由东向西逐渐由老变新,区内出露的地层主要有奥陶系、石炭系、二叠系、三叠系、侏罗系、白垩系、第三系及第四系。以第四纪黄土及陆相中生代地层最为发育,缺失志留系和泥盆系。

区内地层由东向西逐渐由老变新,区内出露的地层最老地层为奥陶系,仅见于榆林东北部。大部分地层为中生代沉积岩地层,岩层倾向大致向西,角度极缓,一般不超过5°,只在榆林府谷一带岩层倾角较大,但一般不超过10°,越向西去,岩层倾角越小,有的甚至接近水平,很少见地层的褶皱,局部可见轻微的地层波折现象。

二叠系及三叠系下统为湖泊、沼泽相含煤砂泥岩沉积及河湖相红色碎屑岩,三叠系中、上统至白垩系在区内的一些地段连续出露,以内陆河湖相为主,部分为内陆盆地边缘山麓堆积。三叠系中、上统为红色砂泥岩及灰绿色含煤、油页岩及少量火山碎屑之砂泥岩。侏罗系由红色砂泥岩、煤系地层,过渡为含泥灰岩、油页岩的红色砂泥岩及砾岩。白垩系仅有下统志丹群(K_2sh),为红色砂岩、砾岩、泥岩及少量泥灰岩,第三系为河湖相含石膏的红色碎屑沉积。

区内几乎均被厚层黄土覆盖,基岩露头只出现于深切河谷或者曾受到强烈侵蚀的山岭地区以及东部黄河沿岸地区。

1) 奥陶系

仅出露中统海相灰岩($O_{2-3}tq$ 桃曲坡群和 O_2m 上马沟组),分布在府谷海则庙黄河沿岸及铜川市附近,为深灰色厚层状石灰岩和灰黄色泥质灰岩。

2) 石炭系

分中统(C_1b 本溪组)、上统(C_1ty 太原组),其分布范围与奥陶系大致相同,本溪组为杂色铝土质页岩含铁矿,平行不整合接触于奥陶系之上;太原组呈条带状分布,为海陆交互相沉积之砂岩、页岩、含煤、铁、铝土矿等,假整合覆于中石炭统或者中奥陶统之上。

3) 二叠系

分上统(P_2sh 石盒子组和 P_2s 石千锋组)、下统(P_1sh 石盒子组和 P_2s 山西组),分布范围均为府谷及以北地区黄河沿岸,以砂岩、页岩、泥岩为主。山西组和石盒子组可见煤层。

4) 三叠系

分上统延长群(T_3yc),中统纸坊组(T_3z),下统和尚沟组(T_3h)、刘家沟组(T_3l)。

延长群为沙泥岩为主,夹油页岩、煤层,由东北向西南变厚,分布在铜川、黄龙、府谷一线以西。本群从上而下分为瓦窑堡组(T_3w),灰绿色砂岩夹泥页岩,含煤。永坪组(T_3y)中细粒厚块状砂岩夹灰色泥岩;胡家村组(T_3h)中细粒砂岩与深灰色泥岩互层;铜川组(T_3t),底部中粗粒砂岩,顶部黑色、深黑色、页岩、油页岩。下部及向东北部岩相较粗,长石含量较高,砂岩常为肉红色。

中统为纸坊组(T_3z),岩性以紫色为主的砂岩、泥岩互层,主要分布在吴堡清水河、神木窟野河、府谷河下游等地。

下统分为和尚沟组(T_3h)和刘家沟组(T_3l),和尚沟组以泥岩为主,夹细砂岩及含砾砂岩,刘家沟组以砂岩为主,夹砾岩、泥岩、粉砂岩,主要分布在吴堡和府谷一带。

5) 侏罗系

侏罗系分中统(J_2a 安定组、直罗组 J_2z 和延安组 J_2y)和下统(J_1f 富县组),以砂岩、页岩、泥岩等为主,延安组夹煤线,区内榆林、延安等地均有分布。

下统富县组(J_1f)以砂岩、页岩、泥岩等为主,含煤、油的重要层位之一,出露于富县至府谷一带。

6) 白垩系

区内出露白垩系下统志丹群(K_1sh),为一套砂岩、砾岩、粉砂岩、泥岩夹页岩和少量的凝灰砂岩,上而下分为共分为四个组。

罗汉洞组(K_1eh):砂岩夹泥岩,砂岩质地疏散,岩层由南向北变薄,出露于延安西部边缘。

环河、华池组(K_1hn+h):砂岩或粉砂岩夹少量泥岩,岩层从西南向东北变细。厚度增大,出露于定边、靖边、吴旗一带。

洛河组(K_1e):长石砂岩,岩层由西南向东变厚,出露于区内西部,从由北向南横山到黄陵旬邑一带均有分布。

宜君组(K_1y):砾岩夹砂岩、泥岩条带或砂岩透镜体,岩层由南向北变薄而逐渐消失,主要出露于延安南部黄陵、宜君一带,吴旗、志丹等地砾岩层只有0.2~0.3m,表现为含砾石砂岩。

7) 第三系

区内第三系分新近系三趾马红土(N_2s)和古近系清水营组(E_3q)。

三趾马红土为深红、棕红、棕黄色黏土岩、砂质黏土岩,含钙质结核,夹砂砾岩层,厚度不定,延长至子长一带较厚,区内黄土沟壑区及白于山地区广泛分布。

清水营组为浅红色砂岩、砾状砂岩夹棕红色、红色黏土、薄层泥灰岩,出露于定边西南一带。

8) 第四系

分下更新统(Q_1)、中更新统(Q_2)、上更新统(Q_3)、全新统(Q_4),分布极为广泛,不整合于第三系及一切老岩层之上,厚度变化很大,一般在数十米至百余米之间,最厚在洛川一带有160余米,普遍有底砾层。以黄土堆积为主,构成了陕北高原的骨架;次为风积沙、河湖积及冲、洪积的粗粒沉积。

(1) 下更新统分三门组(Q_1s)和午城组(Q_1w)。

三门组:紫色中细粒砂岩夹零星砾石或透镜体,分布于榆林横山以西及宜川一带。

午城组:风城黄土石质黄土堆积,以夹多层古土壤层及钙质结合层为主要特点,成岩性好,与下伏三门组呈整合或不平行不整合接触,分布于甘泉、洛川、富县及佳县一带。

(2) 中更新统为主要为风成黄土和河流冲积层。

离石黄土(Q_2^l):风成黄土堆积,黄土类亚黏土,以上部夹颜色鲜艳的褐红色古土壤层接下部夹灰白色钙质结核层为主要特点,无层理,质地坚硬,与下伏的午城组呈平行不整合接触,分布广泛,由西向东逐渐有古土壤层,并且依次增多,广泛分布于樑峁原地区,最大厚度为150~200m。

河流冲积层(Q_2^{al}):主要为砂、砾石、细-粉砂、亚砂土、亚黏土,分布在较大河流的三级阶地或者离石黄土层的底部。

(3)上更新统分为马兰组、萨拉乌苏组。

马兰组(Q_3m):粉砂质,色黄无层理,垂直节理发育,有钙质结核,大孔隙,由北向南含砂量逐渐减小,厚度为 5~30m 不等,区内广泛分布。冲积层(Q_3^{1al})、冲积、湖积层(Q_3^{1al+pl}),分布于各大河流的底部,多为二级阶地,主要由亚砂土、亚黏土组成。

萨拉乌苏组(Q_3s):由砂土、亚砂土组成,下部粗、上部细、北部粗、南部细,多沿榆溪河、鱼堡河以上的无定河、芦河、红柳河等河谷两侧出露。

(4)全新统(Q_4)以风成、冲积及残次生生黄土层为主,分为全新统冲湖积层(Q_4^{al+l})、冲积层(Q_4^{al})、洪积层(Q_4^{pl})、风积层(Q_4^{eol})。

全新统冲湖积层:厚 40~80m,分布于红柳河、芦河及八里河上游的涧地中,主要由灰黄色、暗灰色、灰色蓝灰色等亚砂土夹细粉砂岩组成,薄层状,较疏松,具水平层理,层面间夹有多层棕色泥皮。

冲积层:分布于个河流沿岸,组成河漫滩和一级阶地,主要为砂砾石、亚黏土、亚砂土,结构疏松,具有粗层理,厚度一般小于 10m。

洪积层:分布于西部黄土斜坡的前缘,岩性为灰黄色黄土状土,属黏质砂土夹细粉砂及薄层黏土(部分为淤泥),局部混有基岩碎骨及钙质结核砾石。薄层状,间有交错构造层,干后具有垂直节理,厚 10~30m。

风积层:多为黄色细-粉砂,其次为中-细砂及粉土类粒级,组成风沙区各种风沙堆积地貌。

陕西黄土物理力学性质见表 2-3。

2.1.3 水文地质特征

2.1.3.1 地下水类型

黄土沟壑区按水力性质及含水介质,由第四系松散层孔隙含水层和碎屑岩裂隙含水层组成,主要为潜水,可分为第四系孔隙潜水和基岩裂隙水两大类。沙盖黄土墚区风积沙孔隙较大,降水会迅速下渗,一般不含水。第四系孔隙潜水主要分布于河谷区域,包括黄土裂隙孔洞潜水(含滑坡体孔隙潜水)、洪积层孔隙潜水,含水层为黄土层、滑坡体、洪积层(淤积层);基岩裂隙水分布于整个研究区域下伏基岩内。

1)第四系潜水

第四系潜水类型主要有淤积层孔隙水、冲洪积层孔隙水、黄土层孔隙潜水。

(1)淤积层孔隙水

主要分布于沟谷上游的淤积坝内,含水介质为 2~3m 厚的淤泥土,含水接近饱和,无统一潜水面,沿淤积坝呈舌状或带状分布,富水性弱。

表 2-3 陕西黄土物理力学性质汇总表

地区	时代	含水率 w (%)	密度 ρ (g/cm³)	干密度 ρ_d (g/cm³)	孔隙比 e_0	饱和度 S_r (%)	液限 w_L (%)	塑限 w_P (%)	塑性指数 I_P	液性指数 I_L	压缩系数 $a_{0.1-0.2}$ (MPa⁻¹)	压缩模量 (MPa)	取样点位置
榆林	Q₃	12.02	1.69	1.49	0.89	45.88	26.02	18.60	7.31	0.00	0.43	12.05	绥延高速公路 K10~K40 段
	Q₂	18.04	1.94	1.66	0.67	74.52	27.02	18.66	8.05	0.09	0.21	10.72	
延安	Q₃	15.00	1.75	1.51	0.95	58.07	27.42	17.02	9.96	0.02	0.43	6.75	延安东绕城高速公路 K30~K50 段
	Q₂	17.87	1.92	1.63	0.75	74.33	28.26	17.22	10.68	0.12	0.30	7.63	
铜川	Q₃	13.99	1.54	1.36	1.06	38.58	27.34	16.65	10.29	0.03	0.45	7.47	西铜改扩建高速公路 K20~K40 段
	Q₂	13.88	1.57	1.38	1.04	39.91	27.87	17.09	10.31	0.02	0.33	10.38	
咸阳	Q₃	15.03	1.51	1.32	1.09	38.91	29.53	18.25	11.12	−0.19	0.29	10.08	六村堡到永寿高速公路 K25~K45 段
	Q₂	17.09	1.64	1.40	0.97	50.66	29.84	18.38	11.32	−0.05	0.23	11.05	
西安	Q₃	19.63	1.83	1.53	0.84	69.00	31.73	18.11	10.30	0.12	0.27	9.14	曲太高速公路 K0~K20 段
	Q₂	20.93	1.86	1.55	0.82	73.47	31.22	17.79	10.18	0.19	0.26	8.64	
渭南	Q₃	21.03	1.91	1.64	0.68	79.56	26.10	17.28	12.45	0.17	0.39	—	合铜线
	Q₂	22.41	1.93	1.58	0.72	84.12	32.25	19.66	10.11	0.27	0.23	—	

(2)冲洪积层孔隙水

主要分布于各支沟下游的漫滩、高漫滩及一级阶地中。支沟下游的漫滩及高漫滩含水介质为冲洪积的粉土、粉质黏土或卵石层,厚度一般为 2～3m,呈片状分布,富水性弱。一级阶地(高漫滩)含水介质为冲洪积的圆砾卵石层,厚度为 6～9m,沿河两岸呈带状分布,富水性中等。

(3)黄土层孔隙水

主要分布于沟谷上游墚峁及各支沟沟头附近,含水介质为中更新统黄土,呈不连续、不规则的片状分布,无稳定的潜水面,含水厚度差异大。水量一般较少,大部分泉的流量小于 0.1L/s,少数泉流量达到 0.2L/s,富水性弱。

黄土沟壑区第四系潜水虽水量贫乏,但受季节性影响大,冬春一般水位较深;在夏秋多雨期,水位会迅速抬升,导致湿软地基及黄土边坡含有软弱层,对工程的影响较大。

2)基岩孔隙裂隙潜水

基岩裂隙潜水广泛分布于基岩风化壳的裂隙性及各组岩层中。

(1)基岩风化壳裂隙水

一般分布于整个区域基岩顶面的强风化岩层中。含水介质为强风化的砂岩、泥岩及页岩。一般厚度为 3～4m,最大厚度为 5～6m。基岩风化壳虽分布连续,但起伏大、空间变化大,补给来源有限,厚度小,泉流量一般小于 0.03L/s,少量达到 0.1L/s 以上,单井涌水量一般小于 $3m^3/d$,富水性弱。

(2)基岩孔隙裂隙水含水岩层

受河流下切剥蚀影响,分布于砂岩孔隙中,含水层较普遍,含水岩性为块状砂岩夹薄层泥岩,岩层最大厚度超过 100m,窝状孔隙、节理裂隙发育,含水厚度为 5～6m。基岩接触面上出露较多的悬挂泉,出露点均高于谷底,多处泉的流量大于 0.5 L/s,部分泉群流量大于 1.0 L/s,单井涌水量一般为 10～40m^3/d,最大者超过 100m^3/d,富水性中等。

2.1.3.2 地层的渗透性特征

1)淤积层的渗透特征

淤积层现场渗水试验渗透系数为 0.10～0.50m/d,平均值为 0.30～0.35m/d,室内土样渗透试验取得的渗透系数为 0.10～0.80m/d,平均值约 0.30 m/d,渗透性较差。

2)马兰黄土的渗透特征

马兰黄土整体渗透性较差,浅部的渗透性略高于深部的渗透性。现场渗水试验,浅部渗透系数为 1.40～2.40m/d,平均值为 1.80～1.90m/d,深部的渗透系数为 0.30～1.30m/d,平均值约 0.75m/d。室内试验的垂直渗透系数为 0.11～0.75m/d,平均值为 0.25m/d 左右。

3)离石黄土的渗透特征

离石黄土均匀性相对较差,渗透性差异较大,有裂隙部位渗透性好,其余部位渗透性差,古土壤层相对隔水。

4）新近系红（黏）土的渗透特征

新近系的红（黏）土层致密，渗透性较差，属于其相对隔水层。

5）岩石层的渗透性特征

含砾粗砂岩及砾岩的透水率为 7.50～36.0Lu，以中等透水为主，部分钻孔在钻进过程中冲洗液渗漏严重，达到极强透水。泥岩的透水率为 0.50～4.0 Lu，以微～弱透水为主。砂岩以弱透水为主。岩体和土体接触面及基岩风化壳冲洗液渗漏较为严重，达到强透水或极强透水。

2.1.3.3 水文地质结构

1）黄土沟壑上游水文地质结构

（1）梁峁区黄土孔隙水—风化壳基岩裂隙水—基岩孔隙裂隙水

地层自上由下依次为第四系上更新统马兰黄土—中更新统离石黄土—新近系红黏土—基岩。含水层结构为马兰黄土不含水，离石黄土底部微含水，新近系泥岩相对隔水，基岩风化壳微含水，含砾粗砂岩及砾岩含水，砂岩含水，泥岩隔水。

（2）淤积坝沟谷区淤积层孔隙水—风化壳基岩裂隙水—基岩孔隙裂隙水

地层自上由下依次为第四系全新统淤积层（黄土状土）—黄土—新近系红黏土—基岩。含水层结构为淤积层（黄土状土）微含水，黄土中的古土壤和新近系红黏土相对隔水，基岩风化壳微含水，含砾粗砂岩及砾岩含水，砂岩含水，泥岩隔水。

（3）沟谷区风化壳基岩裂隙水—基岩孔隙裂隙水

地层自上由下依次为黄土—新近系红（黏）土—基岩。含水层结构为黄土中的古土壤和新近系红黏土相对隔水，基岩顶部的风化壳微含水，含砾粗砂岩及砾岩含水，砂岩含水，泥岩隔水。

2）黄土沟壑中下游水文地质结构

（1）梁峁区部基岩孔隙裂隙水

地层与上游梁峁区一致，而沟谷两侧的梁窄，沟谷宽。在临沟谷地段，沟谷深切基岩形成基岩陡坎，侧壁黄土层全部出露。含水层结构为马兰黄土、离石黄土、基岩风化壳基本呈疏干状态，含砾粗砂岩及砾岩含水，砂岩含水，泥岩隔水。

（2）河谷漫滩及高漫滩冲洪积层孔隙水—风化壳基岩裂隙水—基岩孔隙裂隙水

河流高漫滩（一级阶地）与各支沟的漫滩及高漫滩的水文地质结构类似。地层自上而下依次为第四系全新统冲洪积层（高漫滩及一级阶地为黄土状粉土、粉质黏土、黏土）、卵砾石层，下伏基岩。含水层结构为冲洪积层顶部不含水、下部含水，基岩风化壳含水，砂岩含水，泥岩隔水。

（3）河床基岩裸露区风化壳基岩裂隙水—基岩孔隙裂隙水

含水层结构为基岩风化壳含水（部分区域不含水），含砾粗砂岩及砾岩含水，砂岩含水，泥岩隔水。

2.1.3.4 地下水补给、径流与排泄特征

1）冲洪积层孔隙水

冲洪积层孔隙水以大气降水、地表水的渗入补给为主,其径流方向由上游流向下游,由支流汇入主干河道。

2）淤积层孔隙水

淤积层孔隙水以大气降水、坝区上游方向的降水形成的地表径流汇集入渗补给,大多数坝基及坝区接触地层为新近系红黏土或离石黄土中的古土壤层,地下水基本呈滞流状态,仅有少量地下水沿新近系红黏土或离石黄土中的古土壤层中的裂隙向下部基岩风化壳渗透或沿坝基向下游区域渗透,在坝基底部或坝基下游以渗水方式排泄。

3）黄土孔隙水

黄土孔隙水以大气降水入渗补给为主,径流方向由地势高处向低处流动即由黄土梁峁区向周边沟谷中径流或下伏地层中渗透,在地势较低的沟谷底部遇相对隔水的古土壤时或新近系红黏土时,以泉形式排泄。

4）风化壳基岩裂隙水

沟谷上游梁峁区基岩风化壳裂隙水以大气降水下渗补给为主,即降水沿马兰黄土、离石黄土及新近系红黏土中的孔隙裂隙渗入基岩风化壳中储存,基岩风化壳裂隙水的径流与中等风化基岩面的起伏基本一致,由较高部位向较低部位径流,在基岩出露区域则以泉形式排泄。

沟谷上游淤积坝区基岩风化壳裂隙水以上层淤积层滞水沿离石黄土、新近系红黏土向下渗入补给及梁峁区基岩风化壳中的裂隙水补给为主,径流与中等风化基岩面的起伏基本一致,由较高部位向较低部位径流,在基岩出露区以泉形式排泄。

沟谷下游及主河谷区基岩风化壳裂隙水以大气降水、地表水的渗入补给为主,其径流方向由上游流向下游,由支流汇入主干河道。

5）基岩孔隙裂隙水

基岩孔隙裂隙水主要以大气降水、地表水及上部含水层的越流渗透补给,径流受控于岩层的单斜构造,以顺层流动为主,一般由东南向西北方向径流。

含砾粗砂岩及砾岩孔隙裂隙水在沟谷下游剥蚀区以泉形式排泄。其他基岩中的孔隙裂隙水排泄方式主要为人工凿井汲取。

2.1.4 不良地质

黄土沟壑区不良地质主要有滑坡、崩塌、泥石流、危岩、采空区及黄土陷穴等;滑坡和崩塌时空分布与地质环境、气候条件关系极为密切,强降雨、冻融作用和人类不合理工程活动是诱发滑坡和崩塌的主要因素。在时间上,滑坡、崩塌、泥石流及危岩滑塌等突发性地质灾害的发生主要集中在6—9月的雨季及陕北初春融冻时节,而采空区及黄土陷穴的发生则滞后于地下

资源的开采;在空间上,黄土高原梁峁沟壑区的滑坡、崩塌突发性地质灾害极为发育,危害最为严重。

2.1.4.1 滑坡

黄土沟壑地区的滑坡多为黄土滑坡,滑体大多由第四系中更新统、上更新统风积黄土等组成。按地质结构组合的滑坡分类方法,可将黄土滑坡分为三种类型,见表2-4。

黄土滑坡分类表   表2-4

滑坡类型	滑动面(带)位置	剖面示意图	说 明
黄土层内滑坡	沿黄土内部软弱带滑动		黄土内部具有隔水的古土壤层、陡倾破裂面及振动易液化的土层
黄土-基岩接触面滑坡	沿黄土下伏基岩顶面滑动		
黄土-基岩滑坡	沿下伏基岩层间软弱带或软弱构造面滑动		下伏基岩顶风化壳遇水软化形成软弱带,滑坡常沿此面滑动

根据多年来高速公路项目统计结果,黄土层内滑坡是黄土高原滑坡的主要类型,约占总数的48%,接近全部滑坡的1/2;黄土-基岩滑坡所占比例约为27%;黄土-基岩接触面滑坡所占比例约为25%。

1)黄土层内滑坡

黄土层内滑坡多在厚层黄土的陡坡部位发生。主滑面多为圆弧形,位于土质均一的黄土层内,后壁高陡,呈圈椅状,坡度可达60°~70°,由于滑动势能释放的速度非常快,很多为高速滑坡。如果地形开阔,其滑动距离较长。破坏方式多为滑移拉裂型。

黄土沟壑区黄土层内滑坡主要分布在塬边、梁区及大型河流的高阶地前缘陡坎处。本区内的黄土塬、梁地貌区内黄土层内滑坡占此类滑坡总数的64.3%(图2-11)。滑坡经过高速滑动后,大多处于稳定状态,很少产生整体复活,有时在前缘会发生小型滑塌。

2)黄土-基岩接触面滑坡

黄土基岩接触面滑坡主要分布在黄土梁区,约占此类滑坡的46.7%,其次在黄土峁地区,约占19.2%,其余的分布在黄土塬和河谷阶地区,如图2-12所示。

该类滑坡主滑面多位于高含水率或饱和黄土基岩接触面部位,滑带厚度为1~2m,倾角为10°~20°,产状起伏不大。滑带物质多为泥岩强风化物黏土或黏土与黄土的混合物,滑体物质主要为黄土,通常黄土与泥岩顶部饱和的强风化层一起滑动。滑体厚度多在15m左右,与马兰黄土厚度相当,发育面积较大,平面形态不规则,后壁及侧壁多呈直立状,高 20m 左右,有时滑坡侧界不明显,群体分布特征明显。其破坏方式为滑移-拉裂型或塑流拉裂型。

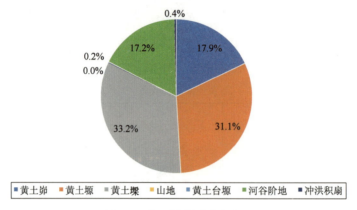

图 2-11　黄土内滑坡分布特点图

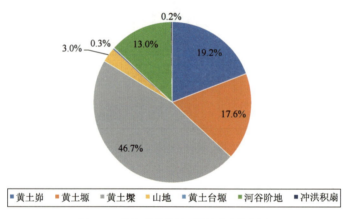

图 2-12　黄土-基岩接触面滑坡分布特点图

马兰黄土多以披覆形式沉积在新近系、白垩系等泥质岩类组成的高低起伏的古地形之上。上部黄土中的垂直节理、裂隙及孔洞构成良好的导水通道,下部泥岩为隔水层,地下水聚集在此,该软弱层岩土呈软塑饱和状态,斜坡上的土体沿此滑动,形成黄土接触面滑坡。

黄土基岩接触面滑坡滑速低,滑距较短,滑动势能没有全部释放,降雨冲刷严重或被开挖坡脚时,容易引起滑坡复活。部分滑坡为蠕滑状态,蠕滑速度只有在雨季会有所加快。

该类滑坡在延安一带普遍发育,在延安—延川、子长—姚店、黄陵—延安黄土墚峁两侧沟壑呈带状分布形成滑坡裙。在新近系泥岩、黏土岩表面沉积了随古地形波动的薄层黄土,构成所谓的"薄皮构造",其在降雨或地下水丰富的条件下,易于脱皮形成滑坡或泥流。

3)黄土-基岩滑坡

黄土-基岩滑坡有 39.6% 在黄土墚地区,28.8% 发育在黄土峁地区(图 2-13),一般发育于下伏岩层向内倾或近水平的高陡斜坡地段,呈群体分布,规模巨大,多为大型或巨型滑坡。此类滑坡后壁高陡、体积巨大,滑坡平台及后部滑坡洼地等特征明显。

该类滑坡在自重、地下水等长期作用下,由累进性变形、破坏发展而形成。坡脚处裂隙发育、受地下水作用、应力集中,形成剪切蠕滑段,坡顶形成拉裂段。此类滑坡的变形破坏方式一般是蠕滑-拉裂-剪断型,滑面多沿基岩中的节理、裂隙发展形成。滑面后部较陡,滑动势能很大,滑动速度较快,若前方地形开阔,通常会形成高速远程滑坡。

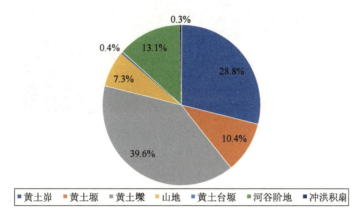

图 2-13 黄土-基岩滑坡分布特点图

该类滑坡滑动后,滑体分散堆积,滑动势能基本释放完毕,滑体稳定性很好,但在高陡的滑坡后壁经常存在拉张裂缝,稳定性差,有再次滑动的可能。

依据区域多年来完成的项目统计分析,黄土梁峁地区的滑坡数量最多,其次为黄土塬地区。黄土层内滑坡主要分布在土层较厚的陕北黄土塬地区,黄土-基岩接触面滑坡主要分布在基岩出露地区,黄土-基岩滑坡主要分布在陕北黄土梁峁地区,且各种滑坡有在河流两侧具有集中分布的特点。

黄土梁峁沟谷地貌是区内分布最广的地貌单元,约占黄土高原面积的72%,其上发育的滑坡数量约占全区滑坡总数的50%;黄土塬沟谷地约占全区黄土地貌面积的11%,发育的滑坡数量约占全区滑坡总数的22%;河谷阶地地貌所占比例较小,约为5%,但是其上发育的滑坡数量约占全区滑坡总数的15%,这与阶地地貌在区内和其他地貌互相交割,且各县行政中心大都处于河流阶地有关,人类活动诱发的滑坡多发生在此种地貌单元上。其他几种地貌类型如山地、山前冲洪积扇及黄土台塬面积总和约占全区面积的12%,但灾害数量仅占全区灾害总数的3%左右。

黄土沟壑区典型滑坡见图 2-14。

2.1.4.2 崩塌

依据崩塌的破坏形式和防灾实践,可将黄土沟壑地区的崩塌分为黄土崩塌及基岩崩塌两类。

1)黄土崩塌

黄土沟壑地区的黄土崩塌较为发育,崩塌块体为黄土或黄土状土,从其运动形式来说,包括典型的崩塌、滑塌、坍塌、错落等,其特点是规模小、分布广、突发性强、伤亡大。

图 2-14　黄土沟壑区典型滑坡

黄土崩塌主要分布在典型黄土梁峁区的谷坡坡脚或坡上,延安以北、长城以南的广大黄土丘陵沟壑区最为发育,延安以南的黄土塬区及关中黄土台塬区的塬边和塬坡与河流高阶地的过渡地带也广为分布。

根据以往高速公路项目,凡坡度大于60°、高度在10m以上的由晚更新世黄土构成的谷坡往往有发生崩塌的可能,而这种崩塌的发生,除与岩性、坡形、降雨等自然因素有关外,人工开挖边坡活动是极其重要的触发因素。在沟谷中,由于流水的冲刷,致使谷坡坡脚掏蚀而使其上部土体失重,引起黄土崩塌,这类崩塌往往规模较大,且成群出现。黄土沟壑区典型黄土崩塌见图2-15。

图 2-15　黄土沟壑区典型黄土崩塌

2)基岩崩塌

崩塌块体为各种岩石,其规模往往比黄土崩塌大,且成群成带发育。相对黄土崩塌来说,基岩崩塌易于识别,一般情况下造成的人员伤亡不太大,往往表现为河流堵塞,交通中断。

在陕北洛河、无定河等黄河流域的河谷砂、泥岩区广泛分布。基岩崩塌多发育于高山峡谷段的岸坡、曲流的凹岸、冲沟的沟壁、陡崖等地段。在河谷中,广泛分布有厚层砂岩,并夹有薄层泥页岩,由于修建道路或扩建场地,形成人工陡崖,受地下水、气温变化等外营力作用,可导致基岩崩塌。此外,开发建设中的人为因素也是不可忽视的因素之一。

黄土沟壑区典型基岩崩塌见图2-16。

图2-16 黄土沟壑区典型基岩崩塌

2.1.4.3 泥石流

泥石流发生的关键因素是松散物源(产砂量)、水源(入水量)和坡度。松散物源和坡度是主要控制因素,降水带来的水源是触发因素。泥石流分为泥流、水石流和泥石流三种类型,其中泥石流和水石流多分布在秦巴山区;而泥流主要发育在陕北黄土高原墚峁沟壑区,一般与滑坡、崩塌伴随发生。图2-17为黄土沟壑区地貌典型泥石流。

图2-17 黄土沟壑区地貌典型泥石流

2.1.4.4 危岩

危岩是指高陡边坡上受到节理裂隙切割,自然条件下处于不稳定、欠稳定状态亦或是极限平衡状态下的岩体。危岩在风化、地震、降雨等自然因素以及其他人为因素的影响下极易发生失稳、崩落。危岩内部发育大量与坡面倾向一致或平行延伸的裂隙或软弱带,使岩体结构破碎;孤立陡峭的坡面地形,危岩前巨大临空面的凹型陡坡,后缘拉张裂缝的不断扩展;地震、降雨、冻融作用及人类工程活动等,均为诱发危岩失稳的重要因素。

比较典型的危岩地质灾害表现为崩塌,坚硬或较坚硬的脆性岩石,在内部发育一定程度的节理裂隙并存在临空面的条件下易发生崩塌,尤其是其中的裂隙部位;软岩高边坡上危岩以风化剥落为主。陡峻的河流峡谷岸坡、山区河流凹岸、长期上升剧烈的分水岭地区、高陡的路堑及人工边坡地区均为危岩崩塌的易发区,一旦危岩体发生垮塌、崩落,会严重危及下方公路的安全。图 2-18 为黄土沟壑区地貌典型危岩。

图 2-18　黄土沟壑区地貌典型危岩

2.1.4.5　采空区

本区煤炭开采历史久远,早期开采集中于河谷区煤层埋深较浅地段,多以人工挖掘为主,开采工艺简单,形成大量的老窑采空区。采空区面积、高度小,地面变形不明显,加上老窑井口多已坍塌,地表变形经过多年的破坏,现已难于发现。近现代以来小煤窑建设发展快,乱采滥挖,无序开采较为严重,采空区分布零散。随着近年来的煤矿整顿,大多数煤矿采空区的资料已制备完整,勘察时需收集资料并分析研究采空区的分布特征。

煤矿一般分布于石炭系上统、二叠系下统、三叠系上统以及侏罗系下统含煤地层中,以侏罗系煤田分布最为广泛,延安、榆林等地均有分布。

2.1.4.6　黄土洞穴

黄土洞穴是在黄土中发育的,以自然形成、水力侵蚀作用为主的地下空洞,并伴随有重力侵蚀作用、风化作用等。自然黄土洞穴主要有跌穴、水涮窝、陷穴、黄土碟以及暗穴等,各种在野外具有伴生关系,能够对公路造成严重危害的黄土洞穴的洞径大小因洞穴种类不同而不尽相同。

墚峁区多是黄土洞穴的高分布区,黄土塬及河流低级阶地中心是黄土洞穴的低分布区,地形切割程度越高,地形越破碎,沟谷化程度越高,洞穴发育程度就越高。从黄土微地貌看,黄土塬区距塬边 80m 到沟谷底部有利于洞穴的形成,且从上到下从以陷穴为主到以跌穴为主,河谷二级阶地上也有利于陷穴的形成,发育深度常受湿陷性黄土厚度控制。湿陷性黄土厚度一般在 8～15m 之间,20m 以下的深度已经很少见到,因此,洞穴发育深度一般不大于 20m。

黄土洞穴发育最强的地区主要分布在白于山以南的洛河上游吴旗、志丹、安塞等地区;自西北向东南,洞穴的分布密度减小,逐渐以陷穴为主向以跌穴为主转变;水潲窝与黄土碟受地形坡度条件影响较大,分布上具有随机性;暗穴作为联系通道,能够超脱地域的限制,分布密度没有太大的变化。

2.1.5 特殊岩土

特殊性岩土是指在特定的地理环境或人为条件下形成的,具有特殊的物理力学性质和工程特殊性的岩土,以及由特殊的物质组成、具有特殊结构构造的岩土。黄土沟壑区不良地质主要有湿陷性黄土、膨胀岩土、湿软土、盐渍土、风沙、软岩与软弱夹层、淤积地、填土等。

2.1.5.1 湿陷性黄土

湿陷性黄土土质较均匀、结构疏松、孔隙发育,未受水浸湿时,一般强度较高,压缩性较小。此类黄土在上覆土层自重应力作用下,或者在自重应力和附加应力共同作用下,因浸水后土的结构破坏而发生湿陷现象。湿陷性黄土可分为自重湿陷性黄土和非自重湿陷性黄土。

陕北地区黄土较厚,但是湿陷性黄土的厚度在高阶地一般为 10～15m,低阶地为 4～8m。黄土黏粒含量少,湿陷性比较强烈,较敏感,多属于自重性湿陷黄土,地基湿陷等级多为Ⅱ～Ⅲ级。

关中地区湿陷性黄土厚度在高阶地一般为 6～12m,低阶地为 4～8m。黏粒含量和含水率都高于Ⅱ区,湿陷性和湿陷敏感程度中等。低阶地多属于非自重湿陷黄土,但自重发展缓慢,湿陷量也较小,危害程度相比陕北较低,地基湿陷等级多为Ⅲ级。

2.1.5.2 膨胀土

膨胀土在自然条件下,多呈硬塑或坚硬状态,其吸水膨胀、失水收缩并且反复变形的性质,以及土体中杂乱分布的裂隙,对路基等危害较大。陕北地区膨胀土一般为零星分布有出露在黄土之下、基岩之上的红黏土,呈褐红色～棕红色,硬塑,含有较多钙质结核颗粒和黑色锰质斑点。红黏土层具有上硬下软、表面收缩、裂隙发育等特征,具高吸水率、孔隙比大、高液塑限、水稳性差等特点。

膨胀土分布区域易发生浅层滑坡,新开挖的路堑边坡,旱季常会出现剥落,雨季易出现滑塌。图 2-19 为黄土沟壑区地貌典型膨胀土。

2.1.5.3 湿软土

湿软土具有一定的饱和度,因地下水大量的积聚浸泡而使得土质软化,其物理状态为可塑、软塑甚至流塑状态,含水率高、强度低、压缩性高、渗透性差,并含有一些有机质,大多以重力堆积物质为主,沉积物分选性差,土质不纯,既有经过长期搬运的黏土、砂质黏土,还夹杂着滞留原地的残积土,导致湿软土的成分具有多样性和复杂性。湿软土一旦受到扰动,原有的结构迅速破坏，土的强度明显降低，在地基振动荷载下，易产生滑坡、沉降、向路基挤压等现象，是导致路基变形和破坏的地质灾害之一。

图2-19　黄土沟壑区地貌典型膨胀土

湿软土在关中和陕北都有较多的分布，关中地区河流两岸低阶地、农田灌溉、沟渠地带以及低洼地带，陕北地区的沟渠、坝区及河流地段分布较广。湿软土在分布上具有不均匀性和不连续性，各地甚至同一沟段土层厚度薄厚不均，软硬不一，软土层坡度大，同一场地湿软土的承载力物质和沉降变形也有很大的差异。图2-20为黄土沟壑区地貌典型湿软土。

图2-20　黄土沟壑区地貌典型湿软土

2.1.5.4　盐渍土

盐渍土分布厚度一般不大，与地下水埋深和毛细水强烈上升高度及蒸发影响深度以及土质有关。盐分在土层中的积聚随季节和水文地质条件的变化而发生积聚和淋溶，旱季时地面蒸发强烈，盐分向地表迁移，土中的含盐量显著增加，春融季节时土中水分含量增加，盐分溶解下渗，表层含盐量相对减少。盐渍土具有吸湿、膨胀、淋溶、沉陷等特点，影响路基的稳定，并有腐蚀建筑物等不良作用。

盐渍土分布在榆林定边、靖边一带平缓区域，横山至神木长城内外湿滩地及无定河中游低阶地分布也较为普遍。

2.1.5.5 风沙

区内的风沙区是毛乌素沙漠的一部分,根据沙丘的固定程度,可将风沙区分为固定沙地、半固定沙地和流动沙地。风沙对公路的危害主要表现为移动沙丘和风蚀。风沙造成的不良现象主要有两种:一是风沙流通过路基时,导致沙粒沉落堆积,掩埋路基;二是沙丘移动上路而掩埋公路。风蚀是在风沙的直接冲击下,路基上的沙粒或土粒被风吹走,出现路堤边坡被掏空和坍塌等现象。

风沙区分布范围包括定边、靖边、横山、神木、府谷等地长城以北和以南的部分地区。沙丘在风力作用下不断移动,移动方向各地不尽相同。定边、靖边冬春季西北风受南部白于山的阻挡,风向改为西风或西南风,沙丘自西向东或自西南向东北移动。无定河以北,榆溪河以西,沙丘主要向东南和南部移动。榆林以东,沙丘沿河谷向东南移动。

2.1.5.6 软岩与软弱夹层

软岩是指岩体中性质软弱、有一定厚度的软弱结构面或软弱带以及单轴饱和抗压强度为 5~30MPa 的岩类,包括沉积岩中的泥岩、泥质页岩、泥质砂岩等。

软弱夹层按成因分为原生型和次生型两类。前者如以石英砂岩为主的岩层夹有黏土质岩层或泥岩薄层;后者为风化、溶滤作用或层间剪切及断层错动而形成的软弱夹层。在软硬相间的岩体内,往往由于岩层褶曲发生顺层错动,软弱岩层的不同部位受破坏的程度不同而显示构造分带现象,一般可分为节理带和泥化层。其每一部分的结构、致密程度、天然含水率、孔隙度、塑性指数及力学强度等均有所不同。

软弱夹层的厚度较薄,力学强度低,泥、碳含量高,遇水易软化或泥化,抗剪强度降低,特别是连续、倾角小于 30°的软弱夹层对工程更为不利。

2.1.5.7 淤积地

陕北淤积地多为人工淤积坝形成,组成滩地、坝地,主要分布在黄土支沟中。在较大河流上游河床、狭窄的沟道,当地人工修筑土坝、淤积造田,从而形成淤积地。其由黄土和少部分砂砾组成,冲积物比较松散,空隙较大,含水率较高,易于塌陷,多呈软~流塑状,由于一般淤积层厚度较大,密实程度不均,淤积地对路基工程影响较大。图 2-21 为黄土沟壑区地貌典型淤积地。

2.1.5.8 填土

填土是由于人类活动而形成的堆积土。根据组成物质或堆积方式,填土可分为素填土(碎石、砂土、黏性土等)、杂填土(含大量建筑垃圾及工业、生活废料)、冲填土(水力充填)及压实填土(分层压实土)等,不同填土的渗透性差别极大,具有不均匀、欠固结、湿陷、高压缩、低强度以及自腐蚀变质等特性。

填土的物质组成、分布范围、密实度、厚度、渗透性等在空间分布上的极不均匀,填土层堆填时间越短,密实度越差、强度越低、压缩性越高。因欠压密,在自重压力下,填土很难达到完全固结,一般具有较高压缩性的同时常伴有明显的遇水湿陷性。与黄土类似,填土的湿陷也可分为自重湿陷和非自重湿陷。

图 2-21　黄土沟壑区地貌典型淤积地

2.2　勘察关键技术及应用

2.2.1　各阶段工程地质勘察要点及关键技术

2.2.1.1　工程可行性研究阶段工程地质勘察

该阶段在收集资料的基础上,结合遥感解译和外业踏勘,初步查明走廊带自然环境、地形、地质等条件,侧重于宏观性、控制性工程地质条件把握,对长大桥梁、隧道等控制性的工程,进行专项勘探和调查,必要时进行钻探分析,对工程地质选线、路线走廊带等方案进行地质评估。

该阶段要调查清楚滑坡、崩塌、湿软地基土、淤积坝软土、采空区等的分布范围、规模、形成条件、发生和发展规律,特别是黄土沟壑区滑坡群和大型滑坡基本情况,为优化路线提供资料。

该阶段主要通过解译和踏勘探明各种不良地质现象对于路线的影响。对于大型滑坡、崩塌,由于植被覆盖或者其他原因无法调查清楚的,借助无人机拍摄、google earth 等可以显示三维立体效果的平台,通过旋转缩放、全方位、多角度、多尺度查看相关信息,做出合理的判断。

1)滑坡

区内滑坡主要分别在黄土沟壑区和河谷川道较为陡立的边坡地带,以黄土滑坡为主,马兰黄土疏松多孔,由于降雨或灌溉,地下水位上升,自然或人为流水破坏坡脚,斜坡失稳,沿相对隔水的古土壤、黄土层、第三系黏土发生滑动。

滑坡在影像遥感表现为圈椅状、双沟同源等特征,一般上陡下缓、边界清晰、色调较深,后缘壁多有陡坎,植被破坏,色调较周边变化较明显,前缘隆起,前缘平地边界多为扇形,坡地多为不规则长条状。

滑坡地貌特征形式多样,滑坡壁在斜坡的顶部形成的陡壁,一般呈弧线形。平面一般呈舌状,滑坡体下滑后在斜坡上形成向内坡倾斜阶地状地形,通常会有异常台坎分布,前端受阻可形成鼓起的小丘。外业也可见双沟同源现象。可通过滑坡壁的坡度和后期的剥蚀程度,判断滑坡的深度和发生时间的长短。

正常的黄土地貌在地形图上表现为密集而大致等距的等高线分布,有滑坡存在时,等高线则变得紊乱。滑坡越老,等高线变化越复杂。当等高线由单一方向等距密集突变为弯曲稀疏时,出现与等高线垂直的山包,或者高线密集表现出单个的半球状隆起、多个近方形、多边形平台,平台下等高线密集,山脊呈指状的分岔,山脊底部有河流弯曲绕行等判断滑坡的重要标志。

滑坡在陕北黄土高原分布具有一定的规律性,一般河流宽谷区后期冲蚀改造较多,滑体多不完整且呈现稳定状态,对路线危害相对小;沟谷狭窄路段,滑坡比较密集,一般呈现由东向西逐渐增多的趋势。图2-22为黄土沟壑区典型的滑坡照片和影像。

图2-22　黄土沟壑区典型的滑坡照片(左)和影像(右)

2)崩塌

崩塌以延安为界,以北是以峁为主的峁梁沟壑丘陵区,以南则为以塬为主的塬梁沟壑区,延安、延长、延川等地区是以梁为主的梁峁沟壑丘陵区。晚更新世黄土的细砂含量由北向南逐渐减少,而黏土物质含量则逐渐增多,黄土的内摩擦角和黏聚力逐渐增大。因此,由北向南,地形由峁—梁—塬转化,成土作用逐渐增强,力学性质相应变好,故北部崩塌灾害重于南部。另外,铜川市及郊区由于煤矿较多,受采空区塌陷、修建公路及挖掘窑洞的综合作用影响,黄土崩塌的灾害也很严重。

黄土崩塌主要分布在典型黄土梁峁区的谷坡坡脚或坡上。在坡度大于45°的高陡斜坡,孤立山嘴或者凹形陡坡均容易形成崩塌,一般在坡脚形成倒石堆。它的形成与陡峻的坡度和裂隙,以及较大的地形高差有关。

黄土崩塌轮廓明显,坡面陡直或下凹,坡度较陡立,崩坍壁影像参差不齐,通常与周围颜色差异较大,崩塌体堆积于谷底或坡麓,表面坎坷不平,植被覆盖度相对较差。崩塌的等高线特征与滑坡极为相似,都表现为密集而大致等距的等高线分布,有滑坡存在时,等高线则变得紊乱上陡下缓,坡度大于45°。图2-23为黄土沟壑区典型的崩塌照片和影像。

图2-23 黄土沟壑区典型的崩塌照片(左)和影像(右)

3)淤积坝软土

淤积坝软土一般分布在较大河流上游河床、狭窄的沟道,通过当地人工修筑土坝、淤积造田而形成。依据现势性较强的遥感影像数据,淤积坝软土的颜色较周围淡,地形平缓,以实地踏勘为辅助手段,可快速勾画出其范围,其厚度可根据地形图的等高线以及排水沟的深度等实地踏勘结果进行估计。

4)煤矿及采空区

陕北含煤地层主要是石炭系、侏罗系地层,煤矿采空区以各区县的实际煤矿采掘图为主要的依据,根据收集的资料准确标识煤矿范围和采空区范围。对于小煤窑和已经关闭的煤窑,因开采年代久远,无文献记载和图表资料,工程地质工可勘察阶段难以完全查清,须在当地进行调查走访,给出比较粗略的煤矿采空区范围。鉴于其范围难以准确划定,路线选线时宜绕避小煤窑采空区域,并尽量避免出现有大、中桥和隧道等重点工程。对于无法避绕的采空区,从穿越采空区长度、压煤数量等方面综合考虑路线方案的布设。

5)特殊性岩土

项目区特殊性岩土为湿陷性黄土、人工淤积土(或过湿土)、膨胀土(N_2红黏土)。

区内出露的湿陷性土主要为风积成因的马兰黄土(Q_3^{eol})、冲洪积的粉质黏土(Q_3^{al+pl})等。风成马兰组黄土由砂土、粉质黏土、砂质黏土组成,结构疏松,垂直节理发育,具大孔隙,呈典型的架空结构,受水浸湿后由于自重压力或附加压力与自重力的共同作用,结构迅速破坏而发生湿陷现象,湿陷系数为0.076~0.040,浸水湿陷性明显。

黄土丘陵、梁峁区风积马兰黄土厚度在5~10m之间,地基湿陷等级一般具Ⅱ~Ⅲ级。低阶地区的冲洪积成因粉质黏土厚度较薄,厚度一般在5m以内,地基自重湿陷等级一般Ⅰ~Ⅱ级或不具湿陷性。路线带属于陇东—陕北—晋西黄土区,广泛分布有自重湿陷性黄土。

6）钻探

控制性工程的勘察以钻孔为主,结合路线的纵断面,合理设置钻孔的位置和深度,查明覆盖层的分布范围、土质类型、厚度、地层构造,基岩的埋深、起伏形态、地层及岩性组合,岩石的风化程度和节理发育程度。

7）方案论证

工可阶段勘察结论分别从自然地理、工程地质条件、不良地质与特殊性岩土、路线工程地质(岩土体类型、工程地质分区)等方面对各个方案评述,对桥梁、隧道等构造物分别评价后,进行方案比选,比选结论作为工可选线的重要依据。

方案比选时,尽量避让滑坡、崩塌、采空区等对路线影响较大的不良地质;对于在同一走廊带内的不同方案,无法避让不得已通过滑坡范围时,采取高线方案和低线方案进行比较分析。由于黄土的性质决定了深挖高填路段容易产生边坡滑塌等病害,故工程方案应避免从滑坡下部通过时挖方和从滑坡上部通过时填方,并且使其段落尽可能缩短。

2.2.1.2 初步设计阶段工程地质勘察

初勘的主要目的是基本查明公路沿线及各类构筑物建设场地的工程地质条件,为工程方案比选及初步设计文件编制提供工程地质资料。其主要任务有两方面:一是初勘应与路线和各类构筑物的设计方案相结合,根据场地地形、地质条件,采用遥感解译、工程地质调绘、钻探、物探、原位测试等手段相结合的综合勘察方法,对路线及各类构筑物工程建设场地的工程地质条件进行勘察;二是初勘应对工程项目建设可能遭受、诱发的地质灾害和环境工程地质问题进行分析、预测,评估其对公路工程和环境的影响。勘察方法以工程地质调绘、物探、钻探、室内试验为主,辅以原位测试、挖探等多种现场勘探测试手段,对所取资料进行综合分析利用。

1）工作基本思路

依据公路工程地质勘察规范,黄土沟壑区按照地形地貌、岩土种类、基岩面起伏程度、不良地质和特殊性岩土、抗震及地下水情况等工程地质条件,一般会划分为较复杂或复杂。桥梁主要布设于黄土沟壑及河流阶地区,隧道一般布设于黄土墚峁区。地层分布规律简单,在不良地质不影响及无活动性构造背景下,桥涵、隧道、路基、挡土墙等工程宜按照地质条件简单区布设钻孔数量及深度。不良地质及特殊性岩土宜依据工程布设需要布置钻孔数量及深度。

为完成初勘的任务,结合黄土沟壑区的地质条件,采取综合勘察方法、分项目、分阶段实施的基本思路。

第一阶段:对各路线方案、重点路段、隧道、桥梁、高填、深挖、支挡、不良地质路段进行比例尺为1:2000的工程地质调绘;其次,在工程地质调绘的基础上,结合构筑物类型合理布设物探和钻探工作量。

第二阶段:工程地质物探、钻探及测试试验等。

第三阶段:室内综合分析整理、编写工程地质勘察报告。

2) 黄土沟壑区初勘关键控制点

依据多年来在陕西黄土沟壑区的勘察经验,在该区区域地质、水文地质和工程地质条件的特殊性背景下,结合初勘的主要任务,总结出初勘的关键控制点主要有以下 5 点:

(1) 在考虑地貌单元、时代成因以及有以上因素所控制的地层组合关系后,结合影响路基、桥梁、隧道等构筑物主要地层的工程地质特点进行工程地质分区。通常黄土沟壑区的工程地质分区包括河流阶地区、黄土残塬工程区和黄土梁峁工程区。

(2) 初勘基本查明公路沿线的区域地质、水文地质和工程地质条件。由于黄土沟壑区属于构造稳定板块,基岩倾斜面一般近似水平或呈小角度单斜,初勘应揭露路线各方案的土石交界面高程点连线,防止开挖路基边坡段路线设计高程大面积位于土石交界面附近,从而减少工程滑塌。在黄土沟壑区缓坡地段,土质边坡底部黄土、第三系红黏土、冲洪积隔水层及黄土与基岩交界面处易富集地下水,春融冻胀作用强烈,春季时边坡易剥落坍塌,应查清坡体地下水位和含水率,提出疏排地下水及坡面防护措施建议。

(3) 初勘基本查明各类构筑物建设场地和地基的地质条件,为选择构筑物的结构类型和地基基础方案设计提供地质资料。黄土沟壑区桥梁、隧道及支挡结构的地基作为重点勘察对象。钻孔水位需观测至少 2 次,时间间隔大于 1 周。

(4) 初勘基本查明不良地质的类型、规模、分布、诱因、发展趋势,评价其对公路工程的影响程度和绕避的可能性,完善工程方案设计所需的地质资料。黄土沟壑区发育的不良地质一般是以滑坡为主,以沟谷两岸分布黄土崩塌体为辅。

滑坡勘察是后续治理工作的根本,是确保防滑成效及路线方案选择的基本参照。滑坡勘察工作中主要包括以下内容:

①对滑坡区域地貌、地质等参数进行分析,从工程地质、水文地质角度进行综合性勘察,收集相关资料后开始对滑坡区域背景、水文、气象等条件进行研究,只有这些工作都完成后,才能最终确保滑坡勘察工作的具体效益满足要求。

②对于滑坡来说,其稳定性与滑动带抗剪强度有直接关联。受滑面平整度、地下水位、滑坡岩土特性及侧壁条件影响,稳定性及抗剪强度都会发生变化。通过反算法及相关工程经验,可以确定滑坡的黏聚力、内摩擦角等参数,进而确定滑坡抗剪强度,对滑坡稳定性进行评价。滑坡勘察主要包括钻探、探槽、工程地质调绘、工程物探、深部位移监测、室内试验等几种方法。钻探可以查明滑动面位置、土层特性、地下水发育状况。探槽可以对滑动面原始状态进行确定,并了解滑动面受力及形变状态。工程地质调绘对于地形图上宽度大于 2mm 的地质现象必须描绘到地质图上,在图上宽度不足 2mm 时,应扩大比例尺,并注示实际数据,地质界线图上的误差不应超过 2mm。对于已发生过滑坡的区域,例如滑坡裂缝、鼓丘、滑坡平台、滑动面(带)、滑坡前缘剪出口等,要重点标示。室内试验可以获取滑动带土层物理指标变化及滑带土的主要特征。

黄土沟壑区崩塌基本全部为黄土崩塌,其共性特点为崩塌物质残留少,土体呈松散状,由于坡面较陡立,故大多处于临界稳定状态;初勘对崩塌进行工后详细分类,若崩塌物质残留体对构造物有影响,需进行工后稳定性验算。部分崩塌体位于陡峭坡面上,钻机落位比较困难,这类情况建议采取探井+调查后缘裂缝方式进行勘察。

(5)初勘基本查明特殊性岩土的成因、类型、分布范围、厚度、地层结构,评价其对公路工程的影响程度和绕避的可能性,完善工程方案设计所需的地质资料。黄土沟壑区特殊性岩土一般分为两大类:第一类是湿陷性黄土,第二类是淤积土。

3)黄土沟壑区初勘工作量布设

前述黄土沟壑区的一般工程地质条件为简单地区,如局部有不良地质及断裂等其他因素影响,应按照规范对应到较复杂或复杂工程地质条件区布设工作量。

(1)一般路基

①工程地质调绘:可与路线工程地质调绘一并进行。对于工程地质条件较繁杂或复杂、填挖变化较大的路段,应进行工程地质调绘,调绘的比例尺宜为1:2000。

②勘探:主要是针对地质调绘难以查明的路段采用挖探、螺纹钻、物探和钻探相结合的勘探方法。

③勘探点一般沿路中线布设。勘探点的数量:工程地质条件简单时,每千米不得少于2个代表性勘探点;工程地质条件较复杂或复杂时,应适当增加勘探点数量。

④勘探点深度不应小于2m。一般应至拟建路路基基底面以下3~4m,且应到达稳定或工程性质良好的岩土层。有软土等特殊性岩土时,应钻透软土至稳定地层2~3m。

(2)高路堤和陡坡路堤

①工程地质调绘:应沿拟定的线位及其两侧的带状范围进行比例尺为1:2000的工程地质调绘,调绘宽度不宜小于2倍路基宽度。

②勘探:主要采用挖探、物探、钻探的勘探方法。

③控制性横断面位置及数量:每段不得少于1条。横断面宽度应超过路基基底左、右不少于20m。

④每条勘探横断面上勘探点数量不少于2个(至少1个钻孔)。勘探深度应至持力层或稳定的岩石面以下3m。

(3)深路堑

①工程地质调绘:

a.应沿拟定的线位及其两侧的带状范围进行比例尺为1:2000的工程地质调绘,调绘宽度不宜小于边坡高度的3倍。对地质构造复杂、岩体破碎、风化严重、有外倾结构面或堆积层发育、上方汇水区域较大以及地下水发育的边坡,应扩大调绘范围。

b.有岩石露头时,岩质边坡路段应进行节理统计,调查边坡岩体类型和结构类型。

②勘探:主要采用挖探、钻探、物探的勘探方法。

③控制性横断面位置及数量:每段不得少于1条。

④每条勘探横断面上勘探点数量不少于 2 个(至少 1 个钻孔)。控制性钻孔深度应至设计高程以下稳定地层中不小于 3m。

⑤全、强风化层,节理、裂隙的发育程度、组合关系,强崩解性泥岩、页岩以及顺层边坡对边坡稳定影响很大,勘察中要高度重视。

(4)支挡工程

①工程地质调绘:应进行比例尺为 1∶2000 的工程地质调绘,调绘范围宜包括支挡工程和可能产生变形失稳的岩土体外不小于 50m 的区域。

②对于支挡工程的承重部位,应采用挖探、钻探进行勘探,勘探点的数量不得少于 1 个。地质条件变化大时,宜结合物探进行综合勘探,勘探深度应达持力层以下的稳定中不小于 3m。

③对支挡工程的边坡进行稳定分析计算时,应选择代表性位置布置横断面,每条勘探横断面上勘探点数量不少于 2 个。勘探深度应穿过软弱结构面或滑动面至其下的稳定地层中不小于 3m。

(5)河岸防护工程、改河(沟、渠)工程

①工程地质调绘:应进行比例尺为 1∶2000 的工程地质调绘工作,调绘范围应包括防护路段两岸、改河(沟、渠)工程及其上下游相邻地区。

②勘探:主要采用挖探、钻探、物探的勘探方法。

③控制性横断面位置及数量:每段不得少于 1 条。

④每条勘探横断面上勘探点数量不少于 2 个(至少 1 个钻孔)。勘探深度应至最大冲刷线或防护工程基底以下的稳定地层中不小于 3m。

(6)涵洞

①工程地质调绘:工程地质条件简单时,可与路线工程地质调绘一并进行;工程地质条件较复杂或复杂时,应进行比例尺为 1∶2000 的工程地质调绘,调绘范围应包括涵洞及其两侧各不小于 20m 的区域。当有泥石流等不良地质发育时,应根据实际情况确定调绘范围。

②勘探:主要采用挖探、钻探、静力触探的勘探方法。

③应根据现场地形地质条件、路基填筑高度等确定勘探测试点的数量和位置。地质条件相同的工点可做代表性勘探。

④覆盖层的勘探深度:碎石土 2~6m,砂土 3~8m,粉土、黏性土 4~10m。有软弱下卧层发育时,勘探深度应穿过软弱下卧层至硬层内不小于 1.0m;地基持力层为全风化时,勘探深度应至全风化层内不小于 3m。

(7)桥梁工程

①工程地质调绘:对于工程地质条件较复杂或复杂的桥位,应进行比例尺为 1∶2000 的工程地质调绘,调绘的宽度沿路线两侧各不宜小于 100m。当桥位附近存在泥石流、岩溶、滑坡、崩塌等可能危及桥梁安全的不良地质时,应根据实际情况确定调绘范围,并辅以必要的物探等手段予以探明。对于工程地质条件简单的桥位,可对路线工程地质资料进行复核,不进行比例

尺为1:2000的专项工程地质调绘。

②勘探:桥位初勘应以钻探、原位测试为主,遇有下列情况时,应结合物探、挖探进行综合勘探:

a. 桥位有隐伏的断裂、岩溶、土洞、采空区、沼气层等不良地质发育。

b. 基岩面或桩端持力层起伏变化较大,用钻探资料难以判明。

c. 水下地形的起伏与变化情况需探明。

d. 控制斜坡稳定的卸荷裂隙、软弱夹层等结构面用钻探难以探明。

③勘探点布设:

a. 勘探测试点应结合桥梁的墩、台位置和地貌单元沿桥梁轴线或在其两侧交错布置,数量和深度应控制地层、断裂等重要的地质界线和探明桥位工程地质条件。

b. 钻孔的数量:特大桥不少于5个,大桥3~5个,中桥2~3个,小桥不少于1个。对于深水、大跨桥梁基础及锚碇基础,钻孔数量应根据实际地质情况及基础工程方案确定。对于基础施工有可能诱发滑坡等地质灾害的桥梁边坡,应结合桥梁墩、台布置和边坡稳定性分析进行勘探。当桥位基岩裸露,岩体完整,岩质新鲜,无不良地质发育时,可通过工程地质调绘基本查明工程地质条件。

④勘探深度:

a. 基础置于覆盖层内时,勘探深度应至持力层或桩端以下不小于3m;在此深度内遇有软弱地层发育时,应穿过软弱地层至坚硬土层内不小于1m。

b. 覆盖层较薄,下伏基岩风化层不厚时,对于较坚硬岩或坚硬岩,钻孔钻入微风化基岩不宜小于3m;极软岩、软岩或较软岩,钻入未风化基岩内不宜小于5m。

c. 覆盖层较薄,下伏基岩风化层较厚时,对于较坚硬岩或坚硬岩,钻孔钻入中风化基岩不宜小于3m;极软岩、软岩或较软岩,钻入微风化基岩内不宜小于5m。

d. 地层变化复杂的桥位,应布置加深控制性钻孔,探明桥位地质情况。

e. 深水、大跨桥梁基础及锚碇基础,钻孔深度应按设计要求专门研究确定。

(8)隧道工程

①工程地质及水文地质调绘:

a. 工程地质调绘应沿拟定的隧道轴线及其两侧各不小于200m的带状区域进行,调绘比例尺为1:2000。

b. 当两个及两个以上特长隧道、长隧道方案进行比选时,应进行隧址区域工程地质调绘,调绘比例尺为1:10000~1:50000。

c. 特长隧道及长隧道应结合隧道涌水量的分析评价进行专项区域水文地质调绘,调绘比例尺为1:10000~1:50000。

d. 有岩石露头时,应进行节理调查统计。节理调查统计点应靠近洞轴线,在隧道洞身及进出口地段选择代表性位置布设,同一围岩分段的节理调查统计点数量不宜少于2个。

②勘探:隧道勘探应以钻探为主,结合必要的物探、挖探等手段进行综合勘探。遇下列情况时,应结合物探、挖探进行综合勘探:

a. 隧址区有隐伏的断裂、岩溶、土洞、采空区、沼气层等不良地质发育。

b. 覆盖层较厚,基岩面和风化层起伏变化较大,用钻探资料难以判明。

c. 水文地质条件复杂,通过钻探难以查明含水层的特征及断裂的水文地质特征。

d. 控制隧道边、仰坡稳定的卸荷裂隙、软弱夹层等结构面用钻探难以探明。

③勘探点布设:

a. 钻孔宜沿隧道中心线,并在洞壁外侧不小于 5m 的下列位置布置:地层分界线、断层、物探异常点、储水构造或地下水发育地段;高应力区围岩可能产生岩爆或大变形的地段;膨胀土、岩盐等特殊性岩土分布地段;岩溶、采空区、隧道浅埋段及可能产生突泥、突水部位;煤系地层、含放射性物质的地层;覆盖层发育或地质条件复杂的隧道进出口。

b. 对于岩性单一、露头清楚、地质构造简单的短隧道,可通过调绘查明隧址工程地质条件。

④勘探深度:应至路线设计高程以下 5m。遇采空区、岩溶、地下暗河等不良地质时,勘探深度应至稳定底板以下不小于 8m。

⑤隧道涌水量的预测方法:包括水文地质比拟法、水均衡法、地下水动力学法、数值计算法(有限单元、有限差分法)、模糊数学法和施工超前预报法等。应首先对隧道通过地段的区域地质及水文地质条件进行认真研究,并按水文地质条件进行前段划分,然后选择两种以上方法进行计算,相互核对。

(9)滑坡

①工程地质调绘:工程地质调绘的比例尺为 1:2000,调绘的范围应包括滑坡及对滑坡有影响的区域,滑坡边界、滑坡台阶等滑坡要素应实测。

②勘探。

a. 滑坡工程地质勘探宜采用钻探、挖探(井、槽)、物探进行综合勘探。一般应采用钻探、井探或槽探相结合,并用物探沿剖面线进行探测验证。

b. 初勘宜采用主-辅剖面法。不少于 1 条纵、横剖面布设勘探线。勘探线应由勘探、挖探及物探等勘探点构成。纵向勘探线(主滑方向)的布置应结合滑坡分区进行,不同滑坡单元均应有主勘探线,在其两侧可布置辅助勘探线;横向勘探线(垂直主滑方向)宜布置在滑坡中部至前缘剪出口之间。

c. 对结构复杂的大型滑坡体,可采用硐探,并绘制大比例尺的展示图,进行照(录)像。应选择合理的掘进和支护方式,严禁对滑体产生过大扰动。

③勘探点布设:

a. 勘探点应结合滑坡的级块划分、滑坡稳定性分析以及整治工程设计等进行布置。

b. 勘探点间距应根据滑坡结构复杂程度和规模确定。主勘探线与辅勘探线间距为 60~100m。主勘探线勘探点(钻孔或探井)数量一般不少于 3 个,点间距为 60~80m。辅勘探线勘探点间距一般为40~160m。勘探点之间可用物探方法进行验证连接。

④勘探深度：

a. 勘探深度应至滑坡体(最下一层滑面)以下的稳定地层不小于3m。

b. 拟布设支挡工程(抗滑桩、锚索)部位的控制性钻孔进入滑床的深度宜大于滑体厚度的1/2，并不小于5m。

(10)危岩、崩塌与岩堆

①工程地质调绘：应收集地震、气象、水文资料，并与路线及构筑物的设置相结合，初步查明危岩、崩塌与岩堆的勘察内容。工程地质调绘的比例尺为1:2000，调绘的范围应包括危岩、崩塌与岩堆等不良地质体及对工程有影响的区域。地层界线、断层、节理、层理、张裂隙、地下水出露点等部位应布置调绘点。宜辅以挖探等手段，对被覆盖的张裂隙、层理等进行调绘。

②工程地质勘探：

a. 勘探宜采用挖探、钻探、物探等进行综合勘探。勘探测试点的数量和位置应根据地形地质条件及危岩、崩塌与岩堆的发育特点确定。

b. 控制危岩、崩塌的结构面，应结合危岩、崩塌的稳定性分析，采用挖探、钻探、硐探等进行综合勘探。

c. 岩堆勘探深度应至稳定地层中不小于3m，且应大于最大块石直径的1.5倍。

d. 钻探应分层采取土样，取样后立即做动力触探试验。

e. 钻探过程遇地下水，应量测地下水的初见水位和稳定水位。

(11)泥石流

①工程地质调绘：应收集地震、气象、水文资料，调查泥石流的勘察内容。大型、特大型泥石流群宜结合遥感工程地质解译进行调绘。工程地质调绘的比例尺为1:2000~1:10000，调绘的范围应包括泥石流的形成区、流通区、堆积区及其稳定地段。岩石露头、跌水、卡口、泥石流冲刷、流动痕迹、滑坡崩塌等不良地质体，泥石流沟谷及沟谷内堆积物，泥石流堆积扇等部位应布置调绘点。

②工程地质勘探：

a. 宜采用物探、挖探、钻探等进行综合勘探。勘探点的数量和位置应根据地形地质条件，泥石流堆积物的组成、厚度及构筑物类型、规模等确定。

b. 泥石流堆积物勘探深度应至基底以下稳定地层中不小于3m，且不得小于最大块石直径的1.5倍。

c. 泥石流流体密度、固体颗粒密度、颗粒分析试验(提桶、岩芯、试坑法、颗粒分析)宜在现场进行，堆积物的土样应在有代表性的位置采集。

d. 泥石流排导工程：勘探点宜沿排导工程的延伸方向布置，探坑(井)或钻孔深度应至冲刷线以下不小于5m。

e. 泥石流拦渣坝:宜沿沟槽横断面方向布置勘探断面,基底及沟槽两侧边坡宜布设勘探点,探坑(井)或钻孔深度应至基底以下稳定地层中不小于3m。

(12)湿陷性黄土

①工程地质调绘:

a. 应与路线及沿线构筑物的设置相结合,辅以挖深和测试手段进行,初步查明黄土的勘察内容。

b. 工程地质调绘应沿拟定的路线进行,调绘的比例尺为1:2000~1:10000。

c. 地貌单元的边界、古土壤层、黄土与下伏基岩的接触面、地下水出露点、湿陷洼地、陷穴、落水洞、堰塞湖、黄土滑坡、错落、地裂缝、人为坑洞、紧邻路线的陡坡地带和水流冲刷部位,应布置工程地质调绘点。

d. 必要时,选择代表性地貌地质单元布置挖探点,采集原状土样,测试其湿陷性。

②工程地质勘探:

a. 黄土地区的工程地质勘探应采用物探、挖探、钻探等进行综合勘探。勘探测试点的数量和位置应根据地形地质条件、黄土的湿陷性、构筑物的类型和规模等确定。

b. 黄土地区勘探深度、取样:

路基及构筑物的浅基础,非自重湿陷性黄土场地的勘探深度应至基底以下不小于10m;自重湿陷性黄土场地不应小于15m,其他地区不应小于10m,且不小于压缩层厚度,大桥、特大桥、高墩桥等重要建筑物的勘探深度不得小于持力层厚度,控制性勘探点应至非湿陷性黄土层顶面。

在探坑(井)和钻孔中,应采集未扰动土样。在Q_4和Q_3地层中,应取样做湿陷性试验。地基持力层范围内的Q_2黄土,应采集代表性试样做湿陷性试验。

采集未扰动土样,必须保持其天然的湿度、密度和结构。在探坑(井)中取样,竖向间距为1.0m,土样直径不宜小于120mm;在钻孔中取样,竖向间距为1.0m,并应符合现行《湿陷性黄土地区建筑标准》(GB 50025)中关于钻探、取样的规定。

采集的原状土样应密封,避免雨淋、冻、晒和振动,并尽快开展试验。

③路基勘探测试点,应沿路线中线布置。对于地形平缓、地层简单、黄土湿陷性轻微的路段,勘探测试点的数量每千米不得少于2个;对于地形地貌复杂、地层变化大、黄土湿陷性中等及以上路段,应增加勘探测试点数量。对于存在黄土陷穴、落水洞、湿陷洼地、古墓等不良地质发育的路段,宜做横断面勘探。

④对于大桥、特大桥、高墩桥等重要构筑物,应结合地貌地质单元,布置控制性勘探点,数量不宜少于1个。

⑤隧道勘探应采用物探、挖探、钻探等进行综合勘探,探坑(井)、钻孔应结合地貌地质单元布置。勘探点的数量:短隧道不宜少于2个,中隧道不宜少于3个。长隧道及特长隧道的勘探点平均间距不宜大于500m。

(13)膨胀土

①工程地质调绘：

a.膨胀土地区工程地质调绘应与路线及构筑物的设置相结合，辅以必要的挖探和测试手段，初步查明膨胀土的勘察内容。

b.工程地质调绘应沿拟定的路线及其两侧各宽200m的带状范围进行，工程地质调绘的比例尺为1:2000。

c.地层界线、膨胀土露头、滑坡、溜塌、地裂、垄岗、沟谷、人工开挖边坡和陡坎等部位应布置工程地质调绘点。

d.应选择代表性路段布置挖探点，取样测试膨胀土的含水状况和膨胀性，调查膨胀土的风化和裂隙发育情况及大气影响深度。

②工程地质勘探：

a.膨胀土地区工程地质勘探宜采用挖探、钻探，辅以必要的物探手段进行综合勘探。勘探工作量应在工程地质调绘的基础上，结合现场地形地质条件和构筑物的设置确定。

b.膨胀土地区的勘探深度：

路基及构筑物的浅基础，勘探深度应大于大气影响层深度。当膨胀土的厚度较薄时，钻孔和探井的深度应穿过膨胀土至下伏非膨胀土层；膨胀土厚度较大时，填方路基的勘探深度应达设计高程以下5~8m，挖方路基，应达设计高程以下不小于8m。

隧道勘探深度应至路线设计高程以下不小于8m。

桥梁桩基础勘探深度应至桩端以下不小于5m。

c.膨胀土(岩)原状样应从地面以下1m开始采集。在大气影响层深度范围内，取样间距为1.0m；在大气影响层深度以下，取样间距不宜大于2.0m。

d.在探坑或钻孔中采集原状样，应采取边进尺边取土的方法，采集的原状样应密封，避免湿度变化扰动，并尽快开展试验。

③路基勘探：勘探点应沿拟定的路线中线布置，平均间距不宜大于200m，做代表性勘探；陡坡路堤、填土高度大于10m的路堤或挖方深度大于10m的路堑应选择代表性位置布置横向勘探断面，每条勘探断面勘探点的数量不宜少于2个。

④涵洞、通道勘探：对于地层单一，弱膨胀土分布路段，可做代表性勘探；对于地层结构复杂、膨胀性中等及以上的膨胀土地段，每座涵洞、通道勘探点的数量不宜少于1个。

⑤桥梁、隧道勘探：对于地质条件简单的弱膨胀土路段，小桥、短隧道的勘探点数量不宜少于1个；对于地层结构复杂，膨胀性中等及以上膨胀土路段，勘探点数量不宜少于2个。对于其他桥梁及隧道，应按工程地质条件较复杂或复杂场地进行工程地质勘探。

(14)淤积地及软土

①工程地质调绘：工程地质调绘应与路线及构筑物的设置结合，初步查明软土的勘察内容。工程地质调绘应沿拟定的路线及其两侧各宽200m的带状范围进行，工程地质调绘的比

例尺为1∶2000。地貌单元的边界、河流阶地、山间盆地、山间沟谷地段等应布置调绘点。可能有软土发育的沟谷及低洼地带，应辅以简易勘探手段进行工程调绘。

②工程地质勘探：淤积地及软土地区的工程地质勘探应采用简易勘探、挖探、钻探、静力触探等手段进行综合勘探。勘探测试点的数量和位置应根据地层条件、软土发育特点以及构筑物的类型、规模等确定。

③勘探深度：

a. 路基及构筑物的浅基础，当淤积地及软土厚度较薄时，勘探深度应穿过软土层至下卧硬层内3~5m；当软土厚度较大时，勘探深度应不小于地基压缩层的计算深度或达到地基附加应力与地基土自重应力比为0.10~0.15时所对应的深度。

b. 桥梁深基础的勘探深度应达桩端或持力层以下5~8m。

④钻探、取样：

a. 在淤积地及软土地层中采样，应严格控制钻探回次进尺，严禁扰动或改变试验样品的土体结构及含水状态。

b. 取土样前应清除孔内残留岩芯，并保持孔壁稳定。

c. 淤积地及软土取样应使用专用薄壁取土器，取样器长度不宜小于50cm，采用压入法或重锤少击法取样。

d. 取土时，取土器的入土深度，严禁大于取土器的有效深度。

e. 淤积地及软土层的取样间距，在0~10m的深度范围内，每1.0~1.5m应取样1件（组）；10m以下，每1.5~2.0m应取样1件（组），变层应立即取样。

⑤路基勘探：勘探测试点应沿路线中线布置。当软土厚度大、分布复杂时，应结合填土路基设计，分段布置横向勘探断面，并与静力触探、十字板剪切试验等原位测试结合进行综合勘探。

a. 钻探点间距：简单场地为700~1000m；复杂场地为500~700m。

b. 静力触探点间距：简单场地3~4个/km；复杂场地3~5个/km。

⑥桥梁勘探：与路堤衔接的桥台部位宜布置勘探测试点进行勘察。

2.2.1.3 施工图设计及施工运营阶段工程地质勘察

一般黄土沟壑区公路项目在初勘阶段需要基本完成勘察工作；详勘是依据最终路线方案针对构造物及具体工程的需要来进行局部补充勘察；在发现病害、设计与地勘资料不符的情况下，施工阶段进行具体灾害或构造物的补充勘察，从而为变更或修编设计资料提供依据。在本阶段工作量布设应严格按照规范要求进行，具体布设及勘察方法见相关规范，本小节主要介绍黄土沟壑区可以应用的新型勘探技术，该技术一方面可以提升勘探质量，另一方面可以提高工作效率。

1）淤积地及软土路基勘察技术

在淤积地及软土勘察中，需要应用静力触探试验（CPT）、孔压静力触探试验（CPTU）以及地基原位固结系数和渗透系数测试系统（BAT）等技术，钻探取样和土工试验与上述手段相结合,利用钻机对淤积地及软土进行钻探,用薄壁取土器取样。

(1)静力触探试验(CPT)技术

CPT 技术是原位测试技术中最主要的静力触探技术,具有速度快、干扰小、费用低、采集数据量大、不需取样等优点。随着科学进步,CPT 技术已经逐渐发展为 CPTU 技术,也就是向多功能和数字化方向发展的孔压静力触探技术。

(2)地基原位固结系数和渗透系数测试系统(BAT)

该系统由瑞典工程师开发,专门用于测试地基原位孔隙水压力、固结系数和渗透系数,主要由电子压力传感器、控制系统、玻璃容器、滤头和套管等构成,通过测试过程中玻璃容器内的压力,计算固结土体的原位渗透系数。现场操作 BAT 系统时,可根据地下水压力不同选择抽水试验或压水试验两种测试方法。

①压水试验的使用条件是当玻璃容器内压力大于地下水压力时水从玻璃容器内向外流。

②抽水试验的使用条件是当地下水压力大于玻璃容器内压力时将向滤头渗流。通过测量滤头贯入所引起的超静孔隙水压力消散过程,也就是采用圆柱形空腔扩张及轴对称一维固结理论模拟分析并最终得出水平固结系数。

2)轻型勘探设备勘察应用

黄土沟壑区沟壑纵横,梁峁断续分布;有些地段由于梁峁狭窄且高陡,普通钻探设备落位困难,易造成工期延误及经济浪费。这些地段主要位于桥梁墩台、高边坡上部及滑坡侧后缘。黄土沟壑区一般情况地层结构简单,上述构造物主要是查清土石界面或软硬土体交界面,以指导下一步的设计工作,轻型勘探设备钻进较浅,一般小于 20m,基本可以满足深度要求。

QBZ-09 和 QBZ-15 人抬轻便钻机由发动机、动力头、加压、提升支架、卸扣装置、钻具等组成,除卸扣装置和钻具外均为一体化设计,提升支架为平行于地面的直径为 1.5m 的圆盘,可由 4 人共同操作。钻机的提升则由人工完成,钻进时根据情况及时提升钻具滑井,以避免卡井和保持井壁完好畅通。QBZ-10 人抬轻便钻机(图 2-24)的柴油发动机单独安装在一框架内,通过传动轴带动减速机驱动动力头进行钻井,提升支架为直径 1.5m 的圆盘,钻机的提升则由人工完成或加装固定支架,钻进时根据情况及时提升钻具滑井,以避免卡钻并保持井壁完好。

3)无人机航测技术的应用

在科学技术水平不断提升背景之下,无人机的应用范围逐步延展,其与航空摄影测量技术融合后,可为项目勘测工作提供支持。无人机航测技术的应用,可为工程人员呈现区域内的影像数据,并创建三维模型,以便为设计与施

图 2-24 QBZ-10 人抬轻便钻机

工提供可靠指导。

在滑坡、崩塌测绘及现场踏勘中,无人机可以准确掌握公路地形地貌,首先创建正射影像,随后再生成可视模型,此方式可更为直观地呈现勘察公路的地形情况,有助于工程人员分析现场情况,更全面地掌握地貌特点。

2.2.2 黄土沟壑区勘察实例应用

2.2.2.1 路基工程地质勘察

1）铜川至旬邑高速公路施工期间3处高填方不均匀沉降变形问题

（1）工程概况

铜川至旬邑高速公路是国家高速公路山东菏泽至陕西宝鸡联络线的一段,也是陕西高速公路网中合阳至凤翔县的重要组成部分,于2016年2月建成通车。在2017年1月道路巡查中发现K190+540~K190+630段（图2-25）、K202+593~K202+680段填方路基出现路面开裂病害,为防止雨水入渗,管理部门对裂缝进行沥青灌缝处理,以保证交通安全。

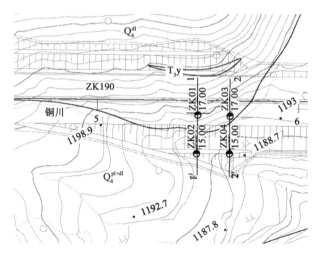

图2-25　K190+540~K190+630段路面开裂

项目地处照金一带中低山区,位于沟谷斜坡地带,路线在此处基本沿山地斜坡布设,以填方形式通过,填筑最大高度约15m,路基设计宽度24.5m。地形整体为右侧高、左侧（路线横向）低。

项目位于陕甘宁台坳南缘,主要为北西向的单斜构造,区内褶曲宽缓,断层稀疏。第三纪以来,本区新构造运动受华北板块构造活动格局制约,以地块的振荡性不均匀升降为主。项目区所属耀州区地震动峰值加速度为0.10g,反应谱特征周期为0.45s,对应地震基本烈度为Ⅶ度。

项目所在地区属大陆性季风气候,年均降雨量为552.6~710mm,主要集中在夏秋季,降雨量约占全年的60%,且以暴雨、阵雨为主,历时短,降雨量大,易形成黄土滑坡、泥石流等灾害。

勘察区地下水主要为第四系松散层孔隙水、基岩裂隙水,主要赋水层为粉质黏土层、基岩层,地下水位随季节性降雨变化较大。勘察期间,沟谷底部钻孔发现地下水,地下水埋深一般为5.4~6.7m,赋存于冲洪积粉质黏土、卵砾石层中。路基内钻孔勘探深度内未见初见水位,勘探深度内未见地下水,根据勘察期间观测,挡土墙泄水孔可见潮湿和点滴状水流,推测在降雨期,路基内局部存在上层滞水和间隙性地下水。

（2）路面病害发育情况

路面开裂发育于K202+593~K202+680段道路左幅,主要发育2道纵向贯通裂缝,整体形态呈直线形,分别位于超车道、行车道。超车道裂缝呈贯通状直线形,局部断续,总长度约60m,缝宽0.3~0.5cm,裂缝平面平直,未见明显错缝,错台不足0.2cm;行车道发育贯通直线形裂缝,总长度约65m,缝宽0.4~0.8cm,裂缝平面平直,未见明显错台,其小桩号靠近桥台位置呈弧形状,发育沉陷凹槽。图2-26为路面开裂情况。

图2-26 路面开裂

根据工程地质调绘及工程测量,该段道路变形特征主要表现为路基路面沉降、开裂,靠近桥台位路基路面沉陷、拉裂,骨架护坡滑移开裂：

K202+593~K202+623段路面开裂、沉陷变形:该段地形原为山地凹形斜坡地带,填土高度一般为10.0~13.0m,为填土最厚段落。该段发育沉陷拉裂弧形裂缝,沉陷量为4~8cm,桥台锥坡发育1道裂缝,缝宽0.1~0.3cm,桥台锥坡路肩同护坡结合部发育沉降裂缝,缝宽5~8cm。该段从路面至锥护坡底部均发现变形破坏裂缝,整体沉降变形明显,侧向滑移变形较小。

K202+623~K202+680段路面开裂、下边坡骨架护坡开裂:该段地形原为山地凸形斜坡地带,填土高度一般为6.0~9.0m,为填土较厚段落。该段路面发育2道平行状直线形裂缝,裂缝平直,错台不足0.2cm,水平滑移不明显。该段下边坡骨架护坡多处发育错断裂缝,缝宽0.2~0.3cm,错距0.1~0.2cm。该段以沉降变形为主。

勘察期间,对该段路面、路基下边坡进行多次观测,其路面裂缝、错台逐步加剧,下边坡骨架护坡出现裂缝,呈继续发展态势。

通过多次对路基外侧坡体进行调查,其排水沟外侧均未发现有裂缝、沉陷等变形迹象。

(3)病害路段地质情况

总体上看,勘察区地层简单,根据工程地质调绘及钻探揭露,工程穿越区地层主要有第四系全新统填筑土(Q_4^{me})、洪积+坡积(Q_4^{pl+dl})、冲洪积(Q_4^{al+pl})、三叠系(T)等。根据统计数据,结合野外特征,对工程涉及的各层岩土的工程特性描述评价如下:

断面1-81路面结构层(Q_4^{me}):为路面沥青混凝土、水泥、二灰稳定碎石结构层,厚度约70cm,结构致密。

断面1-82填筑土层(Q_4^{me}):主要以碎块石土填筑料,厚度不均,以碎石土、粉质黏土、卵砾石等填料为主,土质杂乱,结构不均。局部可见夯实痕迹,土层厚度为5.9~12.5m,动探击数大于10击,属中密状。$[f_{a0}]$=250~300kPa。

断面1-22粉质黏土层(Q_4^{pl+dl}):黄褐色,成分以粉黏粒为主,土质不均,结构致密,切面光滑,干强度高,含碎石、砾石,呈可塑~硬塑状态。土层厚度为2.9~7.9m,标贯击数介于10~15击。$[f_{a0}]$=150~160kPa。

断面2-22粉质黏土层(Q_4^{al+pl}):黄褐色、褐黄色,以黏粉粒为主,土质不均,局部含砾石,手搓可成条,呈可塑~硬塑状态。土层厚度为2.9~6.5m,标贯击数介于8~12击。$[f_{a0}]$=150~160kPa。

断面2-42卵砾石层(Q_4^{al+pl}):中密,杂色,一般粒径3~5cm,最大粒径10cm,含量约占52%,砂类土、粉质黏土充填,分选性好,级配不良。土层厚度为2.2~3.0m,动探击数介于10~15击。$[f_{a0}]$=350~400kPa。

断面5-21强风化砂岩(K_1y):褐红色、紫红色、紫青色,成分以长石、石英为主,细粒结构,层状构造,局部含砾,砾石含量占25%~30%,节理裂隙发育,岩体破碎,岩芯呈碎屑状、碎块状。层厚为3.5~6.8m,动探击数大于50击。$[f_{a0}]$=500~600kPa。

断面4-12中风化砂岩(T_3y):灰青色、褐灰色、紫青色,成分以长石、石英为主,粉细粒结构,层状构造,节理裂隙稍发育,岩体完整,断面新鲜,敲击易碎,岩质极软。勘探深度内未揭穿。饱和干燥抗压强度介于1.2~4.6MPa,平均值为2.3MPa,$[f_{a0}]$=800~900kPa。

(4)病害分析

该段路基沿沟谷凸形斜坡全断面填筑,基底地面斜坡较陡、变化较大。该段路面发育的直线形裂缝刚好位于路线凸形坡填筑较厚部位。根据勘探调查,路基基底主要为粉质黏土,填筑材料主要为粉质黏土、碎石土、卵砾石土,其工程性能相差较大,道路在运营期间,受降雨、车行荷载、土体自重综合作用,下边坡填筑土体出现固结差异沉降,基底下伏的粉质黏土层遇水强度降低,在不均匀地基上土体引起不均匀沉降反射裂缝,拉裂路面。

2)铜川至旬邑高速公路照金服务区沉陷勘察

(1)病害发育情况

根据工程地质调绘及工程测量,该段场地变形特征主要表现为场地前缘挡土墙沉降、开裂,骨架护坡滑移变形及房建区2号楼基础下沉、内部墙体裂缝三个方面。

①挡土墙沉降、开裂。

根据现场调查及工程测量结果,挡土墙变形范围主要分布于 BK0+198~BK0+370 段。

BK0+198~BK0+250 段:该段地形原为冲沟地带,填土高度一般为 8.0~13.0m,为填土最厚段落。场地填土沉陷一般为 10.0~17.0cm,片石混凝土挡土墙水平滑移一般为 15.0~20.0cm,现阶段仍在蠕滑阶段,后部牵引裂缝已延伸至场地内 45.0m 左右。

BK0+250~BK0+320 段:该段场地上部填土厚度一般为 6.0~8.0m,填土主要以沉陷为主,浆砌片石挡土墙出现明显鼓胀变形,水平滑移不明显。

BK0+320~BK0+370 段:该段地形原为冲沟地带,填土高度一般为 8.0~10.0m。场地填土沉陷一般为 27.0~30.0cm,片石混凝土挡土墙水平滑移一般为 2.0~4.0cm,上部骨架护坡沉陷外移一般为 18.0~20.0cm,部分骨架护坡已出现悬空、断裂现象。图 2-27 为挡土墙变形情况。

图 2-27 挡土墙变形

②骨架护坡滑移变形。

挡土墙上部坡面为窗孔式骨架护坡,高度约 3.0m,坡率为 1:1.5。受服务区场地填土沉陷影响,窗孔式骨架护坡向外滑移明显,部分段落已产生变形破坏,如图 2-28 所示。

图 2-28　骨架护坡滑移变形

③房建区 2 号楼内部墙体裂缝。

房建区 2 号楼南侧基础沉陷较为明显,据监测资料显示,最大沉降量累计约 27.0cm,在墙体内部形成数条斜向裂缝,裂缝长度为 3~4m,宽度为 0.2~0.4cm,如图 2-29 所示。

图 2-29　墙体裂缝

④沉陷变形特征。

根据地质调绘及钻孔资料揭露,并结合原设计资料,沉陷区集中在场地南侧填方最厚地段,前缘部分挡土墙沉陷较为明显,最大沉陷量约为 30.0cm,导致挡土墙之间伸缩缝拉裂。

房建区 2 号楼正好位于原坡面冲沟处,填土厚度较大,基础底部为相对汇水区。

据现场调查,在挡土墙前缘原始坡面土体未见有明显裂缝及下滑变形迹象,故服务区场地沉陷变形主要为场地上部人工填土产生的沉陷变形,以沉降为主,牵引土体向外侧滑,滑移量较小。

考虑到在后期连续降雨条件下,原坡面分布的坡残积粉质黏土层与基岩接触面土体遇水软化,抗剪强度降低,故存在潜在危险面。加之服务区场地前缘防护工程施工等不利因素,坡体变形有可能沿潜在危险面产生进一步恶化。

(2)工程概况

照金服务区(图2-30)位于照金镇尖坪村附近、铜旬高速公路 K201+900～K202+200 段左侧,属低中山沟谷斜坡地貌。服务区场地原始坡面自然坡度一般为 10°～15°,前缘为河谷地带,呈较开阔的前缘型沟,切割深度一般大于 30m,局部残留有河谷阶地,沟底高程为 1377.00～1380.00m。场地区原始坡面细小冲沟发育,植被较为茂密,坡面上部普遍覆盖有第四系坡残积层。服务区场地北侧为基岩山体,坡度较陡。该服务区场地

图2-30 照金服务区

为半挖半填式,靠近沟谷侧前缘最大填方厚度约为 12.0m,场地东西向填方宽度约为 240m,南北向填土宽度一般为 35.0～42.0m,场平高程为 1411.00m。

根据地质调绘及钻孔资料揭露,服务区场地地层岩性主要为上部第四系人工填土(Q_4^{me})、坡残积粉质黏土夹碎块石(Q_4^{dl+el});下部为三叠系永坪组(T_3y)泥岩、泥质砂岩。

该区域位于鄂尔多斯盆地南部边缘,在构造单元上属陕甘宁台坳南缘,在其南侧为渭河地堑,北侧为鄂尔多斯盆地,是渭北山区和黄土塬区的分界带,发育着各级褶皱构造和断裂构造。根据地质特征的不同可进一步分为铜川—韩城断褶带、陕北台坳带、铜川—韩城断褶带,总体为北倾的复单斜,次级褶皱一般较为宽缓对称,但常被断裂破坏而不连续,主要有东西走向的杜康断层。其次还有一系列北东向断层。陕北台坳构造简单,主要发育宽缓褶皱,断层稀少。项目区地震动峰值加速度为 $0.05g$,反应谱特征周期为 $0.45s$。

在钻孔过程中发现有地下水,且在服务区场地地下水埋深一般为 6.0～8.5m,赋存于上部人工填土及粉质黏土层中,土体含水率较大;在服务区场地之下原始坡体地下水埋深一般为 2.0～4.5m,赋存于粉质黏土层与基岩接触面地带,土体含水率较大,挡土墙底部局部可见地下水渗出。

(3)场地沉降原因分析

①沉陷变形分析。

根据现场调查及勘察结果,服务区场地及2号楼沉陷变形主要为场地上部人工填土产生的沉陷变形,人工填土变形以沉降为主,水平滑移较小。

a.服务区场地位于沟谷区斜坡地带,自然坡度一般为 10°～15°,场地为半挖半填式,填方厚度较大,填料杂乱不均,以碎石、块石及粉质黏土为主,且场地上部填土压实度明显不足,在连续降雨等不利因素下,土体重度增大,易产生沉陷变形,导致挡土墙及骨架护坡变形破坏。

b.服务区场地北侧为基岩斜坡,场地处于相对低洼处,原始坡面冲沟发育,地下水较为丰富,故场地为相对汇水区,且前缘挡土墙修筑在一定程度上阻止地下水排泄,不利于坡体稳定。

c.房建区2号楼南侧基础位于坡面冲沟处,填土厚度相对较大,根据勘察资料揭露,该侧

基础底部为人工填土,厚度约为5.8m。2号楼南侧上部填土在连续降雨下产生沉陷及滑移变形,造成该楼南侧基础拉裂沉降。

②沉陷变形稳定性评价。

调查结果显示,在挡土墙前缘原始坡面土体未见有明显裂缝及下滑变形迹象,服务区场地沉陷变形主要为场地上部人工填土产生的沉陷变形,以沉降为主,牵引土体向外侧滑,造成挡土墙沉陷及骨架护坡滑移破坏,据此定性判断场地上部的人工填土现阶段处于临界稳定状态。在大的降雨等各种不利因素下,填方体可能再次下滑,威胁服务区场地安全。

考虑到在后期连续降雨条件下,原坡面分布的坡残积粉质黏土层与基岩接触面土体遇水软化,抗剪强度降低,故存在潜在危险面。加之服务区场地前缘防护工程施工等不利因素,坡体变形有可能沿潜在危险面产生进一步恶化。

对其定量评价采用传递系数法,由于勘察沿场地纵向共布设6条剖面,挡土墙前缘共2条剖面,故共计完成11个钻孔。具体参数选取如下:滑面的天然状态下黏聚力$c=8.5$kPa,摩擦角$\varphi=7.5°$;饱水状态下黏聚力$c=8.0$kPa,摩擦角$\varphi=7.0°$。潜在危险面的天然状态下黏聚力$c=10.0$kPa,摩擦角$\varphi=9.0°$;饱水状态下黏聚力$c=9.0$kPa,摩擦角$\varphi=8.0°$。各断面稳定性及推力计算结果见表2-5。

各断面稳定性及推力计算结果一览表($K=1.25$) 表2-5

断面	滑面	计算采用主要参数				计算结果	
		天然重度 (kN/m³)	饱水重度 (kN/m³)	黏聚力 (kPa)	摩擦角 (°)	天然状态	饱水状态
3-3	目前	20.4	21.0	天然状态:8.5 饱水状态:8.0	天然状态:7.5 饱水状态:7.0	稳定系数$K=1.039$ 剩余推力$F=278.9$kN/m	稳定系数$K=0.961$ 剩余推力$F=393.8$kN/m
	潜在	20.4	21.0	天然状态:10.0 饱水状态:9.0	天然状态:9.0 饱水状态:8.0	稳定系数$K=1.097$ 剩余推力$F=347.9$kN/m	稳定系数$K=0.968$ 剩余推力$F=663.9$kN/m
5-56	目前	20.4	21.0	天然状态:8.5 饱水状态:8.0	天然状态:7.5 饱水状态:7.0	稳定系数$K=1.180$ 剩余推力$F=62.3$kN/m	稳定系数$K=1.090$ 剩余推力$F=148.8$kN/m
	潜在	20.4	21.0	天然状态:10.0 饱水状态:9.0	天然状态:9.0 饱水状态:8.0	稳定系数$K=1.135$ 剩余推力$F=232.0$kN/m	稳定系数$K=1.001$ 剩余推力$F=517.9$kN/m
6-61	目前	20.4	21.0	天然状态:8.5 饱水状态:8.0	天然状态:7.5 饱水状态:7.0	稳定系数$K=1.072$ 剩余推力$F=163.0$kN/m	稳定系数$K=0.991$ 剩余推力$F=244.6$kN/m
	潜在	20.4	21.0	天然状态:10.0 饱水状态:9.0	天然状态:9.0 饱水状态:8.0	稳定系数$K=1.115$ 剩余推力$F=289.5$kN/m	稳定系数$K=0.984$ 剩余推力$F=590.3$kN/m
8-89	目前	20.4	21.0	天然状态:8.5 饱水状态:8.0	天然状态:7.5 饱水状态:7.0	稳定系数$K=1.184$ 剩余推力$F=59.6$kN/m	稳定系数$K=1.094$ 剩余推力$F=145.6$kN/m
	潜在	20.4	21.0	天然状态:10.0 饱水状态:9.0	天然状态:9.0 饱水状态:8.0	稳定系数$K=1.148$ 剩余推力$F=205.1$kN/m	稳定系数$K=1.013$ 剩余推力$F=494.0$kN/m

3)延安至延川高速公路乾坤湾收费站房建的大厚度不均匀填土导致沉陷变形问题

延安至延川(陕晋界)高速公路,起于延安市安塞区马家沟,与包茂高速公路相接,终于陕晋界,与山西省在建的霍州至永和高速相接,路线全长116.35km。

路线所在区位于黄河中游、陕北黄土高原东部,受黄河—延河水系的侵蚀,地貌以黄土峁崩—沟壑为主,海拔一般为800~1400m,冲沟深切,黄土悬崖陡立,沟壑纵横,总体为黄土沟壑—峁崩地貌区。

延安至延川高速公路于2015年10月建成通车。2016年12月,由于延安至延川高速公路乾坤湾收费站场区出现沉陷现象,所以需要对该收费站进行岩土工程勘察工作。

(1)病害发育情况(图2-31、图2-32)

a)综合楼门厅台阶开裂下沉

b)综合楼东北角台阶开裂

c)场区西南侧围墙地面开裂图

图2-31 病害发育情况(一)

a)锅楼房南角外侧地面沉陷约1m

b)室内墙面裂缝

图2-32 病害发育情况(二)

勘察期间场区已发生明显沉陷,主要为室外地表沉陷、散水开裂、外墙装饰部分拉裂及室内墙体开裂。

综合楼门厅及西南角外墙装饰开裂严重,西侧围墙由于地基不均匀高低起伏,综合楼室内1~3层各房间均有不同程度的开裂现象。

锅炉房地面整体沉陷严重,门严重变形,无法正常开关,锅炉房南侧地面混凝土板已塌陷。锅炉房和综合楼之间的区域有明显的沉陷,沉陷高度约15cm。

(2)工程概况

拟建场地位于延川市马家河乡枣湾村。场地原自然地貌为山前斜坡冲沟地带,场地自然高程起伏大,后经机械开挖整平至699.59~703.05m。勘探点地面高程为701.85~702.26m,总体高差为1.41m。

根据勘探结果,场地地层由第四纪全新世人工填土、风积黄土状粉土、坡洪积碎石土、三叠系砂岩组成。现自上而下逐层描述如下:

①杂填土(Q_4^{ml}):褐黄~灰褐色,较密实,土质均匀,成分以粉土为主,局部夹零星砖块、植物根茎等。该层一般上部为0.15~0.5m的混凝土面板,以下为压实回填土,以素填土为主,局部为杂填土,含较多建筑垃圾。

②填筑土(Q_4^{ml}):褐黄~灰褐色,结构密实,有明显碾压痕迹,土质较均匀,主要为原地基处理时的灰土垫层。由于野外钻探时,部分勘探孔无法到达建筑物灰土垫层外放尺寸范围内,故局部含少量灰土,密实程度较差,以素填土为主,局部含少量建筑垃圾。

上述①及②层地基土为场地整平后,房建施工单位在建筑物施工过程中的人工填土。其中②填筑土(灰土垫层)位于建筑物基础下方,综合楼部分整体完整性较好,勘察过程中未发现明显变形及错动迹象。而钻孔显示设施配套房区域南侧一线②填筑土(灰土垫层)底界高程为699.11~699.20m,北侧一线②填筑土(灰土垫层)底界高程为699.78~700.41m,层底高程差异较大,不排除设施配套房区域基础底面灰土垫层在不均匀沉降的影响下已经发生变形错动。

③素填土(Q_4^{ml}):褐黄~灰褐色。结构松散,土质不甚均匀,成分以粉土为主,局部夹少量风化岩块、岩屑等。

该层为场地整平施工单位对原始地形改造后形成的人工填土。根据野外钻探成果,该层人工填土未经强力夯实,工程特性较差,且局部有浸水痕迹,尤其以该层底部约1.0m厚度部分含水率较高,近乎饱和,野外钻探鉴别呈可塑~软塑。

根据野外钻探和描述,上述人工填土(除灰土垫层外)成分复杂,结构松散,工程特性较差,其上为室外散水,在长期渗水作用下,一般含水率较高,呈可塑~软塑状。

④黄土状土(Q_4^{eol}):黄褐~褐黄色,土质均匀,具大孔性,针状孔隙发育,含蜗牛壳碎片、钙质粉末等。具轻微~强烈湿陷性及自重湿陷性,手感"轻",俗称"海绵土"。以坚硬~硬塑状态为主(上部部分土样呈可塑状态),无明显浸湿痕迹。该层以粉土颗粒为主,属中压缩性土,上部部分土样具高压缩性。

⑤碎石土(Q_3^{pl+dl}):杂色,土质很不均匀,富含砂岩残积土、风化岩块、岩屑等,呈中密~密实状态,野外钻探难度较大。该层为典型的坡洪积地层。

⑥强(中)风化砂岩(T_3):青灰色,主要矿物成分为石英、长石,中细粒结构,块状构造,泥

钙质胶结。近水平层理。结构大部分已破坏,风化裂隙很发育,岩体破碎,岩芯手可掰碎,锤击声哑,较易钻进,其中下部胶结较好,一般钻探岩芯可呈10cm以下的短柱状,属软化岩石。其坚硬程度为较软岩类,强~中风化过渡不明显,岩体基本质量等级为Ⅴ类。

场地地层厚度、层底埋深、高程统计如表2-6所示。

场地地层厚度、层底埋深、高程统计表 表2-6

地层名称	厚度(m)			层底深度(m)			层底高程(m)		
	最小值	最大值	平均值	最小值	最大值	平均值	最小值	最大值	平均值
①杂填土	0.50	1.80	0.57	0.50	1.80	0.57	701.15	702.76	702.17
②填筑土	0.40	2.10	2.22	1.80	3.60	2.80	699.11	701.24	700.02
③素填土	0.60	7.50	3.99	1.30	10.90	6.42	692.36	701.41	696.29
④土状土	1.10	8.90	4.77	4.70	14.30	9.82	688.33	698.03	692.88
⑤碎石土	1.80	17.10	10.84	8.30	27.70	19.36	674.93	694.41	682.22
⑥强风化砂岩	1.20	8.40	3.01	8.00	30.00	17.93	672.63	694.73	684.67

项目所在区域位于陕甘宁盆地东南边缘,鄂尔多斯台向斜南部子午岭次级向斜以东,属于典型的板内形构造。区内地质构造简单,构造形迹比较微弱,为向西北缓倾(倾角1°~5°)的单斜构造,在区域性平缓的单斜构造背景下,发育有规模不大,幅度很小,展布不定的穹隆鼻状短轴背斜构造,长轴方向大多为北北东至北东向,两翼往往不对称,多数西翼及西北翼陡,东翼及东南翼缓。

区内断裂构造不发育,无发现区域性断裂通过。

(3)岩土工程评价

勘察期间经对拟建场地及其周围地面调查,场地西侧高边坡现状基本稳定,无其他不良地质作用。主要问题在人工填土和湿陷性黄土两个方面。

场地内分布的人工填土主要为两类:

①杂填土及②填筑土系房建施工单位施工,工程特性较好,个别土样具轻微湿陷性,但局部房屋散水以下人工填土密实程度较差,在后期浸水的影响下,含水率变高,发生固结沉降,进一步导致建筑物外装饰面层及散水开裂。

③杂填土系场地整平单位施工,具轻微~中等湿陷性,未见明显夯实痕迹,结构较松散,以黏性土为主,含少量风化岩屑、岩块等。野外钻探易塌孔,局部受水浸湿痕迹明显(10号~15号钻孔)。尤其以该层底部约1.0m厚度部含水率较高,近乎呈饱和状态(8号、10号~15号钻孔),野外钻探鉴别呈可塑~软塑。对应区域地表已经发生大量的沉陷。

根据场地现状结合工程地质剖面图及室内土工试验报告综合分析,③素填土浸水是导致场地发生沉陷的直接原因。③素填土底界即为场地原始地貌,分布厚度主要由场地原始地貌决定,根据工程地质剖面图,场地③人工填土分布较厚的区域(推测其为原始微地貌"冲沟")主要分布在三个区域。

区域Ⅰ:10号、11号、12号、15号范围(①轴)。
区域Ⅱ:8号、T2号、T4号(BC轴)。
区域Ⅲ:T4号、16号范围(⑦⑧轴)。

推测地表水渗透路径为:首先由锅炉房区域(区域Ⅰ)附近下渗至基岩表面或碎石土层表面,而后由于重力影响向地势低洼处(区域Ⅱ及区域Ⅲ)渗透,导致填土层与原始底层交接面人工填土含水率增大,直至饱和。

该场地湿陷性黄土为④黄土状土,主要分布在①综合楼基础以下,为自重湿陷性黄土场地,湿陷等级为Ⅱ(中等)~Ⅳ(很严重)级。湿陷性黄土是指在一定压力作用下受水浸湿、土体的结构迅速破坏并产生显著附加下沉的黄土。湿陷性黄土是一种非饱和的欠压密土,具有大孔性和垂直节理,在天然低湿度下,其压缩性较低、强度较高;但遇水浸湿时,土的强度明显降低,在附加压力与土的自重压力下引起湿陷变形,是一种下沉量大、下沉速度快的失稳性变形,对建筑物的危害性大。

根据勘察可知,④黄土状土局部个别土样含水率较高(考虑为野外钻探过程中的扰动),总体未发现明显浸水痕迹,根据室内土工试验分析,以硬塑~坚硬为主。故①综合楼沉陷与湿陷性黄土无直接关系,但随着场地地表水的不断下渗,④黄土状土含水率将进一步增加,有可能会引发湿陷。

根据现场调查,发现综合楼及设施配套房室外散水均有不同程度开裂,建筑物虽然设置了散水,但大部分已经开裂,且锅炉房附近地面沉陷,混凝土面板开裂塌陷,阴雨天气时,雨水无法从建筑物周边有组织排出,即下渗到建筑物地基土内,增加了建筑物周边地基土含水率。

根据地基土工程特性指标统计表,②填筑土液性指数I_L为0.47~1.39,平均值为0.78,呈软塑状态。③素填土液性指数I_L为0.11~1.40,平均值为0.55,主要呈可塑状态。野外钻探过程中,②填筑土大部有水浸痕迹。③素填土在沉降区域范围内有水浸痕迹,且在沉降区域内,人工填土与原始地层交接面处约1m厚度内人工填土含水率明显增大,局部呈软塑状态。

根据土工试验成果报告表,场地内分布的各层地基土均属中压缩性土。但人工填土及④黄土状土上部部分土样具高压缩性。

建筑物均采用条形基础方案,且基础底面下均采用3:7灰土垫层进行了地基处理,灰土垫层以下均有厚度不等的、压实不密的人工填土,其地基明显为不均匀地基。

(4)场地沉降原因分析

该场地为自重湿陷性黄土场地,黄土地基湿陷等级为Ⅱ(中等)级,地基压缩层主要为②填筑土、③素填土及④黄土状土。

拟建场地大面积分布的③人工填土,系场地整平时对原始地形低洼处的回填土,回填堆积的厚度则与原始地貌有关,在回填过程未经充分压实。所以不均匀是其突出特点,土质疏松,孔隙率高,属欠固结土,在自身重量和大气降水下渗的作用下有自行压密的特点。根据野外钻探描述,回填土的密实度很差,孔隙率较高,而且局部人工填土有孤石和空洞现象(如12号钻孔),结构性很差或无结构,因此强度低,其压缩性比天然土高得多,而且随着含水率的增大,压缩性会急剧增大。在勘察过程中,③素填土局部已经浸湿,呈可塑甚至软塑状态,对应区域发生了大量的固结沉降,从而导致地基湿陷,引起上部建筑物的不均匀下沉,导致建筑物变形,墙体开裂。这是导致场区沉陷的根本原因。

根据现场调查、野外勘探以及室内土工试验,水是造成既有建筑物开裂的外在因素。水的因素可归结为以下两个方面。

①地表水的渗漏

现场调查发现锅炉房区域地表严重下陷,部分地面有积水痕迹。而且根据工作人员介绍,雨季时,雨水汇集至锅炉房周边,沿墙角或地表塌陷区域直接下渗至地基土,并沿原始地貌,顺低洼处渗流。

另一方面,由于散水下人工填土(室外回填土)施工质量参差不齐,在场区长期运营使用过程中,人工填土固结沉降,导致散水开裂。雨水直接由墙根或散水裂缝处浸入地基土,致使建筑物发生不均匀沉降,进一步加剧了散水开裂,并拉裂外墙装饰层。

②地下管井渗漏

据现场调查了解及工作人员说明,场区运营过程中,发现污水井(10号钻孔附近,给排水总平面图对应降温池处)经常有滞水无法排放。初步推测设施配套房北侧污水管线因地面沉降已经变形破损,丧失了部分排水功能,且局部有污水渗入地基土。

地表水的渗漏是造成既有建筑物开裂的外在主要因素。降雨期间经常积水,场地排水不畅,地面水就容易沿墙根或散水边浸入地基土,引起散水开裂、塌陷。而散水开裂为下一次地表水下渗提供了路径,周而复始,加剧了地基湿陷,最终导致建筑物不均匀沉降,外墙开裂,随着地基土浸湿范围的增大,建筑物内墙也产生开裂。

4)黄陵至延安高速公路扩能工程运营阶段填方路基沉降勘察

黄陵至延安高速公路扩能工程是国家高速公路网规划G65包茂高速公路在陕西境内的重要组成路段,是西安至延安高速公路扩能的一部分,于2016年9月建成通车。由于该路段在运营期间出现路基沉降、路面开裂等病害,所以对病害路段进行工程地质勘察工作。

黄陵至延安高速公路扩能工程位于陕北黄土高原南部,以少石多土的黄土塬、黄土梁峁—沟壑为主,属黄土梁峁沟壑区,海拔在800~1600m,总体地势西北高、东南低,地貌类型主要为黄土梁峁沟壑区和河谷阶地区。黄陵至富县一带,为黄土塬—沟壑地貌区,塬面开阔平坦,塬边支离破碎,冲沟深切,黄土悬崖陡立,沟壑纵横。富县至延安一带,为黄土沟壑—梁峁地貌区,梁峁起伏较大,沟壑纵横。

(1)概况

该病害路段主要分布在结构物台背填方路基、路基填挖接合部,路基病害类型的主要表现形式是路基沉陷坑、路面开裂错台、拦水带开裂错台等。病害区整体位于陕北黄土高原,以黄土梁峁沟壑间河谷阶地地貌为主,梁峁起伏较大,沟壑纵横,河谷阶地发育。

总体上看,工程区地层简单,工程地质调绘及钻探揭露,工程穿越区地层主要有三叠系、侏罗系、新近系、第四系等。具体如下:

上三叠统瓦窑堡组:出露岩性为黄绿色、灰黑色中薄层砂岩、粉砂质泥岩、泥岩互层,局部夹煤线或煤层,在勘察中并未穿透。

中侏罗统安定组:中下部主要是灰黄、紫红色砂岩、泥岩夹泥灰岩及灰黑色页岩,上部为灰、紫红、灰黄色薄板状泥灰岩夹钙质泥岩,厚80多米。与下伏直罗组呈整合接触,上被洛河组的红色、斜层理粗砂岩整合所覆,在勘察中并未穿透。

中侏罗统延安组:下为宝塔山砂岩段,主要由灰白、肉红色块状斜层理粗砂岩、细砂岩组成,底部为含细砾的粗砂岩,上部以细砂岩为主夹灰黑色泥质粉砂岩及页岩;上为枣园段,主要为灰、灰绿色砂岩与灰黑、深灰色页岩、泥岩互层,底部以粗砂岩(七里镇砂岩)为分界标志,与下伏富县组呈整合接触,在勘察中并未穿透。

新近系上新统:即常说的三趾马红土,底部为砂砾岩或砾岩;中部为棕黄、棕红色黏土及钙质结核层夹灰绿色黏土、棕黄色泥灰岩及少量砂岩透镜体;上部为棕红色黏土及棕黄色钙质结核层,呈半成岩固结状态,也称黏土岩,在勘察中并未穿透。

第四系上更新统冲积层:二元结构清晰,地层以粉质黏土、卵石为主,局部夹块石及砾石层,土层呈褐黄色、灰黄等色,结构较致密,可见大孔隙,夹砂砾石,硬塑,粗粒土中密~密实,在勘察中,揭露了上部粉质黏土。

第四系全新统河流堆积层:主要分布于沟谷内,上部一般覆盖不大于10m的现代河流堆积层。本层二元结构较清晰,上部一般存在粉质黏土,结构疏松,含卵砾石,呈可塑~硬塑状,其下为漂卵石,中密,在勘察中,揭露了上部粉质黏土。

第四系全新统现代河流堆积层:在沿线河谷内均有分布,地层以粉质黏土为主,可塑~硬塑状,厚度一般不大于5m。

填筑土:主要为路基填土,上部为路面结构层,中部为灰土层,下部为素填土,人工碾压,土质不均,结构疏密有别,土体含水率差异较大,呈可塑~硬塑状,局部呈软塑状。

勘察区在大地构造单元上属中朝准地台,次级构造单元属陕甘宁台坳之陕北台坳,总体构造简单。路线带处于陕甘宁稳定陆块中南部,是稳定构造区,新生代以来以升降运动为主,褶皱断裂均不发育。区内地层产状低角度倾向西南,倾角0~10°,总体近于水平。

根据《中国地震动参数区划图》(GB 18306—2015),工程区地震动峰值加速度为$0.05g$,地震动反应谱特征周期:富县为0.35~0.45s,甘泉为0.35s。相应于地震基本烈度Ⅵ度。

项目经过区域主要河流水系为洛河水系,流向总体为由北向南。流域支流径流短,流量小,比降大;主水系径流长,流量大。在上游黄土梁峁区,河道狭窄,比降较大,河道具下切侵蚀作用;在下游河道较宽阔,地势较平坦,有一定的沉积作用。各级水系年内水位变幅较大,七、八月为洪水期,冬季为枯水期,洪枯流量相差悬殊,泥沙含量较高。

工程区地表沟谷发育,属于季节性沟谷,平时无水,雨季可形成短暂水流,部分降水沿裂隙渗入补给地下水,多以地表径流形式沿沟谷向下游排泄,勘察期处于断流状态,无地表水。

工程区地下水主要为第四系松散层孔隙水、基岩裂隙水,主要赋水层岩性为粉质黏土、基岩,地下水位随季节性降雨变化较大。工程区内地下水的补给来源主要有大气降水入渗。地下水排泄方式有向临近沟谷河流排泄、蒸发排泄等。

勘察期间,个别勘探点在勘探深度内见到地下水,场地地下水埋藏较深,水位埋深大于20m,属第四系松散堆积层孔隙潜水类型,局部地层存在上层滞水,主要受大气降水补给。

(2)路基沉陷原因分析

工程区路基基底基岩面高差较大,路线纵向上基岩面变化不大,整体为山地斜坡平台和河谷阶地,山地斜坡路线横向上基岩面变化较大,斜坡坡度约20~40°,土层厚度小于5m;河谷阶地区路基基底地层较均匀,变化较小,局部变化较大。总体来说,工程区路基填料为灰土、素填土,基底地层在横向、纵向上的分布不均,地层坡度大于10%,属于不均匀地基。

工程区路基多位于结构物台背,地形以半填半挖路基和河谷阶地路基为主。路基基底主要为粉质黏土、基岩,填筑材料主要为灰土、粉质黏土(黄土)、碎块石土等,土质不均,结构多变。由于工程区路基基底土岩工程性能相差较大,道路在运营期间,在降雨、车行荷载、土体自重综合作用下,下边坡下伏的土体强度降低,填筑土体的固结差异沉降,在不均匀地基上土体引起的不均匀沉降反射裂缝,拉裂路面。

根据现场调查及勘察结果,工程区路基沉陷、路面开裂主要由人工填筑土和基底差异性地层产生的沉陷变形引起,人工填土变形以沉降为主。

5)子长至姚店高速公路服务区软土地基

子长至姚店高速公路,起于子长县好坪沟,与子清高速公路相接,终于延安市宝塔区姚店镇,与延延高速公路相接。路线全长55.173km。

子长至姚店高速公路位于陕北黄土高原中东部,东临黄河,总体地貌属于黄土丘陵沟壑区,以黄土丘陵沟壑地形为主,地形破碎、梁峁起伏、河谷深切、地势西北高、东南低,由西北向东南倾斜,海拔750~1200m,相对高差450m。根据地貌成因类型及形态特征,工程沿线地貌类型可划分为黄土梁峁丘陵沟谷地貌与河谷阶地地貌等两种类型。

(1)病害发育情况

2019年10月,子长至姚店高速公路永坪服务区在路基挖方施工时出现土体湿软的问题,且有渗水现象,服务区挖方边坡坡脚出露湿软地层,影响边坡稳定,如图2-33所示。

(2)工程概况

①地形地貌

永坪服务区位于清涧河二级支流贺家渠川河流阶地之上的斜坡地带,属于黄土梁峁沟壑区,原地形总体东高西低,地形较缓,地面坡度10~20°。A区靠山侧部分场区位于河流高阶地,为挖方;临河部分位于河流漫滩及一级阶地,为填方。B区位于河流高阶地之上,整体均位于挖方段落。

图 2-33 服务区挖方边坡照片

②地层岩性

服务区 A 区挖方段地层以风积黄土及冲洪积粉质黏土为主,基岩埋深约在场平高程 20m 以下;表层 3~5m 硬塑黄土之下存在含水率较高的湿软土层。服务区 B 区地层以黄土为主,基岩埋深较大,场区局部位置及东侧高边坡下部均存在含水率较高、土体湿软地层,该层软弱土层整体缓倾向河流。

③地质构造与地震

服务区位于华北陆块鄂尔多斯地块中南部,属岩石圈厚度最大(>200km)的地区之一,除在二叠纪末和三叠纪末遭受区域隆升外,始终保持着稳定沉积盆地的特征,无显著构造作用改造。整体为一向北倾斜、倾角 1~3°的平缓单斜,基岩产状近于水平,褶皱、断裂不发育。

根据《中国地震动参数区划图》(GB 18306—2015)和《陕西省一般建设工程地震动参数表》,勘察区地震动反应谱特征周期为 0.35s,地震动峰值加速度为 0.05g,地震基本烈度值为Ⅵ度。

④地表水与地下水

地表水:服务区临清涧河二级支流贺家渠川,河流流量随大气降水变化,水量较小,甚至断流。

地下水:服务区 A 场区钻探揭露范围地下水埋深约 2.2~7.5m,水位高程在 1059.94~1065.64m 之间,主线 K28+445~K28+800 段钻孔测得地下水埋深约 6.0~7.0m,水位高程在 1067.27~1070.29m 之间。

服务区 B 场区钻探揭露范围地下水埋深约 2.5~8.0m,水位高程在 1078.47~1087.95m 之间,高边坡钻孔测得地下水埋深在一级边坡平台设计高程以上 2.6~6.8m,水位高程在 1088.32~1095.55m 之间,主线 K28+145~K28+445 段钻孔测得地下水埋深约 1.9~3.0m,水位高程在 1062.46~1070.47m 之间。

(3)病害发育分析

服务区 A、B 场区土体湿软与渗水现象,在 A 场区共布置 6 个勘察断面 8 个钻孔,利用施工图补勘钻孔 3 个(详见工程地质平面图)。根据钻孔揭露及土工试验资料,场区地层依次为可塑黄土,厚度为1~3m;软塑粉质黏土层,厚度为5~9.2m;可塑粉质黏土层,厚度为3.7~7.6m;局部为硬塑粉质黏土层,厚度为2.2~8.5m,下伏三叠系胡家村组泥岩。其中,软塑粉质黏土层标贯击数为5~6击,经试验检测,含水率在21.8%~23.4%之间。

在B场区共布置8个勘察断面14个钻孔,利用施工图补勘钻孔3个(详见工程地质平面图)。根据钻孔揭露及土工试验资料,场区地层依次为软塑粉质黏土层,厚度在5m左右;可塑粉质黏土层,厚度为1~2m;软塑粉质黏土层,厚度在3m左右;硬塑粉质黏土层,厚度为8.3~17.8m,下伏三叠系胡家村组泥岩。其中,第一层软塑粉质黏土层标贯击数为3~6击,经试验检测,含水率在23.8%~27.2%之间;第二层软塑粉质黏土层标贯击数为5~6击,经试验检测,含水率在22.4%~25.6%之间。

根据2018年11月《子长至姚店施工阶段工程地质勘察报告(补充资料)》,服务区A场区SK28-1钻孔未测得稳定水位,SK28-2、SK28-3两个钻孔测得稳定水位高程在1046.05~1048.06m之间;服务区B场区SK28-4钻孔未测得稳定水位,SK28-5、SK28-6两个钻孔测得稳定水位高程在1098.18~1102.37m之间。

而根据勘察结果可知,服务区A场区水位呈上升趋势,水位整体上升13.0~14.0m,施工填方前水位在冲洪积粉质黏土与基岩交界面附近,施工填方后水位上升到人工填土与下方粉质黏土交界面附近。A场区为半填半挖区,其外围填方土体边坡采用桩板式及仰斜式路堤墙,在一定程度上阻挡了原有地下水的排泄通道,且场区临时排水措施不到位,场区地表水汇入填方土体中,致使A区地下水水位的上升。

服务区B场区水位呈下降趋势,水位整体下降5.0~9.0m,施工开挖前水位在黄土与粉质黏土交界面(第三级边坡平台设计高程)附近,施工开挖后水位下降到粉质黏土土层中(第一级边坡平台设计高程附近)。服务区B场区为挖方区,目前边坡已开挖至第二级边坡中部,原水位高程处的土方已经开挖完成,原有的地下水排泄通道被截断,因此出现边坡渗水、部分段落土体表层滑塌、地下水水位下降等现象。

6)黄陵至延安高速公路扩能工程湿软土勘察

(1)工程概况

黄陵至延安高速公路工程全长105.844km,共分两个合同段,第N1合同段(K47+000~K87+138.065)路线长40.14km,第N2合同段(K87+138.065~K150+500.00)路线长62.26km。

(2)地形地貌

黄延高速公路布设于陕北黄土高原南部,境内以少石多土的黄土塬、黄土梁峁—沟壑为主,位于黄土塬向黄土梁峁—沟壑地貌的过渡地带,其间以二郎山为界,海拔一般在800~1500m之间。地势总体北高南低,由西北向东南倾斜。富县至甘泉一带,为河谷—黄土塬相间的黄土塬(残塬)—沟壑地貌区。局部残塬塬面平坦,但塬边支离破碎,冲沟深切,黄土悬崖陡立,沟壑纵横,海拔在850~1100m之间。甘泉至延安一带,为黄土梁峁—沟壑地貌区,梁峁起伏,沟壑纵横,树林发育,海拔在 900~1500m 之间。局部残塬塬面开阔平坦,但塬边支离破碎,冲沟深切,黄土悬崖陡立,沟壑纵横,相对高差最大达 200 多米,如图 2-34 所示。

图 2-34　地貌照片

(3)地质构造与地层岩性

黄延高速公路地质构造条件总体较简单,勘察区在大地构造单元上属中朝准地台,路线带处于陕甘宁稳定陆块中南部。

勘察区内出露地层主要为新生界地层,在较大河谷川道和深切沟壑中有中生界地层分布。黄土台塬由三层结构(T~J、N、Q)组成,残塬沟壑由离石组、马兰组黄土及静乐组黏土岩组成。梁峁基底为三叠系~侏罗系层状基岩,上部为第四系黄土,中部夹少量第三系较疏松土层。新生界第四系地层从新到老分别为:全新统(Q_4)、上更新统(Q_3)、中更新统(Q_2)、下更新统(Q_1)。其中全新统地层广泛分布于各级河流的河床与两岸阶地、黄土残塬沟壑斜坡地带,呈带状及片状展布,成因多为冲洪积、坡积、滑坡堆积、人工堆积等,地层岩性以粉质黏土、粉土、卵石土为主。河谷冲积、洪积层组成一级阶地及河漫滩,是构成湿软土的主要土层。

(4)气象与水文条件

①气象条件:

勘察区属暖温带大陆性半湿润半干旱气候,早晚温差较大,年均气温 8.6~9.4℃,年均降雨量 552~631mm,春季干旱少雨,夏秋温湿多雨,且以暴雨、阵雨为主,易形成黄土滑坡、泥石流等自然灾害。冬季寒冷干燥,雨雪稀少,潮湿系数较小,最大冻深 65cm。

②水文地质条件:

勘察区主要水系为洛河水系。涉及的河流有沮河、淤泥河、葫芦河、龙头河、大申号川、府村川等。

根据地下水的形成、赋存条件及水动力学特征,区内地下水可分为第四系松散土体孔隙~裂隙潜水、中生代碎屑岩基岩孔隙~裂隙潜水。其中,第四系潜水主要受地形、地貌及岩土体性质、厚度的控制;中生代基岩裂隙潜水主要受基岩风化层厚度、地貌、岩性的控制。勘察区内地下水的补给来源主要有大气降水入渗、河流渗漏、地表灌溉入渗补给等。

依据水质分析结果,设计路线通过地段,除沮河河水受上游矿区污染具结晶类弱腐蚀性外,其余路段地表水、地下水对钢筋混凝土无腐蚀。

(5)黄延高速公路过湿土工程地质特征

黄延高速公路沿线过湿土(图 2-35)主要分布于冲沟、人工淤地坝中,主要为河谷土层、腐殖质经常年流水浸泡形成,部分为人工筑坝后淤积形成的淤泥、淤泥质土、软塑粉质黏土。此种冲积物比较松散,土质不均匀,含水率较高,多呈软～流塑状,饱和,但含水率、天然含水率、压缩系数等达不到软土的标准,结合区域经验,称其为"过湿土"较合适。勘察时由于树林茂密、路基湿软难以勘探、取样,因此对过湿土的判别主要根据现场调查、钻探岩芯、标贯击数、静力触探等综合判断。过湿土分布位置、厚度、地层分布及物理性质等概况见表2-7和表2-8。

图 2-35 黄延高速公路过湿土

过湿土分布段落表　　　　　　　　　　　　　　　　　　　　表2-7

序号	分布段落	段落长度(m)	厚度(m)	地质概况	处治措施
1	K56+340～K56+500	160	3.0	为软塑粉质黏土,下伏硬塑粉质黏土	碎石桩
2	K68+300～K68+600	300	6.0	为软塑淤泥质土、粉质黏土,下伏卵石、粉质黏土	碎石桩
3	K68+680～K68+950	270	4.5	沟心两边上覆约3m厚的粉质黏土,下伏硬塑状红褐色粉质黏土	碎石桩
4	K69+010～K69+100	90	4.5	为软塑状淤泥质土,上覆1.5～4.5m硬塑～可塑粉质黏土,下伏卵石,局部为硬塑粉质黏土	碎石桩
5	K69+140～K70+400	1260	4.5～8		碎石桩

过湿土物理性质表　　　　　　　　　　　　　　　　　　　　表2-8

含水率(%)	孔 隙 比	液性指数	压缩系数
35～50	0.72～0.91	0.57～1.0	0.31～0.52

结合表2-8,黄延公路过湿土段落地层结构较为简单,大部分分布在地表,厚度约3.0～6.0m,最厚可达8m,下伏卵石土、第三系黏土或基岩。

7)子长至姚店高速公路淤积地补勘

(1)工程概况

子长至姚店高速公路位于陕西省境内两条重要的南北纵向国家高速公路(包茂高速公路与榆蓝高速公路)之间,工程起点接拟建的子长至清涧高速公路,终点接建成的长延高速公路。路线起讫桩号为K0+037.485~K54+937.332,路线长度55.173km。该线路主要控制点有:好坪沟、徐家岔、永坪、鲁家湾、桃屯、元龙寺、黄家屯。工程建成后对进一步完善区域公路网,提升高速公路联通水平,推进陕北地区煤炭资源深度开发,实现县城经济持续发展,提高区域交通运输水平,促进红色旅游开发,带动经济多元发展等具有重要意义。

(2)地形地貌

勘察区位于陕北黄土高原中东部,东临黄河,总体地貌属于黄土丘陵沟壑区,以黄土丘陵沟壑地形为主,地形破碎、墚峁起伏、河谷深切,地势西北高、东南低,由西北向东南倾斜,海拔750~1200m,相对高差450m。

根据区内地貌成因类型及形态特征,工程沿线地貌类型可划分为黄土墚峁丘陵沟谷地貌与河谷阶地地貌两种类型。

黄土墚峁丘陵沟谷地貌(图2-36)为工程区的主要地貌类型,贯穿高速公路全线,以长斜墚、短墚为主,呈近南北和北东向分布,墚间发育有凹地,其上断续或连续展布由丘状峁、波状起伏,连绵不断。墚面宽一般50~150m,谷坡坡角一般45~50°,上缓下陡,峁间鞍部较窄,仅几米至10余米。峁墚顶部为第四系上更新统(Q_3)黄土,厚度30~60m,底部为中更新统(Q_2)黄土,沟底为三叠系砂岩。沟壑发育,切割密度大,主沟为"U"形,谷坡较缓,其下游切入基岩数米至数十米,具有多级沟阶地,"V"形支沟密如蜘蛛,纵向坡度较大,沟底具跌水陡坎。

河谷阶地地貌(图2-37)主要分布于秀延河、蟠龙川、郝家川、五羊川及其次级支流,河谷较宽,河谷内发育有现代河床及一、二级阶地,受流水侵蚀影响,河床下切基岩,现代河床较狭窄,一级阶地较宽阔,高出河床5~10m,普遍被改造成农业用地,二级阶地残留在河谷两侧的缓坡处,沿河谷多呈断续分布,河谷内岩土类型为冲洪积粉土及坡积黄土状土,局部路段存在不等厚度的人工填土河流阶地区。

图2-36 黄土墚峁丘陵沟谷地貌

图2-37 河谷阶地地貌

(3)地质构造

工程所在区新构造运动总体表现为间歇性缓慢上升,以面状风化剥蚀、河谷不断下切为主要特征,间歇性抬升伴随河流下切的作用,沿大河形成多级阶地。在地貌结构上表现为残塬、梁、峁和河、沟、壑相间分布,形成沟壑纵横、河谷下切、梁峁起伏、沟坡陡峻的地貌特征,同时为崩塌、滑坡、泥石流的发生提供了地形地貌条件。

(4)地层岩性

区内出露有三叠系、第三系和第四系地层。其中,三叠系地层主要为一套河湖相砂岩、泥岩夹页岩,包括瓦窑堡组(T_3w)、永坪组(T_3y)与胡家村组(T_3h)。第三系主要为上新统保德组(N_2)紫红色、砖红色粉砂质泥岩、泥岩,含散布钙质结核,厚13~40m,底部为灰白色、黄灰色砾岩、砂岩及砂质泥岩,厚3~5m。区内第四系地层出露中更新统(Q_2)、上更新统(Q_3)和全新统(Q_4),岩性以黄土、黄土状土为主。成因多为冲洪积、风积、坡积、滑坡堆积、崩塌堆积等,地层岩性以黄土、黄土状土、砂卵石为主。由于第四系广泛覆盖,基岩仅沿切割较深的河流、沟谷呈条带状裸露。河谷冲积、洪积层组成一级阶地及河漫滩,是构成湿软土的主要土层。

(5)气象与水文条件

工程区属内陆暖温带大陆半干旱性气候区,早晚温差大,年均气温9.1~10.6℃,一月最冷,平均气温-5.9~-5.2℃,极端低温-22.1℃;七月平均气温23~24.7℃,极端高温37.6~39.7℃。标准冻深延安57.5cm,延川79.4cm,子长75.6cm。工程区年平均降雨量450~550mm,春季干旱少雨,多大风扬沙;夏秋季温湿多雨,降雨量占全年的60%,且以暴雨、阵雨为主,历时短,降雨量大,易形成黄土滑坡、泥石流等自然灾害;冬季寒冷干燥、雨雪稀少,潮湿系数较小。

(6)子姚高速公路淤积地工程地质特征

勘察区内大部分黄土沟谷修筑了人工造田工程,在沟谷填筑了较厚土层。淤地坝内堆积土层一般为两层,上部为新近沉积土,下部为沟谷内流水形成的常年淤积土。上部新近沉积土呈浅黄色、黄褐色,甚至颜色杂乱,无层序,土质不均匀,结构松散,土内多有团块状粉质黏土颗粒,原土成分以马兰黄土和离石黄土为主,厚度一般在2~3m之间。下部淤积土呈褐黄色或褐红色,可塑或软塑状,土质不均匀,结构松散,沉积韵律较清晰明显,含较多黑色或褐色植物根茎,大多在5~7m之间。

此处仅对子长至姚店高速公路补充勘察部分淤积地进行讨论。勘察路线走廊范围内,补充勘察了10处较大淤积地、3处较大湿软地基,工程性能特征详见表2-9。

8)榆绥高速公路采空区勘察实例

榆绥高速公路位于煤炭资源丰富的榆林市境内,开采历史久远,因此,未记录在案的废弃煤矿、小煤窑等就成为影响高速公路施工运营安全的隐患,也是煤炭资源开采区域公路工程地质调绘和勘察工作的重点和难点。

表 2-9 淤积地、人工造田及湿软地基分段落及工程特征一览

序号	起讫桩号	长度(m)	厚度(m)	地质概况及工程特征	建议处理措施	备注
1	DK0+250~DK0+550	300.0	10.1~13.6	该段淤积地、人工造田地层主要为人工新近堆积及第四系全系统冲洪积层，成分以粉质黏土为主，DK0+250~DK0+360处表层0~1m处可见填筑土，稍密状，深度1~5.8m处为软塑粉质黏土，含水率 w=27.4%~28.2%，孔隙比 e=1.055~1.093；DK0+360~DK0+550处，其中深度3.0~4.0m为粉质黏土，呈可塑状态，标贯击数为4~5击，含水率 w=22.5%~25.0%，孔隙比 e=0.682~0.732；深度4~10.1m为淤泥质土，呈软塑状态，标贯击数为4~5击，含水率 w=27.2%~28.4%，孔隙比 e=1.108~1.109；下伏三叠系砂、泥岩		
2	BK0+440~BK0+795	355.0	10.0~14.2	该段淤积地地层主要为人工新近堆积及第四系全系统冲洪积层，以粉质黏土为主，呈可塑状态，深度2.0~7.0m为粉质黏土，呈可塑状态，标贯击数为3.0~5.0m，含水率 w=22.5%~25.0%，孔隙比 e=0.682~0.732；深度7.0~14.2m为淤泥质土，呈软塑状态，标贯击数为4击，含水率 w=27.2%~28.4%，孔隙比 e=1.108~1.109；下伏三叠系砂、泥岩		
	CK0+060~CK0+290	230.0				
3	K0+488.0~K0+725.0	237.0	7~10.1	该段淤积地地层主要为人工新近堆积及第四系全系统冲洪积层，以粉质黏土为主，呈可塑状态，标贯击数为3~4击，含水率 w=23.5%~26.0%，孔隙比 e=0.682~0.732；深度0~10.1m为淤泥质土，呈软塑状态，标贯击数为4击，含水率 w=27.2%~28.4%，孔隙比 e=1.108~1.109；下伏三叠系砂、泥岩经试验数据统计，含水率经试验数据统计，泥岩		
4	K5+880.0~K6+480.0	600.0	3.3~4.2	该段湿软地基埋深深度3.5~4.0m，其中深度1.5~5.0m，含水率 w=30.6%~31.4%，孔隙比 e=1.018~1.084，深度3.3~4.2m，呈可塑状态，土质均匀，标贯击数为3~5击，含水率 w=23.6%~24.3%，孔隙比 e=0.676~0.767；下部为第三叠系黏土岩、三叠系砂、泥岩	位于填方路基段落，易产生路基沉降，建议基础以下采取复合地基进行处理	好坪沟互通式立交
5	K6+640.0~K7+740.0	1100.0	2.7~2.9	该段湿软地基埋深浅，深度2.0~3.0m，其中深0.0~2.9m呈软塑状态，含水率 w=29.0%~30.4%，孔隙比 e=0.882~0.903；下部粉质黏土呈可塑~硬塑状态，标贯击数为12~22击，土质均匀，下伏第三系黏土岩、三叠系砂、泥岩		

·106·

续上表

序号	起讫桩号	长度(m)	厚度(m)	地质概况及工程特征	建议处理措施	备注
6	K11+080.0~K11+525.0	445.0	6.2~9.2	该段淤积地地层主要为人工新近堆积及第四系全系统冲洪积层,以粉质黏土为主,地下水埋深较浅,厚度为5.2~9.2m,呈软塑状态,含水率w=22.5%~33.3%,孔隙比e=1.108~1.109;下部为第三系黏土岩,三叠系砂岩		
7	K32+175.0~K32+305.0	130.0	0~6.5	该段湿软地基地层主要为第四系全系统冲洪积层,以粉质黏土为主,地下水埋深较浅,深度为0.3~2.6m,其中0~5.5m呈软塑~可塑,标贯击数为3~5击,含水率w=20.3%~25.3%,孔隙比e=0.642~0.773;下伏三叠系砂岩、泥岩		
8	K34+090.0~K35+200.0	1110.0	7.6~9	该段淤积地地层主要为人工新近堆积及第四系全系统冲洪积层,以粉质黏土为主,地下水埋深0.8~1.5m,呈软塑~可塑状态,淤积层厚度4.9~7.6m,孔隙比e=0.595~0.672;K34+580~K35+200段,含水率w=18.9%~23.8%,呈软塑状态,标贯击数为2~6击,含水率w=24.9%~28.4%,孔隙比e=0.841~0.905;下部可见第三系黏土岩,下伏三叠系砂岩	位于填方路基段段落,易产生路基沉降,建议采取复合地基以下采取进行处理	
9	K36+550.0~K36+870.0	320.0	6.8~7.0	该段淤积地地层主要为人工新近堆积及第四系全系统冲洪积层,以粉质黏土为主,地下水埋深0.2~0.5m,呈软塑状态,标贯击数为2~5击,含水率w=26.6%~27.2%,孔隙比e=0.842~0.878;下部可见第三系黏土岩,下伏三叠系砂岩		
10	K37+060.0~K38+500.0	1440.0	5.9~6.5	该段淤积泥质土,成分以粉质黏土为主,其中深度1.5~5.5m,K37+620~K37+930段,淤积层厚度4.3~6.1m,含水率w=22.8%~24.2%,孔隙比e=0.563~0.658;深度4.4~6.1m为软塑淤泥质土,标贯击数为2~5击,含水率w=26.4%~28.3%,孔隙比e=0.890~0.921;其中深度4.2~4.8m呈软塑状态,K38+130~K38+760段,淤积层厚度4.8~6.5m,孔隙比e=0.739~0.783;深度4.9~6.5m呈可塑状态,经试验数据统计,含水率w=21.0%~21.7%,孔隙比e=0.643~0.694;下伏三叠系砂、泥岩		

续上表

序号	起讫桩号	长度(m)	厚度(m)	地质概况及工程特征	建议处理措施	备注
11	K39+540.0~K39+600.0	60.0	7.0~15.0	该段淤积地地层主要为人工新近堆积及第四系全系冲洪积层,以粉质黏土为主,地下水埋深为2.0~3.0m,其中深度7.0~7.6m呈软塑状态,含水率 $w=28.5\%\sim29.0\%$,孔隙比 $e=0.782\sim0.882$;深度7.6~15.0m呈可塑状态,含水率 $w=22.5\%\sim25.3\%$,孔隙比 $e=0.627\sim0.658$;下部可见硬塑粉质黏土		
12	K41+525.0~K42+542.0	1017.0	5.2~10	该段淤积地地层主要为人工新近堆积及第四系全系冲洪积层,以粉质黏土为主,成份以粉质黏土为主,呈可塑状态,含水率 $w=21.0\%\sim23.1\%$,孔隙比 $e=0.566\sim0.693$;下部可见硬塑粉质黏土及第三系砂粉质黏土,下伏三叠系砂泥岩	位于填方路基段落,易产生路基沉降,建议基础以下采取复合地基进行处理	
13	EK0+610~LK0+950	170.0	7.2~7.3	该段淤积地地层主要为人工新近堆积及第四系全系冲洪积层,成分以粉质黏土为主,深度7.2~7.3m为软塑粉塑黏质土,标贯击数为3~5击,含水率 $w=25.4\%\sim27.0\%$,孔隙比 $e=0.703\sim0.788$;下部可见硬塑粉质黏土及第三系黏土岩		蟠龙互通式立交
	合计	7514.0				

(1) 区域概况

榆绥高速公路所在区域属黄土梁峁之沟壑、黄土冲沟地貌。勘察区整体上位于鄂尔多斯断块伊陕斜坡区，中、新生代以来，地壳一直处于相对稳定和振荡性升降的状态，区内褶皱、断层不发育，地震活动轻微，地壳属于相对稳定的构造区。岩层产状总体较平缓，岩层倾角在 $2°\sim5°$ 之间，采空区调绘和勘探均未发现断裂构造。

根据《中国地震动参数区划图》(GB 18306—2015)和《陕西省一般建设工程地震动参数表》，采空区地震动峰值加速度 $a<0.05g$，反应谱特征周期 $T=0.35\mathrm{s}$。

(2) 采空区勘察工作概况

榆绥高速公路工程地质勘察过程中，根据地调和走访当地居民，发现施工图设计路线 K19+500～K19+900 段韩家畔村附近存在废弃小煤窑采空区，规模较小。在初、详勘阶段对韩家畔村采空区开展了工程物探工作，布设浅层地震反射勘探剖面 5 条/1685.5m，地震折射剖面 5 条/1393.5m，以及验证性钻孔 2 个/46.5m，基本查明了采空区的分布范围。随后为进一步查明采空区范围，检验物探解译结果，对在该采空区拟建桥梁桩基进行了逐桩钻探，共计完成钻孔 29 个/1021.9m。

后期榆绥高速公路施工阶段，K16+907 段青云村大桥打桩期间又发现了煤层采空区，对此采取的是补充勘察措施，主要是按设计中的大桥桩位布置勘探。青云大桥共布置勘探点 30 个，间距为 7.10～80.00m，深度为 26.50～53.90m。

(3) 地层结构及岩性描述

据野外勘探，采空区分布区域地层从上而下基本上是：人工填土、第四纪全新世冲洪积黄土状土、冲积砂类土及下伏早第三纪砾岩、侏罗纪中统延安组砂岩和煤层。现按层序分述如下：

①杂填土 Q_4^{ml}：杂色。土质不均匀，成分杂乱，含少量砖块等，局部有生活垃圾。素填土 Q_4^{ml}：褐黄色。土质较均匀，含少量植物根茎等，局部含沙量较大。

②黄土状土 Q_4^{al+pl}：褐黄色。土质较均匀，针状孔隙发育，可见云母及少量植物根茎。本层下部局部含较少圆砾和粗砂。粉细砂 Q_4^{al}：褐黄色。矿物成分以石英、长石为主，云母等暗色矿物次之。级配差，松散。粗砂 Q_4^{al}：褐黄色。矿物成分以石英、长石为主，云母等暗色矿物次之。级配差，含圆砾，中密。

③砾岩 E：杂色，以黄褐色为主。岩质较坚硬，钙质胶结，岩芯表面可见砾石镶嵌。

④中风化砂岩 J：灰黄色。主要矿物成分为石英、长石，中细粒结构，块状构造，泥钙质胶结。其坚硬程度为较软岩类。结构部分破坏，风化裂缝发育，岩体被切割成岩块，本层与强风化砂岩呈水平状互层发育。岩芯呈柱状，长短不一。锤击声较脆，用力可击断。顶部一般分布有 0.5～1.0m 厚的强风化砂岩。煤 J：黑色～灰黑色。局部地段煤层泛光，煤质总体较好，钻进易，岩芯不完整，呈鳞片状结构，裂隙较发育，呈薄片状或短柱状，以碎块状居多（局部夹有煤矸石）。煤层采空区：钻探进尺有明显加快的现象，且大多有掉钻及漏浆现象，采空区内含

较多煤渣、风化岩块,充填度不一。

⑤微风化砂岩 J:青灰色。主要矿物成分为石英、长石,中细粒结构,块状构造,泥钙质胶结,其坚硬程度为较软岩类。颜色鲜艳,钻进困难。岩芯呈柱状。锤击声较脆。

(4)采空区现状

韩家畔附近的采空区从震探解释剖面可以看出,本地段煤层分布在地下 20~45m 深度左右,共存在 8 个可疑采空区影响带(能量衰减较快),埋深均在 20m 以下,规模较小。地质调查也未发现本区有明显的地表沉陷和裂缝现象。

勘察工作中开展了采煤巷道的进洞勘察,对主巷道进行了测量定位,并绘制了主巷道的走向图。根据调查,该煤窑主巷道洞口位于路线 K19+836 右侧 65m,洞口截面约 3.5×3m,巷道内部截面宽 1.5~2.0m,高 1.3~1.5m,局部高度达 3.0m,顶板有塌落痕迹,巷道坡度向下约 3°~5°,巷道内洼地有积水现象,积水深度最深达 1m。勘察认为煤窑采取不出渣采掘方式,沿主巷道向两侧不规则采掘,采掘后局部以碎、块石填充支护。

经过勘察,查明了本区煤层及采空区分布情况。韩家畔大桥桥址区煤层高程为 1049~1052m,厚 0.5~0.8m,与 K16 青云煤矿煤层基本位于同一高程,煤质稍差,含少量煤矸石,与走访当地居民所了解的情况基本一致。煤层顶板主要为侏罗系中统延安组厚层状中风化砂岩,厚度 15~20m,该组砂岩结构稳定,节理裂隙稍发育,完整性稍差,平均饱和抗压强度约 18MPa。

青云村大桥段内分布的采空区则根据现场调查和勘探成果资料,其底部高程由北向南呈缓坡状,与北高南低的地势相吻合。埋藏深度在 30.0~45.0m 之间。就整体而言,层底起伏变化不大,层位较稳定,属均匀分布。采空区高度在 0.6~1.0m 之间。

(5)采空区对工程影响评价

①定性评价:

施工图路线在本段以路基和大桥的形式通过,其中路基段长度为 85m,大桥全长为 366m,原布设桥梁基础长度 15~17m,该桥上部结构拟采用预应力混凝土连续箱梁,下部结构为柱式墩、肋板台、桩基础。采空区煤矿顶板与路基之间覆盖层厚度 20~45m。

国内外采矿经验认为,在采深与采厚比小于 40(即 $H/M<40$)的情况下,煤采出一定面积后,会引起岩层移动并波及地表,其地表变形和沉陷在时间和空间上都有明显的不连续特征,采空塌陷区上方的地表带会逐步形成裂缝和塌陷坑。该采空区采深与采厚比为 33~45,部分区域采厚比小于 40,路段存在地表变形的可能。

经钻探发现,韩家畔大桥 1 号、4 号、5 号、6 号桥墩下部有采空空洞或块石回填情况,桥梁建设增加顶板荷载,有可能诱发地表变形。

②定量评价:

采空区稳定性定量评价采用临界开采深度法进行计算分析。因小煤窑规模较小,巷道宽度根据当地居民介绍取 2.0m;该采空区建筑物基底单位压力应为高速公路的施工或运营荷载,计算取200kN/m²;岩体内摩擦角参考榆神高速公路采空区的中侏罗系砂岩值,取40°。计算公式和结果详见表2-10。

韩家畔采空区稳定性计算表 表2-10

公式:$H_0 = \{B_\gamma + [B^2\gamma^2 + 4B\gamma P_0 \tan\varphi\tan^2(45° - \varphi/2)]^{1/2}\} \div [2\gamma\tan\varphi\tan^2(45° - \varphi/2)]$					
巷道宽度 B (m)	岩体重度 γ (kN/m³)	建筑物基底单位压力 P_0 (kN)	岩体内摩擦角 φ (°)	基底以下岩体临界深度 H_0 (m)	评价
2	20.00	200.00	40.00	17.3	①$H < H_0$,稳定性差;②$H_0 < H < 1.5H_0$,稳定性较差;③$H > 1.5H_0$,稳定

该采空区路基段采厚比大于40,且采空区上方岩体厚度大于1.5H_0,路基段稳定性好;采空区拟建桥址区上方岩体厚度约17~45m(段落稳定性判定详见表2-11),其中K19+500~+790、K19+860~+890段顶板岩体覆盖厚度大于1.5倍临界开采深度,K19+790~+860段顶板岩体覆盖厚度小于1.5倍临界开采深度,计算结果说明该桥址区4号、6号墩稳定性较差,对桥梁施工及运营构成威胁。

韩家畔煤层采空区分段稳定性评价统计表 表2-11

序号	段落范围	构筑物	岩体覆盖厚度(m)	1.5H_0(m)	稳定性
1	K19+600~+720	路基	>35	26	稳定
2	K19+720~+730	0号桥台	34	26	稳定
3	K19+730~+750	1号桥墩	33.7	26	稳定
4	K19+750~+770	2号桥墩	31.2	26	稳定
5	K19+770~+790	3号桥墩	27.5	26	稳定
6	K19+790~+820	4号桥墩	17.7	26	稳定性较差
7	K19+820~+860	6号桥墩	21.4	26	稳定性较差
8	K19+860~+890	8号桥墩	>26	26	稳定

(6)小结

根据调绘和勘探资料分析,该采空区规模较小,开采煤层厚0.5~0.8m,采空区顶板距高速公路路基20~45m,调查未发现地表沉陷和裂缝现象。采空区对该范围内的路基工程无影响。K19+790~+860段顶板岩体覆盖厚度小于1.5倍临界开采深度,稳定性较差,采空区对韩家畔大桥桥梁工程稳定性有影响,应进行治理。

9)子姚高速公路采空区勘察实例

(1)区域概况

子姚高速公路所在区域属黄土梁峁之沟壑、黄土冲沟地貌。勘察区整体上位于鄂尔多斯断块伊陕斜坡区,中、新生代以来,地壳一直处于相对稳定和振荡性升降的状态,区内褶皱、断层不发育,地震活动轻微,地壳属于相对稳定的构造区。岩层产状总体较平缓,岩层倾角在2°~5°之间,采空区调绘和勘探均未发现断裂构造。

根据《中国地震动参数区划图》(GB 18306—2015),勘察区地震动反应谱特征周期为0.35s,地震动峰值加速度0.05g,对应地震基本烈度为Ⅵ度。

(2)采空区勘察工作概况

榆绥高速公路工程地质勘察过程中,根据地质调查和当地居民走访,发现设计路线在K14+508~K14+630段(1号采空区)、K15+044~K15+337段(2号采空区),即永坪镇附近存在废弃小煤窑采空区,规模较小。根据现场调查和走访了解,这两段里的小煤窑开采始于20世纪80、90年代中期,开采方式主要为人工下井预留煤柱式开采,K14+508~K14+630段煤柱截面大小约2m×3m,巷道宽1.5~2.0m,K15+044~K15+337段煤柱截面大小约2m×3m,巷道宽1.5~2.5m,都因煤炭呈鸡窝状分布,开采规律性差,采空巷道不规则,方向性差,顶板采取采后部分回填,部分出渣管理模式。该小煤窑开采几年后因利润低等因素于20世纪90年代初关停,在当地矿管和国土部门无任何备案资料。K14+630附近存在采煤竖井1个,目前已经完全掩埋,开采方向不明。K15+340附近有采煤斜井1个。据当地下过井的原住居民描述,斜井主巷道向北49m,后向东北延伸约40m,然后向正北延伸约80m。

因该煤窑为私人开采,无备案资料,无开采设计图纸可查,走访调查结果具有一定的误差和不确定性,因此对采空区布设了物探和钻探进行勘察。1号采空区段勘察完成1:2000工程地质调绘面积0.15km²,完成物探测线9条,总计3016m,其中高密度剖面6条,剖面长度2136m,瞬变电磁剖面3条,剖面长度880m。采空区范围内完成钻孔12个,总进尺781.1m,钻孔主要布设于物探可疑区域。2号采空区段勘察完成1:2000工程地质调绘面积0.25km²,完成物探测线9条,总计4387m,其中高密度剖面5条,剖面长度2160m,瞬变电磁剖面4条,剖面长度2227m。采空区完成钻孔13个,总进尺767.4m。

(3)地层结构及岩性描述

据野外勘探,采空区分布区域地层从上而下基本上是:人工填土、上更新统黄土、中更新统黄土、第三系黏土岩,三叠系上统胡家村组砂岩、泥岩及煤层等。现按层序分述如下:

黄土(Q_3^{eol}):浅黄色;稍湿;可塑;土质较均匀,结构疏松,粉粒含量较高,柱状节理发育,虫孔及针状孔隙较发育,零星含钙质结核。

黄土(Q_2^{eol}):黄褐色;稍湿;硬塑;土质均匀,针状孔隙稍有发育,局部含铁锰质斑点,含有大量白色钙质条纹。

黏土岩(N_2):红褐色~浅红色,呈块状构造,节理裂隙不发育,锤击声闷,刀切面光滑,岩芯呈长柱状,吸水易膨胀、崩解,具弱膨胀性。

强风化砂岩(T_3h):黄灰色,粉砂质结构,薄~中层状构造,夹薄层泥岩,泥质胶结为主,主要矿物成分为石英、长石,原岩结构已部分破坏,节理裂隙较发育,岩芯呈碎块状。

中风化砂岩(T_3h):青灰色、灰白色;粉砂质结构,中厚层构造,钙质胶结,主要矿物成分为石英、长石,岩芯呈柱状、长柱状,锤击声清脆,有轻微回弹,局部薄层泥岩。

煤(T_3h):黑色~灰黑色。局部地段煤层泛光,煤质总体较好,钻进易,岩芯不完整,呈鳞片状结构,裂隙较发育,呈薄片状或短柱状,以碎块状居多(局部夹有煤矸石)。

强风化泥岩(T_3h):灰黄色,泥质结构,薄层状构造,主要矿物成分为黏土矿物,节理裂隙发育,岩质软,失水易开裂,岩芯呈短柱状、碎块状。

中风化泥岩(T_3h):青灰色,泥质结构,薄层状构造,主要矿物成分为黏土矿物,断面新鲜,岩芯呈短柱状及柱状,局部夹砂岩。

(4)采空区现状

1号采空区段的物探资料显示该地段煤层高程在960m左右,共存在9个可疑采空区影响带(能量衰减较快),但规模较小。物探解译南北向最大宽度198m,东西向最大宽度223m,钻孔XK14-22揭露到空洞,厚度为0.7m,高程965.4~966.1m。钻孔XK14-19揭露空洞厚度分别为0.8m,高程966.3~967.1m。

2号采空区段的物探资料显示该地段煤层高程在960m左右,存在16个可疑采空区影响带(能量衰减较快),但规模较小。物探解译北侧边界至斜井井口约300m,东西向最大宽度260m。钻孔XK15-36揭露到空洞,厚度为1.5m,高程964.3~965.7m,钻孔XK15-38揭露空洞厚度为0.6m,高程962.9~963.5m。

综合两处的物探、钻探勘察结果可知,采空区的煤层高程约为955~967m,煤层厚度在0.1~0.8m之间,开采厚度0.3~0.6m,开采煤层高程主要为960~967m,因地形较起伏,采空区埋深29~80m、平均埋深40~50m。根据采矿调查、走访了解及钻探验证,小煤矿回采率为30%~40%。

(5)采空区对工程影响评价

根据现场勘察,这两处采空区上部地表未出现坍塌、凹陷及裂缝,采空区上部地层基本稳定。路线以路基形式通过该采空区。为了准确定量评价采空区的稳定性对路线的影响,根据相关采空区规范、规程对该采空区的稳定性进行了定量计算分析,结果见表2-12和表2-13。

1号采空区稳定性计算评价表 表2-12

序 号	转孔编号	采深(m)	采厚(m)	采深采厚比	评价结果
1	XK14-22	38.4	0.7	54.9	不稳定
2	XK14-19	59	0.8	73.8	不稳定

2号采空区稳定性计算评价表 表2-13

序号	转孔编号	采深(m)	采厚(m)	采深采厚比	评价结果
1	XK15-36	45.3	1.5	30.2	不稳定
2	XK15-38	42.3	0.6	70.5	不稳定

根据计算结果,采空区应处于欠稳定状态,稳定性分析有分歧。分析原因,一方面采空区开采厚度小,局部被煤渣回填,有利于采空区上部地层稳定;另一方面,该煤窑开采于20世纪80年代,经济技术相对落后,主要以预留煤柱形式保障其开采安全,煤柱一般呈梅花桩式排列,采空区开采宽度一般不大,所以保证了采空区域上部地层的稳定。

虽然勘察的小煤窑开采年代久远,部分变形已完成,但剩余变形量仍不满足规范要求。根据定性分析和定量评价情况,结合调查走访和钻探资料综合分析认为,该采空区目前欠稳定,对分布其上的结构物稳定性有一定的影响,应予以治理。建议采取注浆注砂或修建桥梁跨越采空区的方案进行处理,其中,桥梁墩、台基础的桩端必须穿透采空区或煤层(建议穿透底层煤层)。

2.2.2.2 滑坡专项勘察

1)铜黄一级公路(G6522)滑坡

(1)概况

铜黄一级公路是陕西省建成的第一条山区高等级公路。路线位于陕北黄土高原与关中盆地的过渡地带,也是连接八百里秦川与陕北黄土高原的咽喉地带,山高路险,自古有"鹰鹞难飞"之说,由于其特殊的地形地质条件,成为陕西省滑坡灾害的多发区。

(2)滑坡地质条件

①地形地貌

路线总体地形特征为两侧低、中间高,南北两端为黄土塬中的沟谷,海拔高程800~850m,中段穿越的蒿庄垛为石质山岭,海拔高程1612.6m。谷坡高差一般为100~150m,最大高差近250m,分水岭地段,冲沟发育,地形破碎。地貌单元主要有黄土墚峁区、基岩山区、河谷区三大类。

②地层岩性

沿线地层分布较复杂,可归纳为以下几组:

a.黄土组:主要分布于黄土墚峁区,分为上下两部分,上部呈浅黄色、褐黄色,结构较疏松,可见垂直节理,具大孔隙,形成于上更新世(Q_3),厚度8~15m,称为马兰黄土,具湿陷性;下部形成于中更新世(Q_2),呈橘红、棕红色,含数层褐色古土壤夹层,最大厚度可达60~90m,结构致密,有钙质结核成层分布,称为离石黄土。

b.黏土岩组:主要包括三叠系(T)、二叠系(P)、侏罗系(J)、石炭系(C)等时代的杂色泥岩、页岩。厚度变化较大,薄者数十厘米,厚者1~5m,以夹层形式出露。由于他们具有吸水变软的特殊工程地质性质及广泛的分布特征,在区域上形成了一个易滑地层。

c.松散碎屑岩组:为沿线广泛分布的残积物、坡积物,大部分分布在斜坡上,结构疏松,颗粒大小无一定规律,大者直径数米,小者以毫米计,厚度一般小于5m。

d.层状岩体组:包括三叠系(T)、二叠系(P)、侏罗系(J)、石炭系(C)等时代薄层至中厚层砂岩,产状平缓,岩层倾角小于10°。

③区域地质构造

路线区域位于陕甘宁台向斜东南缘,新构造运动主要为整体性的缓慢抬升作用,构造活动微弱,褶皱、断层分布稀疏。路线区涉及黄堡—川口背斜、宜君背斜,大多为宽缓的背斜、向斜相间,向北东倾伏呈鼻状构造。断层一般规模不大,断距较小,主要在马莲滩、金锁关、半截沟、西河河谷见到断续出露,性质均为高角度正断层。岩层总体为一套向西北缓倾的单斜构造,岩层倾角5°~8°。岩体内构造节理发育,以 NE70°∠85°、NW330°∠80°两组节理为区域控制性节理,将近水平岩层切成四方块体,节理间距一般为0.2~0.8m。

④水文地质特征

沿线地下水主要有以下几类:

a. 松散堆积物孔隙水:此类地下水主要赋存于河谷河漫滩、阶地及残坡积体中,其受大气降水影响较大,旱季地下水较贫乏,雨季地下水水位上升。

b. 基岩裂隙水:主要赋存于基岩裂隙中,呈网状分布。表层强风化壳中,地下水相对富集,深部裂隙多密闭,故地下水贫乏。

⑤气象

路线区属大陆性季风气候,春季多风,夏季多雨,冬季积雪。四季温差大,年平均气温10.6℃,极端最高气温37.7℃,极端最低气温-18.8℃,年平均降雨量610mm,最大年降雨量889.4mm,最大一次连续降雨量282.4mm,最大冻土深度54cm。

(3)滑坡类型划分

铜黄一级公路沿线共分布滑坡27处,其中主线分布22处,滑坡段路线长度约8.5km,占路线总长度的9%;宜君支线总长度5.0km,分布古滑坡5处,滑坡段路线长度约2.0km。

沿线滑坡按规模划分,其中巨型滑坡15处,大型滑坡9处,中型滑坡3处,表明区内滑坡规模均较巨大。以滑坡体厚度划分,其中浅层2处,中层11处,深层14处,以中层、深层滑坡为主。

根据滑体物质组成及滑动面组合关系,沿线滑坡可综合归纳为五种类型:

①黄土—基岩接触型滑坡

滑动面沿黄土与基岩接触面产生,为黄土梁峁区最为普遍的滑坡类型,在王家河上游集中分布。如冯家河滑坡分布于黄土塬边,为多级牵引式古滑坡,黄土厚度30~42m,沿下部基岩接触面滑动,滑带厚约0.7m,古滑体前缘堵塞庙沟。

②黄土—基岩混合型滑坡

基岩表层受风化、构造破碎影响,岩体强度较低,在适宜的临空条件下,滑动面沿基岩内部产生。如王家河滑坡,后部滑动面沿黄土与基岩接触面,而中前部滑动面切穿基岩,前缘形成黄土夹裹基岩组成滑体。

③冲洪积物滑坡

区内受构造抬升作用,河流形成了多级侵蚀型、嵌入型阶地,沿半截沟、石油沟、西河河谷两侧广泛分布冲洪积物,沿基岩及阶地接触界面形成了规模各异的滑坡。西河河谷分布的滑坡多为此种类型。

④残坡积物滑坡

在阶地后缘或较窄的沟谷两侧,坡积、残积物形成混杂堆积,以块碎石、粉质黏土为主,地下水丰富,沿基岩接触界面极易形成滑动,半截沟分布的滑坡多为此种类型。

⑤基岩滑坡

滑体物质由岩石组成,滑动面位于基岩内部的软弱层面——泥岩、砂岩互层中的泥岩面上。此种类型在铜黄线虽仅有金锁关滑坡与西河水库滑坡两处,但规模巨大。如西河水库滑坡,滑体由砂岩、泥岩互层组成,风化强烈,呈碎块状和巨块状。滑动面位于强风化层以下的泥岩层内,滑动带厚20~50cm,呈黑色,滑动面光滑,有明显擦痕分布,沿线滑坡特征统计表见表2-14。

沿线滑坡特征统计表　　　　　　　　表2-14

分布段落	序号	名称	类型	规模	厚度	备注
王家河河谷滑坡群	1	川口滑坡	黄土—基岩接触面滑坡	巨型	厚层	分布于王家河河谷两侧塬边,以黄土—基岩接触面、混合型滑坡为主,厚度一般为20~40m,规模均巨大
	2	2号信箱滑坡	黄土—基岩接触面滑坡	巨型	厚层	
	3	王家河滑坡	黄土—基岩混合滑坡	巨型	厚层	
	4	扁家河滑坡	黄土—基岩混合滑坡	大型	中层	
	5	廊家河滑坡	黄土—基岩接触面滑坡	巨型	厚层	
	6	冯家河滑坡	黄土—基岩接触面滑坡	巨型	厚层	
漆水河河谷	7	马莲滩滑坡	黄土—基岩接触面滑坡	巨型	厚层	分布于漆水河东侧斜坡,规模均巨大
	8	金锁关滑坡	基岩滑坡	巨型	巨厚层	
半截沟滑坡群	9	韩家峁滑坡	残坡积物滑坡	大型	厚层	集中分布于近分水岭地段,组成物质主要为残坡积物、混杂黄土及冲洪积物
	10	老窑子(一)滑坡	黄土—基岩接触面滑坡	巨型	浅层	
	11	老窑子(二)滑坡	残坡积物滑坡	中型	浅层	
	12	老窑子(三)滑坡	残坡积物滑坡	巨型	厚层	
石油沟沟谷	13	西台滑坡	残坡积物滑坡	中型	中层	分布于沟头及沟口,规模差异较大
	14	台上滑坡	冲洪积物滑坡	巨型	厚层	
西河河谷滑坡群	15	秦家河滑坡	冲洪积物滑坡	大型	中层	沿西河河谷广泛分布,组成物质以冲洪积物为主,局部混杂黄土与残坡积物,中层~厚层,规模均较巨大
	16	西河水库滑坡	基岩滑坡	巨型	巨厚层	
	17	水库坝东滑坡	冲洪积物滑坡	巨型	厚层	
	18	刘家坪滑坡	冲洪积物滑坡	巨型	厚层	
	19	后青河滑坡	冲洪积物滑坡	大型	中层	
	20	南沟滑坡	冲洪积物滑坡	大型	中层	
西河河谷滑坡群	21	菜园子滑坡	冲洪积物滑坡	大型	中层	沿西河河谷广泛分布,组成物质以冲洪积物为主,局部混杂黄土与残坡积物,中层~厚层,规模均较巨大
	22	木瓜峁滑坡	冲洪积物滑坡	巨型	厚层	

续上表

分布段落	序号	名称	类型	规模	厚度	备注
宜君支线滑坡群	23	回头弯滑坡	冲洪积物滑坡	大型	中层	穿越西河东侧抵宜君墚顶,下部分布冲洪积物、残坡积物,墚顶覆盖黄土,类型多样,规模差异大
	24	眼前滑坡	残坡积物滑坡	巨型	中层	
	25	K3+700~+840滑坡	冲洪积物滑坡	大型	中层	
	26	K3+990~K4+060滑坡	残坡积物滑坡	中型	中层	
	27	K4+330~+430滑坡	黄土—基岩接触面滑坡	大型	中层	

(4)滑坡分析

影响滑坡稳定性的因素很多,如地形、地貌、地层岩性、水文地质条件、地震、人类活动等等。分析铜黄一级公路20余处滑坡失稳历史,不同的滑坡有不同的稳定性影响因素,总结归纳起来,主要有以下几个方面:

①软弱结构面(滑面)

铜黄一级公路大部分滑坡是由于路线通过老滑坡中前部,大量开挖路基,从而导致老滑坡复活。在这种情况下,路基开挖深度与老滑坡滑动面的关系极为敏感,开挖深度一旦揭露老滑坡滑面,极易引起老滑坡复活。如马连滩滑坡,路线在其前部通过,路基施工过程中,滑坡一直处于稳定状态,但当路基开挖至5~8m,揭露老滑坡滑动面时,路基上边坡边缘以外50m范围出现数条弧形分布的滑坡裂缝,且逐渐扩大,且边坡沿滑面发生位移。为了对滑坡进行补充勘察,并实施其他工程,在路槽内反压土方至老滑坡滑面以上,且滑坡滑动速度迅速降低,由此可见,老滑坡的滑面揭露对整个滑坡稳定性影响很大。

②丰富的地下水

路线区由于其特殊的地理位置及地形地貌条件,气候湿润,降雨充沛,其年平均降雨量明显高于邻近区域,为区内提供了丰富的地下水补给。砂岩、泥岩风化物与上覆黄土及其他松散堆积物透水性差异,造成其接触面上地下水富集。根据沿线滑坡勘察资料,绝大多数滑带物质为潮湿~饱水状态。

据沿线滑坡滑带土力学性质,采用室内试验、现场大型剪切、反算结果显示,c 值一般为 $5~15kPa$,φ 值为 $5°~13°$,强度仅为天然状态下的 40%,其中以残坡积物、冲洪积物滑坡强度较低,黄土—基岩接触面型、基岩滑坡强度相对较高。因此,地下水的影响对滑坡的产生起到了决定性作用。

③滑坡重力

滑坡体的重力是影响滑坡稳定性的重要因素之一。在铜黄一级公路上,大部分滑坡坡脚被破坏,形成新的临空面,在重力作用下产生新滑坡。如廊家河滑坡,由于路线在滑坡体前缘以路堑形式通过,形成45~47m台阶型的高边坡,边坡坡率1:0.5~1:0.75,平台宽3~4m。在高边坡形成以后,滑坡后缘出现弧形裂缝,且随时间推移,向两侧延伸,裂缝宽度增加,形成高陡边坡。在滑体自重的作用下,滑体失稳是该处滑坡产生的主要原因。

(5)滑坡变形特征

①老滑坡变形特征

区内滑坡以牵引式多级滑动为主要形式,总体特征为滑动面平缓,主滑段滑面角度一般为5°~10°,沿滑坡纵断方向,主滑段长,抗滑段、牵引段短。前缘受河流冲刷,滑体物质流失严重。

除川口、二号信箱两处滑坡受人为建筑活动及暴雨影响,在铜黄一级公路修建前的近二十年中仍有蠕滑变形之外,其他老滑坡在自然状态下均处于稳定状态。

②工程建设中的变形特征

在铜黄公路建设中,有4处滑坡采取了支挡加固或改线绕避措施,滑坡保持稳定。其余23处滑坡产生复活变形,总结其变形规律主要有:①滑坡的复活变形以路堑开挖引发为主要类型。在滑坡的复活变形中,仅有1处是由于弃土填压产生的,其余22处均为路堑开挖形成。②滑坡的复活以前缘坐落或整体蠕滑、后缘拉裂,牵引式发展为特征。③滑坡的复活变形特征、规模与开挖的位置、深度以及滑坡体本身地质条件密切相关。老滑面一旦揭露,均产生了大规模的失稳变形,而在个别前缘开挖量较小的情况下,滑坡体保持稳定。表明前缘临空条件对滑坡产生的控制作用。

(6)结语

公路建设中滑坡治理工作应贯彻"以防为主、防治结合"的原则。首先应充分重视选线阶段的地质勘察工作,树立地质选线的观念,对路线区进行详细的地质调绘,查清路线区古滑坡的分布,只有认识到古滑坡的存在及对公路工程的危害,才能进一步采取措施进行防治。铜黄一级公路在设计阶段对一些滑坡未认识清楚,施工阶段坡体产生变形破坏,导致投资增加,工期延长。其次,对路线区内分布的滑坡,应初步判断其对公路工程的危害,对影响较大的滑坡进行专门的地质勘察工作。

2)铜黄高速公路(G65)滑坡

(1)概况

老铜黄线(铜黄一级公路)地形地质条件复杂,沟道狭窄弯曲,受建设时的各种因素制约,采用的技术标准偏低,平纵指标较低,路基偏窄。随着交通量的快速增长,事故频发,是包茂线西安以北路段上的"瓶颈"。随着黄陵以北高速公路大通道的贯通及近年来经济的快速发展和交通量的迅速增长,通行能力不足的状况已日渐显现,亟须提高包茂线西安以北路段的通行能力,建设铜川至黄陵高速公路第二通道(G65)。

(2)滑坡地质条件

路线总体地势呈中间高、南北两端低的特点。呈北西—南东向分布的子午岭是该区最高的山脉,最高峰位于甘肃省庆阳市合水县与陕西省延安市富县之间的分水岭(子午岭)上,海拔1687m。子午岭从北西向南东一直延伸到该区铜川市境内,是泾河流域与洛河流域的分水岭。该区宜君县位于子午岭东段,路线经过的太安镇和焦坪街之间的山峰属于子午岭东段的一部分,海拔为1562m;最低点位于路线终点附近马沟与清水河交汇地段,海拔867m,最高点与最低点相差695m。地貌单元主要有黄土塬沟壑区、黄土梁峁沟壑区、低山区三大类。

沿线地层分布较复杂,可归纳为以下几组:

①黄土组:马兰黄土分布于二级阶地冲积层之上,并披覆于三级阶地至黄土台塬顶部。呈黄褐色~褐黄色,结构疏松,具大孔隙,垂直节理发育,其底部为棕红色古土壤层,团粒结构明显,含有零星钙质结核,该层厚度10~15m,局部厚约20m;离石黄土分布于三级阶地冲洪积层之上及黄土台塬区,马兰黄土之下,一般含有2~7层古土壤,结构致密。

②黏土岩组:主要包括三叠系(T)、二叠系(P)、侏罗系(J)、白垩系(K)、第三系(N)等时代的杂色泥岩、页岩、黏土岩。由于他们具有吸水变软的特殊工程地质性质,在区域上形成了一个易滑地层。

③松散碎屑岩组:为沿线广泛分布的残积物、坡积物,大部分分布于斜坡上,结构疏松,颗粒大小无一定规律,大者直径数米,小者以毫米计,厚度一般小于5m。

④层状岩体组:包括三叠系(T)、二叠系(P)、侏罗系(J)、白垩系(K)等时代薄层至中厚层砂岩夹泥岩,产状平缓,岩层倾角小于10°。

路线区域大地构造单元属于中朝准地台鄂尔多斯地块南缘隆起带北侧,也称为渭北隆起带。勘察区位于复式背斜北翼,主要出露三叠系、侏罗系和白垩系,次级褶皱宽缓,大部分地段地层近于水平,仅在发育次级褶皱地段地层发生倾斜,倾角介于10°~35°之间。区内断裂构造不甚发育,地壳运动相对比较微弱,岩浆活动不发育。

沿线地下水主要有以下几类:

①松散岩类孔隙水主要分布在沿线南沟、玉华河、漆水河、三道河、马场川、葛沟等几条较大河流及其支沟中。含水层由全新统、上更新统冲洪积砂砾卵石层组成,粒径较粗,透水性好,厚度一般为3~5m,最大厚度10m。其富水程度随河流大小和距河近远而由极强变为中等。一级阶地属中等富水;二级阶地属弱富水,高阶地地下水不发育。

②黄土孔隙—裂隙水主要分布于川塬区、残塬梁峁沟壑区、梁峁丘陵区,呈局部或零星分布。地下水赋存于中上更新统黄土孔洞、裂隙中,形成面积较大的、孤立的潜水体。富水地段位于地下水水位埋藏浅、含水层厚度大的黄土川塬中部和塬面洼地地段;局部地段为上层滞水,属弱富水区;在较大河谷两岸黄土与基岩接触带偶尔出现渗水现象。

③勘察区三叠系、二叠系地层中发育裂隙,发育裂隙潜水。但富水性变化较大,裂隙水量与裂隙发育程度、性质及连通性等有关。该区砂岩富水性相对最好,主要是因为除了裂隙较发育外,孔隙也比较发育,因此含水性较好。三叠系、二叠系中~细砂岩夹泥岩为主,含水性相对较差。基岩与黄土接触带内地下水可能汇集,形成富水带,部分地段可能属低承压水。

(3)滑坡类型划分

影响线路稳定性的滑坡共有11处,滑坡段路线长度约3.8km,占路线总长度的4%。沿线滑坡按规模划分,其中巨型滑坡4处,大型滑坡3处,中型滑坡3处,小型滑坡1处。以滑坡体厚度划分,其中浅层2处,中层7处,深层2处,以中层滑坡为主,沿线滑坡特征统计表见表2-15。

沿线滑坡特征统计表　　　　　表2-15

序号	名　　称	类　　型	规　　模	厚　　度
1	K86+400左20m滑坡	黄土滑坡	中型	中层
2	K87+700~+780滑坡	黄土—基岩接触面滑坡	中型	深层
3	K87+810~+840滑坡	黄土滑坡	小型	浅层
4	K101+600~+780滑坡	黄土—基岩接触面滑坡	中型	浅层
5	K104+220~+650滑坡	黄土—基岩接触面滑坡	巨型	深层
6	K143+520~K144+118滑坡	黄土—基岩接触面滑坡	大型	中层
7	K144+156~+635滑坡	黄土—基岩接触面滑坡	巨型	中层
8	K145+998~K146+266滑坡	黄土—基岩接触面滑坡	大型	中层
9	K147+067~+462滑坡	黄土—基岩接触面滑坡	大型	中层
10	K147+900右27m滑坡	黄土—基岩接触面滑坡	巨型	中层
11	K151+900右27m滑坡	黄土—基岩接触面滑坡	巨型	中层

根据滑体物质组成及滑动面组合关系,沿线滑坡可综合归纳为两种类型:

①黄土滑坡,滑体由黄土组成,滑动面位于黄土内部,沿某一古土壤组成或沿某一结构面滑动。如K86+400左20m滑坡,滑体由Q_{2-3}黄土组成,滑动面为黄土内部的古土壤层。

②黄土—基岩滑坡,滑动面沿黄土与基岩接触面产生,为黄土梁峁沟壑区最为普遍的滑坡类型,滑体物质由上部黄土组成,滑面位于下伏岩层中的泥页、黏土岩面上。如K147+900右27m滑坡位于黄土山坡上,为牵引式滑坡,黄土厚度7~25m,沿下部基岩接触面滑动,滑带厚约0.2~0.3m。

(4)滑坡分析

铜黄高速公路上滑坡在动工之前均处于稳定状态。其老滑坡形成的历史原因,首先是离不开水的作用,其中地下水的首要补给根源就是降雨,降雨渗透到坡体内并且汇聚在潜在滑动带上部,从而使滑动带岩土变得软化,增加了地下水和滑带土的孔隙水压力,减弱了其抗剪强度和阻滑力。黄土滑坡中的古土壤层、黄土—基岩滑坡中土石交界面泥岩、黏土岩均为最好的隔水层,根据沿线滑坡勘察资料,滑带土均呈软塑状。由于路线区处于整体抬升的地质构造背景下,基岩剥蚀面、岩层界面及上覆各新生代堆积物接触界面均呈一定角度缓倾;其次,受河流的侵蚀切割作用,岸坡形成高陡的临空面,从而为沿这些土石接触面滑动提供了良好的空间条件。

(5)滑坡变形特征

①老滑坡变形特征

勘察区的滑坡均为土质滑坡,位于黄土沟壑边缘。滑坡一般呈圈椅状或马蹄状,后壁较陡峻,几乎直立,滑坡前缘出现鼓包,周界清晰,滑坡体上树木较茂密,比较凌乱,有视醉汉林。受水的影响,黄土沟壑切割较快,在沟壑的边缘易形成一临空面,坡体失稳,形成滑坡,该类滑坡一般为牵引式滑坡。在铜黄公路修建前,在自然状态下滑坡均处于稳定状态。

②工程建设中的变形特征

影响线路稳定性的滑坡共有 11 处,其中 6 处以路基形式通过,5 处以桥梁形式通过。在详勘阶段,对 11 处滑坡均进行了详细的地质勘察和稳定性计算。由于滑坡前缘路堑的开挖,减小了抗滑段的支撑力,会引起滑坡的复活;桥台从滑坡侧翼或中部通过,处理不当,也会引起滑坡的复活。针对滑坡稳定性的计算结果和对工程的影响,提出明确的工后评价结论,为施工过程中滑坡的具体加固工程提供了基本资料。

下面是以 H26(K104 + 220 ~ + 650 处)滑坡为代表的典型性滑坡:

该滑坡为一巨型土质滑坡,滑坡长 310m,宽 220m,厚 15 ~ 29m,滑坡地貌特征明显,滑坡呈圈椅状,后壁高度 5 ~ 20m,滑坡后部平缓,中间发育有较多冲沟,滑坡体上植被发育,树木凌乱,该滑坡滑动方向与设计线路垂直,如图 2-38 所示。

图 2-38　滑坡 H26 地貌

根据勘察资料可知,该滑坡的滑动面较平缓,如图 2-39 所示;滑坡物质为粉质黏土(母岩为中更新统的黄土,并夹有数层古土壤),土质较杂乱,呈硬塑状态,含有较多的钙质结核;下部为三叠系的泥岩。

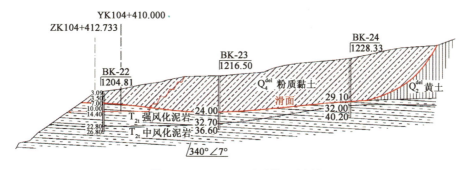

图 2-39　YK104 +400 地质断面示意图

计算表明,滑坡在天然状态下是整体稳定的,考虑到路线在滑坡前缘有挖方,最大挖方高度约24m,处于欠稳定状态,开挖时有可能产生新的滑塌。

(6)结语

随着路基开挖的发展,挖方边坡角加大,势必造成边坡安全储备进一步降低,加速滑坡体的蠕动变形。由于边坡体的破坏是一个渐进过程,一旦滑坡体蠕动加快,坡顶将出现错动和拉裂破坏,地表将出现更多更密集的张裂缝,为地表水的灌入提供更有利的路径,从而使边坡岩体产生流变软化,岩体强度不断下降,滑坡后缘不断扩大。因此,开挖后应尽快采取有效措施进行治理。

3)黄延高速公路扩能工程滑坡

(1)概况

黄陵至延安段公路扩能工程是"西安至延安高速公路第二通道"的重要组成路段。该工程的实施,是加强陕西南北交通能力的重大举措,对完善陕西路网布局,确保陕西纵向交通安全畅通,加快陕北能源化工基地建设,实现关中、陕北经济的率先发展和跨越发展均具有十分重要的促进作用。同时,该段公路的建成,对加强区域经济互补,带动全省经济协调发展,促进地区旅游资源的开发和发扬红色文化产业也具有十分重要的意义。

(2)滑坡地质条件

①地形地貌

路线所在区位于黄河中游,陕北黄土高原东部,属黄土高原丘陵沟壑区。由于黄土质地疏松,侵蚀强烈,在流水冲刷下,黄土高原被切割成千沟万壑,支离破碎,形成了塬、梁、沟、峁等特有的黄土地形。根据地貌成因分类原则,公路沿线地貌可分为黄土梁峁区、黄土沟壑区、河谷区。

②地层岩性

滑坡区分布的主要地层岩性特征分别叙述如下:

a.滑体土(Q_4^{del}),浅黄~褐黄色,土质较均匀,成分以黏粒为主(由黄土组成),可塑~硬塑状,底部土石交交界面附近土体机构破坏,土体湿软。

b.滑床土:

马兰黄土(Q_4^{del}):褐黄色,土质均一,结构松散,见针孔、虫孔及少量菌丝,含少量粉砂,偶见蜗牛贝壳,硬塑。分布于滑坡后壁上部地段。

离石黄土(Q_4^{del}):黄褐色,土质均一,结构致密,见针孔、虫孔及少量菌丝,含少量粉砂,偶见蜗牛贝壳,硬塑。分布于滑坡后壁下部地段,为构成滑床的主要地层。

黏土岩(N_2):红褐色,土质不均,结构致密,含较多钙质结核,坚硬。分布于滑坡后缘下部地段。为构成滑床的主要地层。

c.基岩,包括三叠系(T)、侏罗系(J)、白垩系(K)等时代薄层至中厚层砂岩,局部夹泥岩,主要矿物成分由长石、石英组成,节理、裂隙发育。为构成滑床的主要地层。

③地质构造与地震

勘察区在大地构造单元上属中朝准地台,次级构造单元属陕甘宁台坳之陕北台坳,总体构造简单。设计路线带处于陕甘宁稳定陆块中南部,是稳定构造区,古生代以来主要以升降运动为主,褶皱断裂均不发育。区内地层产状低角度倾向西北,倾角0°~5°,总体近于水平。第三纪以来,该区新构造运动受华北板块构造总体活动格局的制约,以地块的振荡性不均匀升降为主导。中生代属陕甘宁盆地的组成部分,区内地层平缓,断裂构造不发育,规模较小,一般对工程地质影响较小。根据《中国地震动参数区划图》(GB 18306—2015),勘察区地震动峰值加速度为$0.05g$,地震动反应谱特征周期为0.35~0.45s,相应地震基本烈度为Ⅵ度。

④水文地质特征

沿线地下水主要有以下几类:

a. 第四系松散土体孔隙—裂隙潜水

主要沿洛河、延河支流其次级及沟谷地分布,呈带状赋存于全新统砂土、砂砾土、卵石土、砂质黏土、砂土、粉质黏土冲洪积堆积层。由于含水介质为松散沉积物,孔隙度较高,除了受大气降水的补给外,还有地表径流和地下径流的补给,因此富水性相对较高,水位埋深浅,属富水区。

在规模较大的黄土塬区,由于塬区受水面积较大,低洼地带有利于雨雪水的汇集,提高了地下水的入渗,而分布稳定、厚度较大古土壤层、钙质结核层或静乐组红土起着相对的隔水作用区,排泄条件相对较差,形成较稳定的含水层,属弱富水区。

b. 中生代碎屑岩基岩孔隙—裂隙潜水

在第四系堆积物的下伏岩层主要为中生界碎屑岩类,多呈隐伏或沿沟谷下部、河床两侧底部出露,岩性为一套巨厚层的河湖相砂岩、湖相砂岩、砂质泥岩、泥岩沉积。岩石成岩性好,成层有序,岩质坚硬。其中砂岩类孔隙较发育,为地下水赋存提供了条件,形成含水层;而泥岩类孔隙不发育,透水性较差,构成了相对的隔水层。

基岩孔隙—裂隙水的富水性与地貌、岩性、构造及风化程度均有一定的关系:一般在河谷地带、裂隙发育区、砂岩发育区及风化带较厚的地区富水性较好,而在黄土残塬沟壑区的基岩富水性相对较弱。

⑤气象

工程区属暖温带大陆性半湿润半干旱气候,年平均降雨量552.6~631mm,春季干旱少雨,多大风扬沙;夏秋季温湿多雨,降雨量占全年的60%,且以暴雨、阵雨为主,历时短,降雨量大,易形成黄土滑坡、泥石流等自然灾害。

(3)滑坡分析

勘察区内滑坡比较发育,根据其成因类型主要为黄土滑坡,其中有50处对路线影响较大,需要治理。

该区黄土塬梁边缘及高阶地上部均分布有风积黄土,该类土体孔隙发育、土质疏松,黄土垂直节理较为发育,具有良好的受水构造、聚水条件,下部土体相对较为致密,为相对隔水层,降雨时,地下水部分被阻隔于上部岩土层中,侵蚀黄土层,从而减少了摩擦力和黏聚力,易形成软弱滑动面。

水是诱发滑坡形成的外在因素,滑坡体后壁在地形、地貌上呈明显的陡峭状,加之滑体土质结构松散,有利于地表水渗入,故在雨季,特别是长期降雨时,使滑坡体湿度、重度加大,致使抗滑体抗滑力及抗剪强度下降,对滑坡的形成创造了有利的条件。同时,坡头水蚀、坡脚流水冲蚀强烈,河流侧向侵蚀强度大,也可造成边坡失稳。

(4)滑坡稳定性分析

区内黄土滑坡具有如下特征:滑坡后壁较陡,坡度一般在45°~75°之间,滑体后缘平缓,前缘陡立,滑距较长,滑体总体坡度小于30°,滑坡规模较大,宽度一般大于100m,滑坡分布广泛,并具有群发性的特点。不仅规模大,分布连续,而且先后多期改造,经常是滑过后再滑,至今稳定性差或较差。几乎都是由多个滑坡组成的滑坡群,新老继承,套链式连接更为严重的是部分至今仍在活动,不是分解溜滑就是整体移动。

K73+700~K77+300段3.6km范围内发育大小滑坡15个(H40~H54),滑坡密集。其中8个路线扰动或距离较近。地质勘探表明滑体多为黄土状土,部分为基岩错动后的块碎石。滑面多位于岩、土界面上,部分位于风化基岩中。基岩为侏罗系安定组砂岩、泥岩,泥岩遇水极易软化,抗剪切能力很低。

计算表明,二郎山滑坡群滑坡自然状态下整体稳定,由于滑坡前缘路堑的开挖,部分不满足安全需要。其中H42、H48、H51在滑坡前缘有挖方,对滑坡稳定性有影响。

其中的H51滑坡较有代表性,如图2-40所示,该滑坡位于二郎山沟阳坡窑村,K76+080~K76+600处。

图2-40 滑坡H51地貌

滑坡平面上整体呈扇形,后壁高约25m,坡体上大小冲沟有相互连通的趋势。滑坡体上民居较多,居民房和滑坡地表上未见有新近变形、裂缝等迹象。滑坡后缘前缘相对高差约80m,滑坡表面坡度整体上较平缓,约10°~20°。滑坡主滑方向与路线走向基本垂直,主滑方向长约400m,宽约580m,为特大型土质滑坡。

计算表明,滑坡在天然状态下是整体稳定的,考虑到路线在滑坡前缘有挖方,最大挖方高度约11m,处于欠稳定状态,开挖时有可能产生新的滑塌。

(5)结语

影响路线稳定性的滑坡较多,地质灾害较严重,针对滑坡稳定性的计算结果和对工程的影响,提出明确的工后评价结论,为施工过程中滑坡的具体加固工程提供了基本资料。

4)照金收费站滑坡

(1)概况

照金互通式立交 E 匝道收费站位于桩号 K196+350~K196+570 段,属于铜川市耀州区照金镇孙家湾村,公路走向近于东西,收费站位于公路北侧,地势上北高南低,路线 K196+350~K196+570 段和 E 匝道 K0+690~K0+950 段边坡在施工开挖过程中发生失稳。为进一步查明后期边坡开挖后是否会继续变形出现滑移、变形,需要对该滑坡的地质条件、特征、成因等进行深入研究,为工程治理提供科学依据。

(2)滑坡地质条件

滑坡位于中低山区,地形上北高南低,东西两侧高,中部低的圈椅状,坡度约8°~10°,局部发育高约0.5~1m 的陡坎,现多为耕地,地面高程 1270~1305m。

据工程地质调绘、钻探和室内土工试验成果,边坡区的地层岩性可分为 6 个工程地质层:

①填筑土:灰褐色,含有大量碎块石,湿、硬塑,土质较均,原岩为附近的老黄土及风化岩石等,厚度约 1~5m,位于滑坡体上部。

②粉质黏土(Q_4^{al+pl}):灰褐色、棕红色,湿、坚硬~硬塑,土质较均,层位较稳定,含水率较大,钻孔揭露该层厚度 1.7~5.1m。

③粉质黏土夹块石(Q_4^{del}):灰褐色,湿、坚硬~硬塑,含水率较大,含有大量的碎块石,一般约 0.2~0.5m,松散状态,原岩为强风化的砂岩夹泥岩,该层厚度 5~8.3m。

④老黄土:棕红色,湿、坚硬~硬塑,土质较均,层位较稳定,含水率较大,失水易干裂,钻孔揭露该层厚度 6~6.3m,位于滑坡体后背有坡体上。

⑤强风化砂岩夹薄层泥岩(T_3y):灰黄色,中细粒质结构,中厚层状构造,原岩局部矿物成分发生了改变,但结构未变,发育两组高倾角裂隙,裂隙与层理将岩体切割成块体状,岩芯多呈短柱状和碎块状。

⑥中风化砂岩夹薄层泥岩(T_3y):青灰色,中细粒质结构,中厚层状构造,主要矿物成分为石英、长石及云母等,岩芯多呈短柱状,层位稳定,厚度巨大,岩体较完整,为良好的地基。

工程区位于鄂尔多斯台地南缘,在其南侧为渭河地堑,北侧为鄂尔多斯盆地,是渭北山区和黄土塬区的分界带,滑坡区未见断裂构造。岩层产状为 160°∠10~15°,岩层倾向与滑坡主滑方向接近,发育两组剪切裂隙:裂隙①产状 35°∠80°,间距 0.4~0.6cm,裂隙面平滑无充填物;裂隙②产状 320°∠80°,间距 0.8~1.2m,裂隙面平滑无充填物。根据《中国地震动参数区划图》(GB 18306—2015),工程区地震动峰值加速度 0.10g,相应地震基本烈度为Ⅶ度。

边坡位于冲沟沟脑处,坡顶为耀旬公路。钻孔内未见地下水。但坡体土层含水率大,耀旬路改线施工期间 K0+400 右侧开挖一深 0.5m 的深坑,坡体内水汇聚于坑内。

(3)滑坡变形特征

滑坡区位于耀旬路左侧,北高南低,在平面上呈南北向的扁形,长约 86m,宽约 45m,地形呈缓坡~斜坡状,自然坡度约 8°~10°,局部发育高约 0.5~1m 的陡坎,现多为耕地,边坡走向约为 165°~170°,坡体厚度较均匀,滑坡体后缘可见张开裂缝,如图 2-41 所示。

图 2-41 滑坡体后缘裂缝(旧耀旬路路面)

边坡上部为②层粉质黏土,含水率较大,局部为①层人工堆积粉质黏土,中部为③层粉质黏土夹块石土,含水率大,滑床为⑤层强风化砂岩夹薄层泥岩,产状 160°∠10~15°,岩层倾向与滑坡主滑方向接近,发育两组裂隙,基岩面附近存在灰黑色软弱夹层,泥化软弱夹层是滑坡形成控制因素,呈可塑~软塑状。

从附近边坡开挖的情况看,边坡易沿③层块石土底部的软弱夹层产生滑动,当遇降水时,地表水从裂缝流入,引起土体强度降低,会引起更大范围的滑动。

(4)滑坡分析

边坡的形成机理比较明晰,边坡结构为宽缓的土质斜坡,呈缓坡状,基岩面倾向与坡向相同,倾角约在 8°~15°之间,边坡上部为粉质黏土,下部为砂岩夹泥岩,为相对隔水层,由于施工破坏了原旧耀旬路排水系统,导致污水及雨水渗入第四系松散堆积层、滞留在坡体内,使土体湿度、重度加大,对全风化基岩和接触带处的粉质黏土起到了润滑作用,使土体强度降低;另在边坡后缘回填大量的土方和砂砾石,增加了坡体的重量,对坡体产生了加载挤压作用,前缘进行开挖,挖穿了粉质黏土与基岩的接触带,使边坡前缘临空;在污水排泄及雨天降水、后缘堆载和前缘开挖的机缘巧合共同作用下,失去了阻滑能力,使得该坡体失稳,演变为工程滑坡。

(5)滑坡稳定性分析

滑带土力学性质采用室内试验、反算结果显示,天然状态下 c 值一般为 5.8~6.2kPa,φ 值为 7.2°~7.7°,饱和状态下 c 值一般为 5.5~6.0kPa,φ 值为 6.8°~7.3°。稳定性计算结果显示,滑坡在饱和工况下,稳定系数为 1.04,处于欠稳定状态,将安全系数取到 1.25 时,剩余下滑力为723.9kN/m,加入地震影响后,稳定系数为0.89,剩余下滑力为821.7kN/m,滑坡地质示意图如图2-42所示。

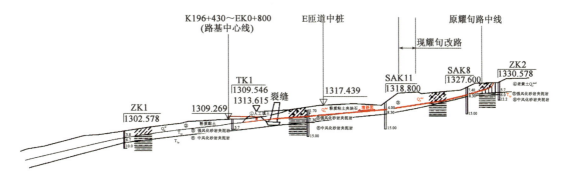

图2-42 滑坡工程地质断面图

(6)结语

工程区域砂岩、泥岩分布广泛,岩层倾向与坡向相近,路堑边坡在不合理开挖通过此类地层时,减弱了坡体的自身锁固作用,坡体的稳定性大大降低,在降雨等条件的综合作用下,极易发生沿软弱夹层的坡体变形。

顺层滑坡由于其特殊的地质条件,治理时要加强滑坡的前期勘察工作,查清滑体的地层结构、滑面或潜在滑面的位置及层数,严防出现"漏判""错判"。

5)子长至姚店高速公路滑坡

(1)概况

子姚高速公路位于陕西省境内两条重要的南北纵向国家高速公路(包茂高速公路与榆蓝高速公路)之间,工程起点接拟建的子长至清涧高速公路,终点接建成的长延高速公路,工程对实现县城经济持续发展,提高区域交通运输水平,加快扶贫攻坚步伐,促进红色旅游开发,带动经济多元发展等具有重要意义。

(2)滑坡地质条件

勘察区位于陕北黄土高原中东部,东临黄河,地势西北高,东南低,由西北向东南倾斜,海拔750～1200m,相对高差450m。沿线地貌类型可划分为黄土墚峁丘陵沟谷地貌与河谷阶地地貌等两种类型。

①滑坡区分布的主要地层岩性特征分别叙述如下:

a. 全新世滑坡堆积层(Q_4^{del})为滑体土,浅黄～褐黄色,土质较均匀,成分以粉粒为主(由黄土组成),可塑～硬塑状,底部土石交交界面附近土体机构破坏,土体湿软。

b. 上更新统马兰黄土(Q_3),广泛分布于墚峁顶部,岩性为灰黄色、褐黄色粉土、粉砂质粉土,结构疏松大孔隙,柱状节理发育,厚度10～15m。

c. 中更新统离石黄土(Q_2),广布于墚峁地区,为浅棕黄色、褐黄色粉质黏土,含钙质结核,大孔隙,柱状节理一般不发育,坚硬～硬塑,与下伏岩层呈不整合接触,主要为滑坡后缘或滑床土。

d. 第三系黏土岩(N_2),岩性为砖红色黏土岩,泥质胶结,半固结。总的趋势是由粗到细的一个较完整的沉积过程,岩层倾向近似水平。主要分布于滑床中前部。

e. 三叠系砂岩(T_3),岩性主要为互层状的黄绿色、浅灰色巨厚、厚层块状砂岩和中、薄层浅灰黄、灰色泥(页)岩。砂岩完整性好,坚硬,中细粒结构,块状构造,钙质胶结,构造节理不发育。主要分布于滑床中前部。

项目所在区位于陕北黄土高原拱起地块区,为一长期稳定的地块。中生代以来,以大面积升降运动为主,并分别经受了不同方向的次级压应力的作用,形成了北东东及近南北方向的构造线及其相应的其他构造形迹,第三纪以来,区内新构造运动受华北板块构造总体格局制约,以地块的振荡性不均匀升降为主导,区内地层平缓,基岩产状近于水平,地质构造简单,无大型剧烈的褶皱和断层,长期以来是一个比较稳定的地区。

沿线地下水主要有松散岩类孔隙水和碎屑岩孔隙裂隙水。松散岩类孔隙水主要为上更新统~中更新统风积黄土层裂隙孔隙潜水与冲洪积层孔隙水。

②黄土层裂隙孔隙水:

主要分布于黄土区接近黄土梁峁顶部沟源,区内沟壑纵横,地形破碎,地下水在分布上具零散、不连续的特点,无稳定含水层统一体,只在被坡谷分割的各个汇水面积范围内具有局部性潜水体分布,为一微弱含水的潜水层,均以泉(或渗水成泉)的形式出露,流量甚小。含水层主要为中更新统夹多层古土壤的离石黄土,其埋藏深度较大,一般埋深30~120m,主要为潜水。

③冲洪积层孔隙水:

呈条带状分布于清涧河、永坪川河、清坪川河、文安驿川河等较大河谷漫滩及一级阶地连续段。含水层为具二元结构的黄土状土及冲洪积砂砾石,厚度一般为1~4m。区内河流阶地多属基座阶地,含水层分布不连续且不对称,水位埋深3~10m。

碎屑岩孔隙裂隙水主要为三叠系基岩裂隙水,分布广泛,含水层以中粗砂为主,空间分布不连续。地下水主要赋存于风化裂隙及构造裂隙中,富水程度受控于砂岩层厚度及裂隙的发育程度。在较大冲沟及河谷阶地区等裂隙发育地段,富水性较强;在其他以风化裂隙为主的地段,裂隙发育深度一般为10~40cm,富水性一般较弱。

(3)滑坡类型划分

项目区与路线有关系的滑坡共有60处,其中工后对路线有影响的滑坡有10处,路线长度约2.4km,占路线总长度的4.4%。表2-16为对路线有影响的10处滑坡的特征统计表。

区内滑坡主要分布于黄土沟壑区比较陡立的边坡地带,滑体大部分已滑移至中前缘,剩余的滑动势能不大。滑动带主要为黄土(Q_2)与黏土岩(N_2)或强风化砂岩(T_3h)的不整合接触面,滑床多为黏土岩和强风化砂岩,滑面(带)多呈弧形、直线形,滑面倾角25°~45°,多为上陡下缓或上下缓中间陡的台阶状。

沿线滑坡特征统计表 表2-16

序号	名称	类型	规模	厚度
1	HP114滑坡	黄土—砂岩滑坡	巨型	深层
2	XHP9-1滑坡	黄土—黏土岩接触面滑坡	中型	中层
3	HP111滑坡	黄土—黏土岩—砂岩接触面滑坡	巨型	深层
4	HP37滑坡	黄土—黏土岩—砂岩接触面滑坡	巨型	深层
5	HP125滑坡	黄土—黏土岩—砂岩接触面滑坡	巨型	深层
6	HP128滑坡	黄土—黏土岩接触面滑坡	大型	深层
7	HP108滑坡	黄土滑坡	中型	中层
8	HP210滑坡	黄土—黏土岩—砂岩接触面滑坡	中型	深层
9	HP219滑坡	黄土—黏土岩接触面滑坡	中型	深层
10	HP233滑坡	黄土—黏土岩—砂岩接触面滑坡	巨型	深层

(4)滑坡分析

区内滑坡发生的起因有三个:一是由于黄土流失、沟谷深切后黄土塬峁边缘形成陡坎立壁,为滑坡发生提供空间条件;二是由于各土层土性差异较大,在雨季丰水期下覆土层黏粒含量高且饱水时,土层上部呈软弱状,致使上覆土层在重力作用下沿接触面处顺层滑下;三是地下水、地表水影响,水是诱发滑坡发生的外在因素,长期降水时,地表水渗入土体内,增加土体湿度、重度,软化滑面,降低滑面强度,致使土体抗滑能力降低,形成滑坡。

(5)滑坡稳定性分析

据沿线滑坡滑带土力学性质,采用室内试验、现场大型剪切、反算结果显示,滑动面 c 值一般为 $15.9\sim19.7\mathrm{kPa}$,φ 值为 $11.1\sim18.5°$。

影响线路稳定性的滑坡共有10处,其中7处以路基形式通过,4处以桥梁形式通过。由于滑坡前缘路堑的开挖,减小了抗滑段的支撑力,会引起滑坡的复活;桥台从滑坡中部通过,处理不当,也会引起滑坡的复活。针对滑坡稳定性的计算结果和对工程的影响,提出明确的工后评价结论,为施工过程中滑坡的具体加固工程提供了基本资料。

图2-43~2-45是以HP37、HP125滑坡为代表的典型性滑坡。

图2-43 滑坡HP37、HP125全貌

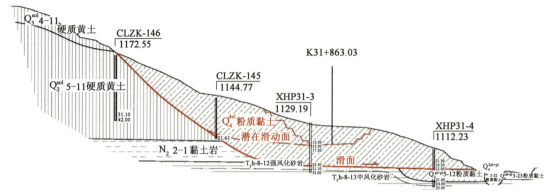

图 2-44　HP37 滑坡典型工程地质断面图

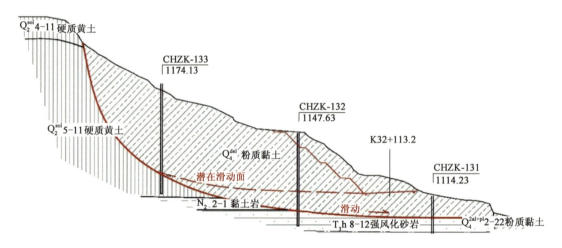

图 2-45　HP125 典型工程地质断面图

子姚高速公路滑坡 HP37 位于设计路线 K32+730~K32+020 段落,路线以挖方路基及桥梁形式从滑坡中前部通过。滑坡 HP125 位于设计路线 K32+020~K32+300 段落,路线以路基形式从滑坡中前部通过。滑坡区属黄土墚峁地貌,地形起伏较大。

路线以挖方路基形式从滑坡 HP37 中部通过。路基开挖后,暴雨工况稳定性系数为 1.155,当安全系数为 1.20 时,滑坡处于欠稳定状态,剩余推力为 849kN/m。

路线以路基形式从 HP125 滑坡前缘通过,挖方路基段暴雨工况稳定性系数为 1.161,当安全系数为 1.20 时,滑坡处于欠稳定状态,剩余推力为 1097kN/m。

6) 延延高速公路滑坡

(1) 概况

延安至延川(陕晋界)高速公路为延吴线东段,是完善陕西省高速公路网、优化延安市路网结构的共同需要。项目经安塞区河庄坪白草沟,沿宝塔区冯庄、姚店镇、甘谷峪镇、延川县禹居镇、文安驿镇、延川县城东、马家河乡、延水关镇,于延水关镇伏寺村上跨黄河,止于山西省永和县打石腰乡直地里,路线全长 116.279km。

(2) 滑坡地质条件

路线所在区位于黄河中游,陕北黄土高原东部,属黄土高原丘陵沟壑区。根据地貌成因分类原则,沿线地貌可分为黄土梁峁区、黄土沟壑区、河谷区。

滑坡区分布的主要地层岩性特征分别叙述如下:①滑体土(Q_4^{del})黄土状土;②滑床土为马兰黄土、离石黄土及黏土岩;③砂岩。

沿线地下水主要有松散岩类孔隙水和基岩裂隙水。松散岩类孔隙水主要沿延河、延河支流其次级及沟谷地分布,呈带状赋存于全新统砂土、砂砾土、卵石土、砂质黏土、砂土、粉质黏土冲洪积堆积层。碎屑岩类孔隙—裂隙水不均匀地赋存于区内侏罗系三叠系砂岩、泥岩层孔隙—裂隙中,地下水赋存于基岩风化裂隙及构造裂隙中,该类水主要接受降水的入渗补给,由高向低径流,在地形低洼处或沟谷切割地带以泉或渗流的形式排泄。

(3) 滑坡类型划分

项目区与路线有关系的滑坡共有34处,对路线影响较大需要治理的滑坡有12处,占路线长度约2.3km,占路线总长度的2.0%。表2-17为对路线有较大影响的12处滑坡的特征统计表。

沿线滑坡特征统计表　　　　　　　　　　　　　　　　表2-17

序号	名　称	类　型	规　模	厚　度
1	H01滑坡	黄土—砂岩滑坡	大型	深层
2	H19滑坡	黄土滑坡	大型	中层
3	H22滑坡	黄土滑坡	大型	中层
4	H27滑坡	黄土—砂岩滑坡	大型	中层
5	H28滑坡	黄土—砂岩滑坡	大型	中层
6	H31滑坡	黄土—砂岩滑坡	大型	中层
7	H72滑坡	黄土—黏土岩—砂岩接触面滑坡	大型	中层
8	H84滑坡	黄土—黏土岩接触面滑坡	大型	深层
9	H123滑坡	黄土滑坡	大型	浅层
10	H124滑坡	黄土滑坡	大型	中层
11	H131滑坡	黄土滑坡	大型	深层
12	H147滑坡	黄土滑坡	大型	中层

(4) 滑坡分析

区内滑坡位于黄土山坡,地层由披盖状分布的黄土地层、第三系黏土地层和位于其下的砂岩(夹泥岩)地层构成,由于分布于地表的新黄土孔隙发育、土质疏松,垂直节理较为发育,具有良好的受水构造、聚水条件,为地表水的深部下渗提供了有利条件;而位于其下的黏土岩、强风化砂岩(夹泥岩)为相对隔水层,故在地形坡度较陡或存在临空面的前提下,降雨时,地下水部分被阻隔于上部岩土层中,浸湿黄土层,从而降低了黄土层摩擦力和黏聚力,易形成软弱滑动面,进而引发上部黄土地层沿土石界面发生牵引式滑动,形成滑坡。

(5)滑坡稳定性分析

据沿线滑坡滑带土力学性质采用室内试验、现场大型剪切、反算结果显示,滑动面 c 值一般为 $11.0 \sim 21.8 \mathrm{kPa}$,$\varphi$ 值为 $9.7 \sim 22.0°$。

对路线影响较大的这 12 处滑坡,其中 11 处以路基形式通过,1 处以桥梁形式通过。由于滑坡中前部路堑的开挖,减小了抗滑段的支撑力,会引起滑坡的复活;桥台从滑坡前缘通过,处理不当,也会引起滑坡的复活。针对滑坡稳定性的计算结果和对工程的影响,提出明确的工后评价结论,为施工过程中滑坡的具体加固工程提供了基本资料。

图 2-46 和图 2-47 是以 HP31 滑坡为代表的典型性滑坡。

图 2-46 滑坡 HP31 全貌

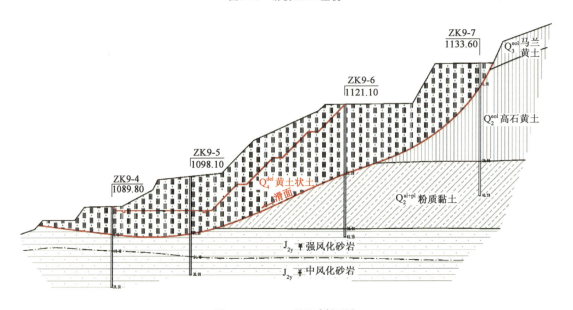

图 2-47 HP31 工程地质断面图

该滑坡体所位于的山坡地形南高北低,北部滑坡前缘紧临赵家沟沟谷,地形较陡;中部滑坡体内地形较完整,冲沟不发育,呈阶梯状降低;南部滑坡后缘略呈圈椅状,地形上为高约7m的陡坡;滑坡体东西两侧发育小冲沟,冲沟下部切入滑体前部的深度较浅;滑坡前缘基岩出露,该滑坡所处地貌单元属黄土沟壑区。

路线以挖方路基形式从滑坡HP31中部通过。路基开挖后,暴雨工况稳定性系数为1.15,当安全系数为1.20时,滑坡处于欠稳定状态,剩余推力为420kN/m。

7)宝鸡西立交B匝道滑坡

(1)概况

宝鸡西立交B匝道滑坡位于宝鸡市渭滨区苟家岭南侧,即宝鸡西立交B匝道BK0+045~BK0+520右侧。线路大体从滑坡前缘与滑坡主滑方向以65°的夹角通过。2017年5月,B匝道BK0+236.5~BK0+460段由第六级至第三级边坡开挖时出现砂砾层,边坡出现小范围垮塌,砂与土交界处出现约10m长的剪出面;BK0+390~BK0+450段三、四级边坡出现严重渗水现象。

宝鸡西枢纽立交是宝鸡过境项目中的关键性工程,B匝道南侧苟家岭村有50多户,村民约200余人,北侧为已建成通车的宝牛高速公路,B匝道的安全建设及运营关系重大。

(2)滑坡地质条件

如图2-48所示,工程区地貌单元属渭河阶地区,B匝道及主线从滑坡体前缘通过,该滑坡前缘高程为661m,后缘高程为726m,前后缘相对高差约为65m,地面地形总体坡度约为20°。

图2-48 滑坡全貌

滑坡在平面上呈一不规则圈椅状,南北向长约720m,东西向宽约530m,轴部最长,两侧稍短,滑坡地势总体南高北低,呈右旋状,东侧厚度较西侧厚,滑坡整体滑向18°~21°,该滑坡编号为H-1。滑坡中部发育次级滑动,次级滑坡整体滑向22°~25°,前缘稍向东旋转,该滑坡编号为H-2。滑坡在前缘两侧又各发育侧向次级滑坡2处,分别为滑坡编号为H-3、H-4。

滑坡体整体由于时代久远,后期人工改造大,对地形地貌具有不同程度的破坏,滑坡界线,特别是后缘不太清晰,前缘已被建设的宝牛高速公路及宝鸡西立交B匝道开挖破坏,西侧前缘受后期冲刷影响基本剥蚀,两侧周界受人工影响较模糊,总体而言滑坡受人类影响形态较模糊。依据该项目勘察,钻孔揭露滑体厚度推算以中部最大,为 36.6m,后缘厚度小,为 8～25.0m,平均厚度约 21.3m,滑坡体滑体土总体积约 762.2 万 m^3,滑坡体物质以黄土状土和粉质黏土为主,按滑体规模及物质组成划分,该滑坡属巨型土质滑坡。

滑坡区分布的地层为渭河阶地的堆积物,主要地层岩性特征分别叙述如下:①晚更新世—全新世滑坡堆积层(Q_{3-4}^{del}),主要为黄土状土、粉质黏土、中(细)砂、圆砾(卵石)、黏土等。②晚更新世冲洪积层(Q_3^{al+pl})分布于滑坡前部的二级阶地及滑面以下的岩土体,地层以粉质黏土、卵砾石层为主。③中更新世冲洪积层(Q_2^{al+pl})分布于滑坡后缘的高阶地上的岩土体,地层以粉质黏土为主,呈硬塑状。

(3)滑坡变形特征

H-1 滑坡:滑坡体中前部滑面已被 H-2 错动,不具备连续的滑移面,在 H-2 不发生变形位移的情况下,该滑坡稳定。纵观有人类活动以来,特别是苟家岭建村以来,均未发生移动或变形。

H-2 滑坡:宝牛公路的建设,挖除了部分滑坡前缘,降低了滑坡的抗滑力,但影响不大,在近八年的运营过程中,该段公路左侧边坡(滑坡前缘)未见明显变形或裂缝。

在宝鸡西立交 B 匝道开挖过程中,开挖大致到 20m 深度时,B 匝道局部段落(BK0+236～BK0+460)边坡在滑坡的上层滑面前缘附近发生了小范围垮塌。根据路线布设要求,该处距离设计高程仍有近 16m 的开挖深度,且该设计高程已经挖穿 H-2 滑坡的下层滑面,鉴于 H-2 目前的稳定状态,开挖至设计高程后 H-2 滑坡将处于不稳定状态。

H-3 滑坡:工程建设沿滑坡主滑方向在坡体左侧开挖,且开挖部位为太寅河古河附近,对滑坡的稳定性影响大不,开挖工况下不降低滑坡的稳定性(因开挖处为古河道附近,可理解为把滑坡的不利部分挖除)。

H-4 滑坡:该滑坡前缘发育太寅河一级阶地,阶地稍宽阔,且相对平缓,另有宝牛公路的服务区在前缘填方反压,有利于该滑坡的稳定。

(4)滑坡分析

滑坡的形成主要受地形、岩性和水三大因素影响。

H-1 滑坡:渭河高阶地形成以来,地形倾斜,阶地底部发育一层棕红色黏土层,本身抗剪强度较低,且相对隔水,在地表水入渗作用下,该黏土层的物理力学性质进一步降低,在坡体前缘不断冲刷侵蚀作用下,前缘逐步掏空失稳,使得高阶地的岩土体发生了滑动。

H-2 滑坡:该滑坡是 H-1 滑坡体中前部发育的二次滑动。滑动的原因主要是太寅河的河道下切作用,导致坡体前缘临空,在地下水等其他不利因素影响下发生了滑动,并覆盖了太寅河古河道,由于滑面在此处发生了反翘,推测滑坡前缘已经越过太寅河河道,到达河道对岸(左岸)。

从钻孔揭露来看,底部卵石(个别漂石)是古河道沉积的粗颗粒土,6～10m 深度附近内揭露的粉质黏土是古滑坡滑下来的物质,在 1～6m 又可见中粗砂和卵石等粗颗粒土的发育,且在 H-2 滑坡体上的钻孔揭露可见两层明显的滑动带,下部的滑动带可与滑坡覆盖太寅河古河道的运动轨迹相对应,上部的滑坡带判断是太寅河被截断后发生的二次下切后造成的坡体前缘临空引起的滑坡浅层滑动。由于路基开挖后形成高达 20m 的临空面,致使坡体中倾向线路的上层软弱面临空,坡体失去支撑,促使坡体向临空面变形松弛,最终诱发边坡在滑坡的上层滑面前缘附近发生了小范围垮塌。

H-3 滑坡:滑坡整体位于 H-2 滑坡前缘右侧,底部有一层棕红色黏土发育,相对隔水,在降雨和地表水入渗条件下,滑体抗滑力及抗剪强度下降;滑坡前缘为渭河阶地,在风积黄土发育过程和渭河阶地沉积过程中,该坡体前缘土体不断固结下沉,除形成了临空面外,还在固结作用下有一定的向下的牵引作用,且滑坡左侧位于太寅河古河道上,本身底部呈向东倾斜的自然接触面,滑坡沿该层黏土层和掩盖的太寅河古河道的顶面发生了滑动。

H-4 滑坡:现在太寅河河道推测为上更新统时期的一条汇入渭河的支道,与 H-2 滑坡掩盖的河道同时向渭河汇水。在 H-2 滑坡掩盖太寅河支道后,太寅河沿现状河道继续下切发育,在此过程中,不断侵蚀 H-4 坡体前缘,且该滑坡底部发育一层棕红色黏土发育,相对隔水,在降雨和地表水入渗条件下,滑体抗滑力及抗剪强度下降,在某一时期,抗滑力不足以抵抗下滑力时发生了滑动。H-4 滑动后释放了势能,且随着太寅河和渭河水位高程的下降,在滑坡前缘形成了太寅河的一级阶地,至此,该滑坡不再运动。后经宝牛公路的实施,在滑坡前缘设置有服务区,且以填方形式构建,进一步稳定了滑坡。

(5)滑坡稳定性分析

考虑到该滑坡滑体土前后缘较薄,中部较厚,滑带埋深不一,滑带土体在抗剪强度上存在差异。根据饱和状态下反算结果,结合土工试验结果,参照地区工程经验,将滑带土的残余剪强度按后缘、中部、前缘分别考虑,给定不同参数,具体参数选取结果见表 2-18。

滑带土天然状态下残余剪强度指标　　　　　表 2-18

滑动段落	滑带土类型	试验统计值		反算值		建议值	
		$C(kPa)$	$\varphi(°)$	$C(kPa)$	$\varphi(°)$	$C(kPa)$	$\varphi(°)$
后缘	粉质黏土	16.1~25.8	16.8~20.0	16.4~17.1	18.9~20.1	15.8	18.9~19.1
中前缘	粉质黏土	4.3~15.0	5.8~12.8	7.1~9.3	7.7~9.3	7.2~8.0	7.4~9.3
前缘	卵石、中砂			7.1	7.6~8.6	7.1	7.6~8.6

考虑到该滑坡滑体土在受到暴雨的情况下滑带土含水率有所变化,引起残余剪强度指标有所变化,结合土工试验结果,参照地区工程经验,将饱和状态下滑带土的残余剪强度给定不同参数,如表 2-19 所示。

滑带土饱和状态下残余剪强度指标　　　　　表 2-19

滑动段落	滑带土类型	试验统计值		反算值		建议值	
		$C(kPa)$	$\varphi(°)$	$C(kPa)$	$\varphi(°)$	$C(kPa)$	$\varphi(°)$
后缘	粉质黏土	13.7~18.9	16.8~20.0	15.4~16.0	18.6~19.1	15.4	18.7
中前缘	粉质黏土	4.0~15.0	5.4~12.6	6.2~7.8	5.0~7.1	6.1~7.8	6.0~7.3
前缘	卵石、中砂			6.8	7.6~8.0	6.8	7.6~8.0

稳定性分析结果显示,工程开挖,滑坡整体稳定性较差,其中小桩号侧因在滑坡前缘挖除体积较小,稳定性优于大桩号侧。在遇到强降雨的情况下,滑坡体处于临界状态,加入地震影响后,于临界稳定状态。滑坡 H-3 稳定性较好,工况下能保持基本稳定状态。滑坡 H-4 现状稳定,工程建设在前缘反压,有利于滑坡的稳定。

(6)结语

宝鸡西立交 B 匝道工程区域分为 4 个滑坡体,其中滑坡 H-2 为滑坡 H-1 中前部发育的次级滑坡,随着路基开挖的发展,挖方边坡角加大,势必造成边坡安全储备进一步降低,加速滑坡体的蠕动变形。由于边坡体的破坏是一个渐进过程,一旦滑体蠕动加快,坡顶将出现错动和拉裂破坏,地表将出现张裂缝,为地表水的灌入提供更有利的路径,从而使边坡岩体产生流变软化,岩体强度不断降低,导致滑坡失稳。因此,在工程设计时应充分考虑坡体在开挖以后可能出现的变形形式,针对可能的变形形式采取支挡支护工程措施,并结合一定的施工方法预先对坡体的变形松弛进行控制,达到以最低的造价、最优的设计、最佳的施工方法治理滑坡的目的。

2.2.2.3 桥梁工程地质勘察

1)G69 陕西境湫坡头(陕甘界)至旬邑公路桥梁工程地质勘察实例

湫坡头(陕甘界)至旬邑高速公路是 G69 银百高速公路陕西境的最北端,其中控制性工程支党河特大桥位于甘肃省正宁县永和镇与陕西省咸阳市旬邑县湫坡头镇交界,桥梁跨越支党河。拟建桥梁起讫桩号为左幅 K295+801~左幅 K297+219、右幅 K295+761~右幅 K297+219,桥长左幅 1418.0m、右幅 1458.0m,属特大桥。该桥上部结构拟采用预应力混凝土连续刚构、预应力混凝土连续箱梁,下部结构拟采用双柱墩、薄壁空心墩、实心矩形墩、桩柱式桥台、桩基础。

(1)区域概况

湫坡头(陕甘界)至旬邑高速公路项目所在区域位于复式背斜南翼,次级褶皱宽缓,岩层为北东向西南微倾的单斜构造,主要出露白垩系地层,大部分地段地层近于水平,倾角介于 3°~5°之间。区内断裂构造不甚发育,地壳运动相对比较微弱,岩浆活动不发育。该区中生代属陕甘宁盆地的组成部分,区内地层平缓,断裂构造不发育,规模较小,一般对工程地质影响较小。

拟建工程区地震活动总体比较微弱。根据《中国地震动参数区划图》(GB 18306—2015),桥址区地震动峰值加速度 $a=0.05g$,反应谱特征周期 $T=0.45s$,相当于地震基本烈度Ⅵ度。

项目区位于支党河河谷段,如图 2-49 所示,地貌单元属黄土梁峁间河谷阶地地貌。按照形态,可分为现代河床、河漫滩及一级、二级等阶地,其不均匀地分布于现代河流的两岸,两岸为黄土梁峁地貌。桥位整体跨越支党河现代河床、河漫滩段,河谷呈"U"形,地面高程介于 1037~1245m 之间,地表高差约 208m。桥位处支党河两岸地势陡峭,地形起伏较大,受水蚀与重力侵蚀强烈,塬面沟谷溯源侵蚀异常严重,岸坡坡度较陡,沟侧小型冲沟发育,地面向河谷倾斜,地面沟渠纵横,农业发达。

图2-49 支党河桥位河道现状

根据钻孔揭示及工程地质调绘,桥址区地表主要为第四系冲洪积(Q_4^{al+pl})粉质黏土、卵砾石,滑坡堆积体(Q_4^{del})粉质黏土,上—中更新统黄土夹古土壤、冲洪积粉质黏土、卵砾石地层,河谷、两岸基岩大面积裸露,均为中生界白垩系下统华池—环河组(K_1h)杂色泥岩、砂质泥岩、砂岩等。

(2)桥梁工程勘察工作概况

湫坡头(陕甘界)至旬邑高速公路工程地质勘察过程中,根据野外工程地质调绘,桥址区特殊性岩土主要为湿陷性黄土,发育影响桥位稳定的不良地质现象主要为滑坡。滑坡主要分布在陕甘交界处湫坡头镇支党河南岸的缓坡上,而由于邻省路线已经施工,限制了可选择的范围,该项目线位走向无法完全避让开滑坡,因此该项目桥梁工程勘察的重点就是南岸边坡上的滑坡稳定性,如图2-50所示。通过调绘成果与路线桥位的比较,支党河南岸的缓坡上分布的不良地质为HP09、HP10、HP13、HP15、HP31、人工洞穴D69,其中HP09、HP10、HP13、HP3距离路线大于40m,对路线无工程影响,主要需要是对HP15进行专项勘察。

图2-50 桥位航片俯视图

勘察工作量是设计、勘察部门结合构筑物、地形地貌、不良地质等实际情况,在满足设计需要下进行布设的。同时,工程组根据技术和规范要求并结合设计需要,主要按照滑坡形态、桥梁墩台位置追加了钻孔、探井等工作,滑坡勘察增加3个钻孔,在主墩位置增加4个深孔,深度深入桩基底部。整个勘察过程中布设钻孔1714m/29孔、探井36m/6井。

(3)特殊性岩土和不良地质现象

根据野外工程地质调绘、勘探,桥址区特殊性岩土主要为湿陷性黄土,发育影响桥位稳定的不良地质现象主要为滑坡。

桥址区内发育的马兰黄土、古土壤、局部上层离石黄土具湿陷性,根据 MK295+865 左 6m、MK295+980 左 7m、MK296+805 左 16m、MK297+060 左 4m、STK004 勘探点试验资料,经计算,桥址区小桩号桥台侧地表黄土具有Ⅳ级(很严重)自重湿陷性,自重湿陷量 $\Delta zs = 460.6 \sim 523.4$mm,湿陷量 $\Delta s = 1305.4 \sim 1936.6$mm,湿陷深度 20.5~26.0m;大桩号桥台侧地表黄土具有Ⅲ级(严重)自重湿陷性,自重湿陷量 $\Delta zs = 237.24 \sim 330.36$mm,湿陷量 $\Delta s = 912.81 \sim 982.27$mm,湿陷深度 15.0~21.0m。滑坡区 HPZK07、HPZK08、HPZK09 试验资料表明,滑坡区地表土具Ⅱ级(中等)自重湿陷性,湿陷深度 6~8m。

针对桥梁基础,由于该区湿陷层厚度大,且一般情况下地表水很难渗入到较深层的黄土中,如果全按负摩阻力考虑,桩基过长,造价过高,结合陕西省开展的课题《黄土地区桥梁桩基合理埋深研究》成果,及以往已通车的西安至禹门口高速公路、西安至长武高速公路、咸阳至旬邑高速公路的桥梁桩基设计经验,暂定以地表以下 20m 的下限深度为界,其上层湿陷性黄土摩阻力给予负值,下层具有湿陷的部分离石黄土给予正值。当采用桩基础设计时,考虑其负摩阻力作用,并在桩基周围做好防排水措施,此时防排水尤为重要,防止地表水入渗至深层湿陷性黄土,导致湿陷进一步加剧,对桩基础造成威胁。

工程区不良地质主要为滑坡 HP09、HP10、HP13、HP15、HP31、人工洞穴 D69。其中 HP09、HP10、HP13、HP3 距离路线大于 40m,对路线无工程影响,该项目对 HP15 进行专项勘察。

桥址区大桩号墩台侧发育旬邑县梁家庄村滑坡 HP15,如图 2-51 所示,该滑坡位于陕甘交界处湫坡头镇支党河南岸的缓坡上,分布于测设里程 K296+370~K296+770 段,梁家庄村附近,路线从此处以桥梁形式跨越通过,3 个桥墩位于滑坡体上。该滑坡周界清晰,后缘滑壁陡立,滑坡体堆积于坡脚,坡脚易受河流冲刷,且坡面汇水面积较大,冲刷严重,经多方现场查看,该滑坡目前整体稳定,但考虑桥墩施工时对滑坡体有扰动,可能会造成滑坡局部失稳,威胁桥梁的安全性,对该滑坡进行了专项工程地质勘察。

图 2-51 滑坡全貌图(HP15 滑坡全貌,镜向南)

通过现场调绘,确定了该滑坡的范围,分别为 HP15 及次级滑坡 HP15-2。其中 HP15 为老滑坡,最早发生,滑坡主滑方向长约 280m,宽约 542m,滑体厚约 10~59.5m,体积约 $4.55 \times 10^6 \mathrm{m}^3$,属巨型滑坡。滑坡 H15-2 为次级滑坡,在前缘受河流顶冲侵蚀失稳后形成,长 140m,宽 207m,厚

13~45.7m,体积约 $7.2 \times 10^5 m^3$,滑坡周界清晰,后缘呈椅子背形,有 3m 高陡坎,属中型滑坡。目前滑坡整体稳定。

依据调绘、钻探资料,滑坡体结构沿深度范围可以分为 3 大层。坡体上覆盖堆积粉质黏土,厚度变化较大(10~60m),呈可塑~硬塑状态,表层夹有大量植物根系及钙质结核,底部局部分布碎块石土,碎石土原岩风化强烈,呈泥夹碎石状;下伏白垩系紫红色泥岩、砂质泥岩,产状平缓,层理发育,碎块手可折断或锤轻击即碎,少量为坚硬碎块,强度较差。老滑坡 HP15 后部滑面根据钻探结果,其位于堆积的粉质黏土中,中部及前缘处的滑面位于土石交界面上,在所有钻孔中均有揭露,滑带厚度 0.2~0.5m,滑带颜色与上下地层区别明显,结构紊乱,稍湿~潮湿。次级滑坡 HP15-2 中后部滑面位于堆积的粉质黏土中,在 HPZK03 中揭露,深度 25.8~26.1m 滑带处土质结构紊乱,黏土中夹杂碎石,颜色不均匀,有擦痕,滑带土特征明显,中部及前缘滑面位于土石交界面上,前缘可见结构杂乱碎块石土。滑体前缘土体松散,形成小型边角坍塌。

(4)滑坡稳定性分析与评价

据工程地质调绘、勘探的结果定性分析:第一,老滑坡体 HP15 滑体已滑至斜坡中下部,后缘滑壁陡立,高 30m,滑坡势能已部分释放,滑坡体内地形被细沟、毛沟切割,坡体较为破碎,后缘、侧壁无新近张拉裂缝,前缘整体无明显坍塌现象;滑坡堆积体部分已被冲刷流失,目前整体稳性,考虑其前缘位于河道边,河流不断对其冲刷,容易造成局部失稳。第二,HP15-2 坡脚不断受沟底河流的顶冲冲刷,导致前缘失稳,形成次级滑坡体,后缘有滑坡形成的陡坎,但无裂缝,前缘局部有浅表层坍塌,且其前缘不断受河流的侵蚀冲刷,目前整体稳定。

路线设置桥梁墩台穿越滑坡区,经综合分析该项目的滑坡滑体、滑床岩土体特征及路线布设、各种荷载情况,确定通过对滑坡天然和饱和状态下的滑坡稳定性计算结果来评价其稳定性。

由于支党河特大桥经过该 HP15 滑坡体的西侧及 HP15-2 次级滑坡的后缘,滑坡的稳定性对桥梁的安全影响较大,该项目一共测设了 4 条剖面反映其地层结构,其中剖面 1-1' 为滑坡 HP15 主滑方向断面,剖面 4-4'、5-5' 为次级滑坡 HP15-2 的主滑方向断面,剖面 2-2' 为次级滑坡河流顶冲方向断面。

根据主滑方向和滑面形态,选取 1-1'、2-2'、4-4' 剖面作为稳定性计算剖面,并建立条分图,条块的划分考虑了剖面上地形的起伏、岩土参数等因素,进行定量分析评价。参数指标天然容重选取 $16.8 kN/m^3$ 和 $17.3 kN/m^3$,饱和容重选取 $17.5 kN/m^3$ 和 $18 kN/m^3$,黏聚力选取 12.0~15.0kPa,内摩擦角选取 11.5°~14.5°。

滑坡 HP15 在天然、饱和状态下稳定系数小于 1.25,处于基本稳定状态。次级滑坡 HP15-2 在天然、饱水状态下稳定系数小于 1.25,处于基本稳定状态,且其前缘不断受河流冲刷侵蚀,对该滑坡后期的稳定性影响较大。采取后缘清方和前缘反压治理措施后,HP15、HP15-2 在天然、饱和状态下稳定系数大于 1.25,处于稳定状态。

拟建线路在滑坡体以桥梁墩台形式通过,滑坡 HP15 整体稳定系数不满足 1.25 的设防要求,次级滑坡 HP15-1 整体稳定系数不满足 1.25 的设防要求,在主滑方向目前稳定性一般,其前缘受河流顶冲,对该滑坡后期的稳定性影响较大。

通过上述分析,滑坡体因受扰动,土体节理裂隙发育,前缘局部土体受扰动和降雨等不利条件影响,可能局部发生坍塌破坏,对桥梁工程产生危害。考虑路线从 HP15-2 后缘附近经过,为确保支党河特大桥的安全,建议采取"支挡+截排水"工程措施对该滑坡进行工程治理,并且设计应采用施工监测、信息化动态设计方法。

(5) 桥梁墩台岸坡稳定性评价

由于桥梁沿河谷沟壑区布设,地形变化起伏较大,该桥桥梁墩台岸坡较陡峻,边坡为黄土边坡,因此需要采用 Bishop 法分析计算边坡稳定性,并且依据计算结果评价岸坡稳定性,给出相应的防护建议。此例支党河特大桥桥梁墩台岸坡稳定性评价如下:

①小桩号桥台:岸基斜坡地层上部为上—中更新统黄土夹古土壤、粉质黏土,下伏白垩系基岩;粉质黏土结构致密,黄土土质疏松,垂直节理发育,易受流水侵蚀,地表黄土具湿陷性。在 K296+100~K296+200 段岸坡较为陡立,边坡冲刷严重,稳定性较差,其边坡的稳定性对桥梁桩基影响较大。墩台处岸坡最大高度约 95m,斜坡坡度介于 35°~55°之间,建议采用综合坡率不陡于 1:1.25 进行放坡处理,分级清方防护,或采取支挡式锥护坡防护形式。

②大桩号桥台:位于滑坡 HP15 后壁,为近直立黄土陡壁,陡坡最大高度约 50m,坡度陡于 50°,根据削方治理,采取综合坡率不陡于 1:1.90 进行放坡处理,分级清方防护,并采取坡面防护措施。墩台处发育的滑坡 HP15、次级滑坡 HP15-2 整体稳定性达不到 1.25 的设防要求,建议对滑坡进行"削头填脚+临河支挡+防截排水"综合治理。

③墩台区斜坡:路线 K296+800~K297+150 段位于沟谷斜坡地带,斜坡坡度大约为 35°~55°,坡高约 35m,建议采用综合坡率不陡于 1:1.12 进行放坡处理,分级清方防护,或采取桥梁墩台防护形式。

2) K115+953 黄河特大桥详细工程地质勘察实例

K115+953 黄河特大桥位于陕西省延安市延川县延水关镇和山西省永和县打石腰乡,跨越黄河,中心桩号为 K115+953.0,孔数-孔径(孔-m)为 $3 \times 25 + (88 + 4 \times 160 + 88) + 4 \times 25 + 3 \times 25$,桥梁全长为 1072.00m。

(1) 区域概况

工程区域位于陕甘宁盆地东南边缘,鄂尔多斯台向斜南部子午岭次级向斜以东,属于典型的板内形构造。区内地质构造简单,构造形迹比较微弱,为向北西缓倾(倾角 1°~3°)的单斜构造,在区域性平缓的单斜构造背景下,发育有规模不大、幅度很小、展布不定的穹隆鼻状短轴背斜构造,长轴方向大多为北北东至北东向,两翼往往不对称,多数西翼及西北翼陡,东翼及东南翼缓。路线所在区断裂构造不发育,未发现区域性断裂通过。

工程所在区位于陕北黄土高原拱起地块区,为一长期稳定的地块。中生代以来,以大面积升降运动为主,并分别经受了不同方向的次级压应力的作用,形成了北东东及近南北方向的构造线及其相应的其他构造形迹。第三纪以来,区内新构造运动受华北板块构造总体格局制约,以地块的震荡性不均匀升降为主导,区内地层平缓,地质构造简单,无大型剧烈的褶皱和断层,长期以来是一个比较稳定的地区,区内基底构造的特点为隆起与凹陷相间带状分布。该区自第四纪以来,新构造运动以间歇性上升运动为特征,主要表现在河谷地区发育了多级阶地。根据《中国地震动参数区划分》(GB 18306—2015),工程所在区地震动反应谱特征周期为0.45s,地震动峰值加速度为0.05g,对应地震基本烈度为Ⅵ度。

工程所在区所处地貌单元位于黄河河谷区、黄土梁峁区,其中黄河河谷区分属于黄河河谷区河床河漫滩松散堆积物亚区、河流一级阶地松散堆积物亚区、河流二级阶地湿陷性黄土亚区,桥址区地形有起伏,地势较开阔,桥轴线处地面高程为527.83~697.68m,相对高差为168.85m。

根据钻孔揭露及工程地质调绘,桥址区地层由第四系全新统崩坡积层(Q_4^{c+dl})、第四系全新统冲洪积层(Q_4^{2al+pl})(Q_4^{1al+pl})、第四系上更新统风积层(Q_3^{2eol})、第四系上更新统冲洪积层(Q_3^{1al+pl})、第四系中更新统风积层(Q_2^{eol})、三叠系上统延长组(T_{3y})砂岩组成。

(2)桥梁工程勘察工作概况

长延高速公路工程地质勘察过程中,根据野外工程地质调绘揭露,K115+953黄河特大桥桥址区特殊性岩土主要为湿陷性黄土,在勘察深度范围内,根据工程地质调绘和钻探资料,在桥址区未发现有影响桥台及桥基稳定性的不良地质现象。

勘察工作量是设计、勘察部门结合构筑物、地形地貌、不良地质等实际情况,在满足设计需要下进行布设的,在初勘阶段布设钻孔10个,累计进尺560.7m,详勘阶段布设钻孔3个,累计进尺121.0m,该桥址区共布设钻孔13个,累计进尺681.7m,最终查明了桥址区工程地质条件,为施工图设计提供了所需的地质依据及设计参数。

(3)特殊性岩土

据土工试验资料,桥址区新黄土(Q_3^{2eol})属湿陷性黄土地层,桥址区的延岸桥台为Ⅰ级(轻微)非自重湿陷性黄土场地,桥梁位于湿陷性黄土之下,桥台及路基施工已将该土层清除,可不考虑湿陷对桥梁工程的影响。延水关岸桥台为Ⅱ级(中等)自重湿陷性黄土场地。

(4)桥址区工程地质问题与评价

根据地调和钻探揭示,结合岩土体的工程地质特征,桥基土分为4个工程地质层,8个工程地质亚层,现按地层时代分述如下:

②$_{32}$黄土状土(Q_4^{c+dl}):暗黄色,土质均一,见针孔、虫孔及少量菌丝,含少量粉砂,偶见蜗牛贝壳,硬塑。$[f_{a0}]=550$kPa,$q_{ik}=150$kPa。

③$_{72}$卵石土(Q_4^{2al+pl}):灰褐色,骨架颗粒主要由砂岩、钙质结核组成,分选性较差,粉质黏土及中粗砂充填,湿,中密。$[f_{a0}]=550$kPa,$q_{ik}=150$kPa。

④$_{42}$粉砂(Q_4^{1al+pl}):黄褐色,砂质较均,主要矿物成分为长石、石英,含少量卵砾石,中密。

$[f_{a0}] = 300\text{kPa}, q_{ik} = 50\text{kPa}$。

⑤$_{12}$新黄土(Q_3^{2eol}):浅黄~褐黄色,土质均一,见针孔、虫孔及少量菌丝,含少量粉砂,偶见蜗牛贝壳,稍湿~干,硬塑。$[f_{a0}] = 160\text{kPa}, q_{ik} = -10\text{kPa}$。

⑤$_{41}$粉质黏土(Q_3^{1al+pl}):黄褐色,结构致密,土质均一,含少量粉砂,坚硬。$[f_{a0}] = 210\text{kPa}, q_{ik} = 60\text{kPa}$。

⑥$_{22}$老黄土(Q_2^{eol}):黄褐色,土质均一,见针孔、虫孔及少量白色菌丝。稍湿,硬塑。$[f_{a0}] = 190\text{kPa}, q_{ik} = 60\text{kPa}$。

⑪$_{22}$强风化砂岩(T_3y):浅灰~红褐色,细粒结构,中厚层状构造,主要矿物成分为长石、石英,夹泥岩、页岩,节理、裂隙发育,锤击声哑,易被击碎,岩质较软,岩芯呈碎块状~短柱状。$[f_{a0}] = 900\text{kPa}, q_{ik} = 220\text{kPa}$。平均饱和抗压强度为12.9MPa。

⑪$_{23}$中风化砂岩(T_3y):深灰~青灰色,细粒结构,中厚层状构造,主要矿物成分为长石、石英,夹泥岩、页岩,节理、裂隙较发育,锤击声清脆,岩质较软,岩芯呈短柱状~柱状。$[f_{a0}] = 1300\text{kPa}$。平均饱和抗压强度为28.6MPa。

桥两侧桥台地形平坦,地势开阔,桥台稳定性较好,根据野外工程地质调绘及钻探资料可知,桥台区未发现有影响桥台稳定的断裂构造和不良地质现象。在延水关岸桥台具湿陷性,为Ⅱ级(中等)自重湿陷性黄土场地,应结合路基施工对其进行消除湿陷性处理。总体来看,桥址区稳定性路较好,适宜建桥。

对延岸采用赤平投影法进行稳定性分析,详见图2-52。

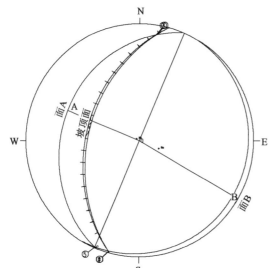

图2-52 赤平投影法稳定性分析图

注:现边坡坡面坡角为40°,桥梁施工时清表后考虑坡角为42°,两组结构面分别是:岩层产状300°∠3°,一组节理面112°∠21°。

综上所述,桥址区附近未发现影响桥位稳定性的断裂构造,场地基本稳定,适宜建桥。

2.2.2.4 隧道工程地质勘察

1)G65 黄陵至延安段高速公路真村隧道工程地质勘察实例

真村隧道起点位于黄陵县,穿越秦家塬,洞顶西边为真村。设计为分离式隧道。右洞起止桩号为 YK7+780～YK11+280,全长 3500m,为特长隧道。起点设计高程 929.55m,终点设计高程 1004.31m,洞顶最大高程 1145.4m,隧道底板最大埋深 180m。左洞起止桩号为 ZK7+760～ZK11+240,全长 3480m,为特长隧道。起点设计高程 929.15m,终点设计高程 1003.46m,洞顶最大高程 1145.5m,隧道底板最大埋深 174m。两洞中轴线最大间距约 40m。隧道总体走向约 28°。

(1)区域概况

工程区属鄂尔多斯盆地的伊陕斜坡带陕北黄土高原拱起地块区,为一长期稳定的地块,构造稳定,地层平缓,无大型剧烈的褶皱和断层,长期以来是一个比较稳定的地区。根据《中国地震动参数区划图》(GB 18306—2015),工程所在区地震动反应谱特征周期为 0.45s,地震动峰值加速度为 $0.05g$,对应地震基本烈度为Ⅵ度。

工程区为黄土塬峁沟壑地貌,塬顶平坦开阔,宽约 1500m,塬边(隧道进出口)冲沟发育、沟壑深切,边坡近乎直立。海拔高度 920～1145m。进口段基岩裸露。隧址区揭露地层由老至新依次有三叠系延长组(T_3y)砂岩泥岩、第三系静乐组(N_2j)黏土(岩)、第四系下更新统午城黄土(Q_1^{eol})、中更新统冲洪积层(Q_2^{al+pl})、离石黄土(Q_2^{eol})和上更新统马兰组黄土(Q_3^{eol})。

该区地下水主要受大气降水、基岩裂隙水及第四系松散堆积层孔隙水补给,遇大气降雨量较大时河水暴涨,水流湍急,冲刷破坏严重。该区地下水总体不丰富,但在第四系黄土底部、第三系泥岩顶部及基岩风化层中有含水层。处于该段的洞室开挖时会有突水或集中涌水现象,也极易坍塌,应予以重视。据访问得知,塬顶真村村中有一口机井,井深约 170m。据水样的分析结果表明:地下水水化学类型为 HCO_3—Ca—Mg—Na 型,地下水对混凝土不具腐蚀性。

真村隧道勘察采取了地质调绘、工程物探、钻探、室内试验等多种勘测手段进行工程勘察。对所取资料进行综合分析利用。完成 1:2000 工程地质调绘约 $2km^2$,1:5000 工程地质调绘约 $3.6km^2$。钻探 442.8m/4 孔,进口探槽一个,进行了相应的岩土物理力学测试、钻孔波速测试、提水试验等。布置浅层地震剖面 3600m。

(2)洞室涌水量估算

采用大气降水入渗估算法、达西定律计算法、水平廊道集水计算法三种方法对隧道涌水量进行估算,进、出口段隧道洞室位于地下水位以上,在一般情况下可按无水考虑,但在雨季,特别是连续降水时段,地表水入渗导致洞室形成面状水流,甚至涌水,按大气降水入渗估算该段涌水量;洞身段位于地下水以下,分别按达西定律和水平廊道集水法计算该段涌水量。根据所处地层含水介质及水文地质参数的不同,洞身段可分为中风化基岩段、强风化基岩段、黏土段,各段所取参数不同。中风化基岩段位于洞室的前半部分,岩石裂隙相对不发育,渗透系数小,富水性较差;强风化基岩段为洞室的主要含水层,岩石节理裂隙发育,渗透系数相对较大,富水性相对较强,且在风化线、基岩与上覆黏土交接面上有突水的可能;黏土段岩性为第三系棕红色致密黏土,富水性极差,为相对的隔水层。

该隧址区未发现不良地质现象。仅在隧道出口上方发育薄层坡积体,应予支护。仅在隧道顶部塬顶发育湿陷性黄土,对隧道无影响。

(3)围岩分级及洞口边坡稳定性评价

隧道位于黄土塬,穿越的地层主要为三叠系延长组(T_3y)砂岩夹泥岩、第三系黏土,属于低应力区。根据《公路隧道设计规范》(JTG D70—2004),按围岩的坚硬程度、岩体的完整程度两个基本因素的定性特征和岩体基本质量 BQ 值定量指标综合进行分级。最终该隧道的围岩类别以五级为主。

该隧道的进出洞口岩体性质不同,进口即西安端洞口,位于基岩斜坡上,坡度约30°,围岩为强风化砂岩夹泥岩,地层产状近水平,发育垂直节理,自然坡体稳定,如图 2-53 所示。类似此类洞口开挖隧道时,岩体易沿节理面崩塌,建议施工时对洞口上部岩体进行锚固等加固措施。

隧道出口端则位于淤泥河支沟斜坡处,根据调绘资料,地形坡度较陡,坡角15°～40°,为黄土—黏土边坡,出口端上方有薄层坡积体,则需予以清理并对上方坡体予以支护(锚索框架等),如图 2-54 所示。

图 2-53　真村隧道进口基岩裸露:为风化厚层砂岩夹泥岩　　图 2-54　真村隧道出口:植被茂密,被坡积层覆盖

一般而言,陕北地区的隧址区工程地质条件简单,无区域性断裂构造通过,区域地壳较稳定。隧道洞身围岩多为砂岩夹泥岩、第三系黏土和黄土。隧址区地下水为基岩裂隙水和第四系松散层孔隙水,主要由大气降水直接补给,以渗流方式排向沟谷。

2)G2211 延安至延川段高速公路杜家坪隧道工程地质勘察实例

隧址位于宝塔区冯庄乡贾庄村,分为左、右线,分别于公路测设里程 ZK21+298～ZK22+265、YK21+310～YK22+310 段穿越一黄土墚,为曲线形长隧道,洞门形式为削竹式,左右洞间距约为 26m，轴线总体走向约 52°。隧道洞室左线长 967m，右线长 1000m，左线最大埋深约 108m，右线最大埋深约 110m。

(1) 区域概况

工程区属陕甘宁盆地东南边缘，鄂尔多斯台向斜南部子午岭次级向斜以东，属于典型的板内形构造，为一长期稳定的地块，构造稳定，地层平缓，无大型剧烈的褶皱和断层，长期以来是一个比较稳定的地区。根据《中国地震动参数区划图》(GB 18306—2015)，工程所在地地震动反应谱特征周期为 0.45s，地震动峰值加速度为 0.05g，对应地震基本烈度为Ⅵ度。

工程区为黄土塬梁峁地貌，塬顶平坦开阔，宽约 1500m，塬边（隧道进出口）冲沟发育、沟壑深切，边坡近乎直立，海拔高度 920～1145m，进口段基岩裸露。隧址区揭露地层有第四系上更新统滑坡积层（Q_3^{del}）、风积黄土（Q_3^{2eol}）、中更新统风积黄土（Q_2^{eol}）、冲洪积粉质黏土（Q_2^{al+pl}）、第三系上统黏土（N_{2j}）、上三叠统瓦窑堡砂岩（T_{3w}）。

该区地下水主要为黄土孔隙、裂隙水、基岩裂隙水，主要赋存于老黄土孔隙和基岩裂隙中。大气降水是其唯一补给源，以地下径流排向附近沟谷。附近相邻工点所取地下水样的分析结果表明，地下水水化学类型为 HCO_3—Ca—Na 型，地下水对混凝土具微腐蚀性。

真村隧道勘察采取了地质调绘、工程物探、钻探、室内试验等多种勘测手段进行工程勘察。对所取资料进行综合分析利用。完成 1:2000 工程地质调绘约 1.6km²，钻探 380.7/4 孔，进口探槽一个，进行了相应的岩土物理力学测试、钻孔波速测试、提水试验等。布置浅层地震剖面 820m。

(2) 隧址区不良地质问题

隧址区发育四个滑坡体 H56、H56-2、H56-3、H210，分别叙述如下：

H56：该滑坡为一牵引式黄土滑坡，长 293m，宽 785m，厚度约 8.5～55.0m，主滑方向 320°，滑体两边均发育有冲沟，后壁陡立，滑体前缘地形较缓，次级滑坡发育。目前处于稳定状态。路线于滑坡后缘通过，对隧道围岩稳定性影响有一定影响。

H56-2：为 H56 次级滑坡，为一牵引式黄土滑坡，长 126m，宽 165m，厚度约 5～12m，主滑方向 330°，滑体两边均发育有冲沟，后壁较陡，滑体前缘地形较缓。该滑坡目前处于稳定状态。路线于滑坡后缘通过，对隧道围岩稳定性影响较小。

H56-3：为 H56 次级滑坡，为一牵引式黄土滑坡，长 263m，宽 210m，厚度约 11.5～23.5m，主滑方向 330°，滑体两边均发育有冲沟，后壁陡立，滑体前缘地形较陡，滑体中挤压裂缝明显。该滑坡目前处于稳定状态。路线于滑坡后缘通过，对隧道围岩稳定性影响较小。

H210：为一牵引式黄土滑坡，长 170m，宽 359m，厚度约 8～20m，主滑方向 177°，滑体两边均发育有冲沟，后壁较陡，滑体前缘地形较缓。通过计算，该滑坡目前处于稳定状态（稳定性系数 1.269～1.398）。路线于滑坡后缘通过，隧道开挖后对滑坡稳定性影响不大，该滑坡对隧道右线出口段围岩稳定性有一定影响。

整体而言，隧道建设对滑坡 H56、H210 稳定性影响不大，但一部分段位于滑体内，土体松散,成洞困难,且明洞施工时会沿开挖边坡产生小的溜滑,因此须有一定抗滑措施。

(3)围岩分级及洞口边坡稳定性评价

隧道位于黄土塬梁峁中低山工程地质区,穿越的地层为黄土、黏土、强风化砂岩,属于低应力区。根据《公路隧道设计规范》(JTG D70—2004),按围岩的坚硬程度、岩体的完整程度两个基本因素的定性特征和岩体基本质量 BQ 值定量指标综合进行分级。最终该隧道的围岩类别以五级为主。

该隧道的进出洞口岩体性质不同,进口端洞口位于小森沟山体斜坡处,地形坡度较缓,坡角 11°~12°,围岩以滑体土、老黄土、黏土、强风化基岩为主,洞室埋深较浅,围岩稳定性差。发育滑坡体(H56、H210),滑坡目前处于基本稳定状态,距洞室法向距离较近,对隧道围岩稳定性有一定影响,洞室开挖后易失稳,建议加强隧道洞室围岩支护。且部分段位于滑体内,土体松散,成洞困难,明洞施工时会沿开挖边坡造成小的溜滑,因此须有一定抗滑措施。隧道出口位于沟谷三级阶地,地形坡度较陡,坡角 24°~25°围岩以黄土、粉质黏土为主,洞室埋深较浅,围岩稳定性差。洞室开挖时应注意对边坡进行防护和处理。

陕北地区的隧址区一般而言工程地质条件简单,无区域性断裂构造通过,区域地壳较稳定。陕北地区主要是黄土塬梁峁沟壑地貌,由于风积黄土特有的岩土性质,塬梁峁边坡已发育土体滑坡,当隧道洞身围岩以黄土、黏土为主,有滑坡发育分布时,就要评价滑坡对隧道的影响,特别注意洞口围岩稳定性,建议加强隧道洞室围岩支护,施工时需采取一定抗滑措施。

第3章　总体设计及路线勘察设计

3.1　总体设计

3.1.1　总体设计概述

高速公路总体设计,是对高速公路建设项目的方案拟定、设计构思、工程协调等方面的总的安排和布置,是设计思想、设计理念的综合体现,是在综合考虑建设规模、设计标准的前提下,对全线总体布局以及各专业设计的配套协调方面做出的综合设计。其基本任务是对公路设计中的各专业之间的相互关系进行总体协调,涵盖了公路自身功能与外部自然环境等因素,达到平衡和协调,有利于沿线社会经济的可持续发展。总体设计时应考虑的主要因素如下:

(1)根据路线在路网中的位置、功能,综合考虑路线走廊带范围的远期社会、经济发展,城市、工矿企业的现状与规划,铁路、水路、航空、管道的布局,自然资源状况等,确定项目起讫点、主要控制点以及与之相互平行、交叉等项目的衔接关系。

(2)科学确定技术标准,合理运用技术指标,注意地区特性与差异,精心做好路线设计,必要时进行安全性评价,以保障行车安全。因条件受限制而采用上限(或下限)技术指标值或对线形组合设计有难度的路段,应采用运行速度进行检验,并采取相应技术对策。

(3)应在查明路线走廊带自然环境、地形、地质等条件的基础上,认真研究路线方案或工程建设同生态环境、资源利用的关系,采取工程防护与生态防护相结合等技术措施,减少对生态的影响程度,加强恢复力度,最大限度地保护环境。

(4)做好同综合运输体系、农田与水利建设、城市规划等的协调与配合,充分利用线位资源,合理确定建设规模,切实保护耕地,使走廊带的自然资源得以充分利用,道路建设得以可持续发展。

(5)总体协调道路工程各专业间、相邻行业间和社会公众间的关系,其设计界面、接口等应符合相关法规、标准、规范的要求或规定,并听取社会公众意见。

(6)路线方案比选应对设计、施工、养护、运营、管理的各阶段,从安全、环保、可持续发展理念等角度,运用全寿命周期成本分析方法进行论证,采用综合效益最佳、服务质量最好的设计方案。

3.1.2 总体设计指导思想及设计原则

公路是为国民经济、社会发展和人民生活服务的公共基础设施,公路运输在整个交通运输系统中也处于基础地位。然而公路建设也会产生许多不利影响,社会经济水平和交通运输需求决定着公路交通的发展进程。回顾多年以来我国公路建设发展历程,公路建设的指导方针也随着时代的变迁而改变,中国以往的公路建设指导思想是以快速、安全、经济为原则,主要以通达为目标,侧重于公路建设的技术等级和通行能力,对环境保护、公路建设与环境的协调及人性化的作用重视不够。但随着国民经济的快速、稳定增长,以及国家扩大内需而开启大规模基础设施建设,技术标准与工程造价之间的矛盾已不突出,"人与自然和谐发展"逐渐成为公路建设新理念。

黄土地区高速公路建设有其独有的特点及难点,包括所选方案受地形地势与地质条件的制约;路基的断面多样化;湿陷性黄土所占比例较大、面积分布较广,设计和施工难度偏大;自然景观和环境保护方面的设计尤为重要,需要投入大量的人力;沿线耕地资源不允许遭到太大破坏,对节地提出很高要求等。基于此,黄土地区高速公路勘察设计必须认真贯彻"以人为本,安全至上,质量第一,环保和谐,系统最优"的设计新理念及绿色公路建设设计理念。落实创新、协调、绿色、开放、共享的新发展理念,严格执行技术标准、规范规定,合理、灵活运用技术指标,在满足公路使用功能的前提下,尽量降低工程造价,与环境协调。保证车辆行驶安全,积极进行技术创新,广泛应用新技术、新材料、新工艺,努力使勘察设计人本化、精细化、标准化。总体设计原则归纳如下。

1) 统筹兼顾,协调发展

在路线方案布设、互通式立交及连接线标准与规模的选定上,要使项目在满足跨区域运输需要的前提下,充分考虑服务地方经济,与现有路网及沿线城镇发展规划相结合,方便地方交通出行,为当地经济发展服务。

2) 以人为本,安全至上

"以人为本,安全第一"是工程建设的主导思想。因此,应充分重视工程地质勘察工作,按照地质先行的工作方法,从工程结构的安全、耐久和道路的运营安全方面重点做好地质环境复杂路段的路线方案、桥梁和路基工程等设计方案的比选,做好连续长下坡路段的安全保障措施,提高道路运营的安全性。尤其是沿线设施及安全设施设计要突出"以人为本、安全第一、方便适用"的原则。

3) 尊重自然、保护环境

坚持人与自然和谐发展,树立尊重自然、保护环境的设计理念,正确处理工程建设与环境保护的关系。黄土地区的地形、地质、水文和生态环境条件比较复杂,对环境保护的要求高。

因此,在设计中从路线方案选择、平纵面设计到路基边坡与防护排水设计等各个方面,均应重视保护和恢复自然环境。

4) 坚持技术指标与地形条件相协调的原则

提高指标有利于提高车辆运行质量,降低技术指标有利于适应地形,降低造价。黄土地区的自然条件决定技术指标的采用情况,应保证在行车安全的前提下强调因地制宜选用技术指标,坚持路线与地形相协调的原则,不片面追求高指标。

5) 保护耕地、林地,节约资源

土地是关系国计民生的重要战略资源,耕地更是广大人民赖以生存的基础。黄土地区耕地资源十分宝贵,因此,设计中应利用先进技术和手段,优化设计方案,节约土地、保护耕地,充分利用荒山、荒坡和劣质地,结合农田规划,利用取、弃土场进行造地或绿化,局部路段可适量以桥梁代替路基,缓解占地矛盾。

高速公路在路网中的作用及其对沿线的交通、经济、土地开发、生态环境等的影响范围比其他等级的公路大,它的工程设施完善、投资大涉及面广,一旦建成很难改变。为此,在黄土地区高速公路的设计中,要灵活运用以上所述的指导思想和设计原则,做好总体设计。

3.1.3 黄土沟壑区高速公路总体设计特点

黄土地区地形地貌特点独特,沟壑纵横,山地与断谷、盆地相间分布,在众多沟壑之间,分布着较为平坦的塬、梁、峁等地形,同时黄土工程特性复杂,黄土地区存在湿陷性地基、黄土滑坡、淤地坝软土地基以及泥岩、砂岩等软岩地基等不良工程地质,在高速公路总体设计时因充分考虑黄土沟壑区的工程地质问题。针对黄土沟壑区的总体设计有如下特点:

1) 选线原则

黄土地区的工程地质条件较为复杂,在选线阶段,应尽可能利用宽坦河谷、较宽沟谷及地下水不发育的分水岭地区。凡是强烈发育的黄土沟谷及由含水土层构成的分水岭带,应设法绕避。

2) 湿陷性黄土及其工程措施

黄土湿陷性对工程的危害主要是浸水后使建筑物产生不均匀沉降或突然沉陷。常用灰土挤密桩法,强夯法,重锤夯实法,土、灰土垫层法和桩基法等方法对湿陷性黄土路基进行治理。当地基处理措施不能完全保证沉降要求时,宜采用刚架线路或桥通过。

3) 黄土淤地坝路基及其工程措施

淤地坝是黄土高原地区特有的水土保持措施,淤地坝淤积的次生黄土具有含水率高、孔隙比大、压缩性高、抗剪强度低等不利工程性质,其对工程的主要危害是导致路基的滑动失稳与沉降变形;工程上一般采取清除换填的方法对其进行处理,当处理措施不能达到承载力以及沉降要求时,宜采用刚架线路通过或桥通过。

4）黄土滑坡及其工程措施

黄土滑坡是厚层黄土高边坡地段土体在重力作用下沿软弱面整体下滑的现象,其多见于合股河谷两岸高阶地的前缘斜坡上,常成群出现,且多为中、深层滑坡。黄土滑坡会淹没或严重损毁路基、桥梁等工程构造物,在道路选线时应对中、深层滑坡进行避绕,工程上对于黄土滑坡的处理措施主要为削坡、设置支挡结构物以及滑坡体排水等。

5）泥岩、砂岩等软岩地基及其工程措施

在黄土地区多存在以泥岩、页岩为主的松、散、软、弱岩层,这些软岩地基的破坏变形主要是承载力低、地基变形大或发生挤出,造成工程构造物的破坏,工程上对于其处理措施主要为换填、压填法、碎石桩法以及注浆法。由于该地质条件区域公路路堤受强度限制,必须控制在临界高速以下,否则容易发生挤出,所以在道路选线时应充分考虑纵断面因素,为其填方高度留有余地。

3.2 路线设计

3.2.1 路线平纵面设计原则及技术指标运用

3.2.1.1 路线平纵面设计原则

线路是道路的骨架,它的优劣关系到道路本身功能的发挥和在路网中是否能起到应有的作用,黄土地区选线要综合考虑多种因素,妥善处理好各方面的关系,其基本原则如下。

1）安全选线

安全是公路设计考虑的首要因素,路线设计中应坚持"安全选线"原则,正确处理路线与不良地质之间的关系,确保工程实体安全;合理采用路线平纵面技术指标,保证相邻路段指标均衡,确保车辆运行安全。

2）地形选线：充分利用地形,合理选用指标

为避免大填大挖,有效控制工程规模,降低工程造价,保护区域的生态环境,必须使路线顺应地形,如图3-1和图3-2所示。在保障行车安全的前提下,强调因地制宜,灵活和均衡地运用技术指标,坚持路线与地形条件相互协调的原则,不应片面追求高指标,减少对黄土地区自然地形、地貌的破坏。

3）地质选线：考虑工程地质特点,避让大型滑坡、崩塌

黄土地区地质构造复杂,地质灾害的类型多、分布面广,且成因复杂。有些灾害具有极强的隐蔽性,在路线测设的某个阶段中有时不被人们所认识,这些灾害会对公路施工和运营带来

不可估量的影响。因此，在路线布设时，应首先研究路线走廊内的地质条件，避开地质条件复杂的黄土滑坡、崩塌、陷穴、人工坑洞等不良地质发育地段及新构造活动强烈地段，从根本上提高公路抵御自然灾害的能力，保证施工和运营安全、降低工程风险。图 3-3 为未避让滑坡段的高速公路。

图 3-1　蜿蜒于山坡下的公路

图 3-2　顺地表面布设的公路

图 3-3　未避让滑坡段的高速公路

4)生态环保选线:退耕还林后生态改善,树立"不破坏就是最大的保护"理念

生态选线是公路建设与环境保护协调发展的有效途径,是可持续发展思想的具体体现,在地形、地质选线的基础上,更加注重生态保护。对路线方案进行多方案深入、细致的论证比选时,不仅着眼于路线和工程方案本身,还应将生态环境保护列为重要的比选内容,使得拟定的方案具有利于生态和环境保护、技术可行、经济合理的优点,如图3-4所示。

图3-4 绿色高速公路

5)节约用地:路线选择与农田规划相结合,利用坡地、河滩地,减少占用基本农田

黄土地区土地资源紧张,应最大限度地降低土地征用规模,特别是高产田、经济作物田,以保护当地人民赖以生存且日益紧缺的土地资源。应合理确定取土坑占地和临时占地复耕以及居民拆迁的实施方案。图3-5所示为采用高架桥减少耕地占用。

图3-5 采用高架桥减少耕地占用

3.2.1.2 技术指标的运用

1)平曲线半径

技术指标的运用应根据黄土地区不同的地形、地质、自然条件,并综合考虑路线与城镇、耕地等因素。考虑我国黄土地区经济状况较为落后,地形地势复杂,生态环境脆弱,如果盲目对

设计指标控制过高,必将造成进一步的生态破坏和经济浪费。因此,条件受限时可以适当降低控制标准,增加设计中的灵活性(比如路线从沟谷间通过时,可采用较小的曲线半径,如图3-6所示),从环境保护、工程量及工程造价等方面进行论证和比较。

图3-6 流畅的线形

2)限制直线的最大长度

当采用长的直线线形时,为弥补景观单调之缺陷,应结合沿线具体情况采取相应措施。规范规定,高速公路同向圆曲线的最小直线长度不小于$6V$,反向圆曲线的最小直线长度不小于$2V$。

3)纵坡度与坡长

对技术指标的运用,应顺应地形,灵活掌握,在工程规模无增加或增加不大的情况下,避免采用极限最小半径或极限纵坡,以确保行车的安全、舒适。当纵坡不是很长,或者交通量组成中重车数量相对较小、或者交通总量比较小、或者竖曲线比较长,能保证足够的停车视距时,采用大于极限纵坡的值是可以允许的。同样,在直线路段,设计横披能保证排水的情况下,采用小于极限纵坡的值也是可以接受的。

4)设计速度与运行速度

设计速度指在气候良好、交通密度低的条件下,一般驾驶员在路段上能保持安全、舒适行驶的最大车速。即:汽车运行只受道路本身条件的影响时,中等驾驶技术的驾驶员能保持安全顺适行驶的最大行驶速度。运行速度是指中等技术水平的驾驶人员根据实际道路条件、交通条件、良好气候条件等能保持的安全速度。通常采用测定速度的第85百分位行驶速度作为运行速度。

设计速度对一特定路段而言是一固定值,但实际的行驶速度总是随公路线形、车辆动力性能及驾驶员特性等各种条件的改变而变化,只要条件允许,驾驶员总是倾向于采用较高车速行驶。从保证公路使用者安全的角度考虑,在路线设计中,需要以动态的观点来考虑实际运行速度,以提高公路的安全性。重点在设计速度变化路段、爬坡车道、超高等受限制路段用运行速度进行验算,以改善技术指标或采用必要的交通安全技术和管理措施。图3-7所示为采用较高设计速度的高速公路。

图 3-7 采用较高设计速度的高速公路

5) 路基横断面

车道数设计完全根据交通量来定,灵活设置非对称断面。一般行车道两个方向的车道数相等,车道总是偶数,这样能提高行车速度并保证交通安全。但是,根据实际情况,有时也可灵活采用奇数车道。

横断面布置应结合自然条件等灵活掌握,宜分则分,能合则合,如图 3-8~图 3-10 所示,条件受严格限制的地段,可采用上下叠合。如,地形平坦、自然横坡较缓地路段,一般以整体式路基断面为宜;地形复杂,以挖方为主,尤其自然横坡较陡的路段,才可采用分离式断面,水平布置或上下错开,或设计为半桥半路、半隧半路或半隧半桥,以减少挖量,保护自然生态环境,同时增加路容多样性。

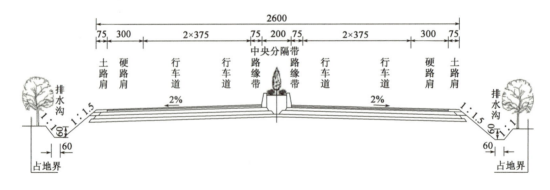

图 3-8 整体式路基(尺寸单位:cm)

6) 连续长下坡路段平均纵坡确定原则

越岭路线连续下坡(或上坡)路段,相对高差为 200~500m 时,平均纵坡不应大于 5.5%;相对高差大于 500m 时,平均纵坡不应大于 5%。任意连续 3km 路段的平均纵坡不应大于 5.5%,对于高速公路存在连续长、陡纵坡的路段时,应该进行安全性评价。

7) 不同设计速度标准下平纵面指标选取原则

基于运行速度理念和运行速度预测经验,当设计速度较低(如 80km/h)时,除局部路段外,实际运营速度超过 80km/h 的车辆数占比较大,而且超速幅度较大(小客车可达到 120km/h)。此时,宜尽量采用较高平纵指标,即采用设计速度 100km/h 对应的一般值及以上指标,以提高运营安全性和道路通行条件;当设计速度较高(如 120km/h)时,按照交安法限速规定,小客车最高 120km/h,大型车最高 100km/h。此时,宜结合地形地质等因素,采用适宜的技术指标,避免盲目追求高指标导致工程规模增加较多,寻求技术与经济、安全、效益的平衡。

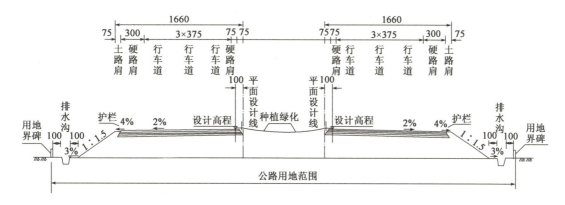

图 3-9 分离式路基(尺寸单位:cm)

a)分离式

b)整体式

图 3-10 路基横断面实例

3.2.2 路线方案比选

路线方案是总体设计的核心,是设计工作的龙头,是项目成功的关键。通过反复筛选,在路线方案中坚持贯彻总体设计理念,才能得到一条好的合理的路线方案。一般黄土沟、梁相间地段应进行路堑与隧道、路堤与桥梁等方案比选。下面将对几种典型的方案比选进行介绍。

3.2.2.1 高填路堤与桥梁

高填路堤方案的优点是经济,使用寿命长,养护简单且费用较低,占地小,缺点是若设计施工未加以重视,会留下工程隐患(如路基失稳,沉降过大,水土流失,不均匀沉降引起路面开裂,排水不畅引起水毁等),影响原有环境;高架桥方案具有技术成熟可靠,对周围环境影响小,直接占地少,有利于环境保护的优点,缺点是造价高,使用寿命较高路堤短,养护费用较高路堤高。

根据规范和设计理念,路基设计要以安全、环保为原则,对于路基填方高度大于20m的路段,宜按桥梁设计。但因受地形条件、施工条件及路基土石方调运等因素的影响,有些路段仍有高填路基的出现,如图3-11a)所示。一类为半填半挖路段,路中心填挖并不高,无设置桥条件,这些路段在保证路基稳定的前提下,结合防护工程,按高填路基设计更趋合理。另一类为全填路段,路线跨越"V"形支沟时要通过综合分析、比较后,确定合理的高路堤方案。对于地质条件复杂、地基处理难度大的高路堤,应对处置方案进行经济分析,若工程造价接近桥梁工程时可考虑采用桥梁跨越方案,还需要对土壤特性、下卧地层岩性、汇水条件、土方平衡、材料供应等综合因素进行考量,并考虑基底不均匀下沉的影响。在跨越深沟时,应尽量降低线位高度,并选在墩台地基较好的地段通过,如图3-11b)所示。

a)   b)

图3-11 高填路堤与桥梁

3.2.2.2 深挖路堑与隧道

1)深挖路堑

深挖路堑指从原地面向下开挖而成的路基形式。它能起到缓和道路纵坡或越岭线穿越岭口控制高程的作用,有全挖型,也有半填半挖型。深挖路堑开挖方量比较大,在没有做好弃土场水土保持设计时,可能带来如下的生态环境问题:

(1)公路边坡绿化恢复非常困难,成本费用较高;

(2)深路堑易引起塌方、滑坡等现象,造成水土流失、地质条件的不稳定;

(3)能与前后路段的平纵面设计协调良好,有利于路线总体设计,但由于受路堑边坡高度的限制,使得路线纵面设计指标降低,与路线方案协调性变差;

(4)经常出现挖方数量远远大于填方数量的情况,大量的废方必然对当地的环境带来不利影响;

(5)深路堑需要占用大量土地,大量毁坏当地的土地、植被资源。

采用深挖路堑应结合当地自然条件,做好弃土场水土保持设计、还耕、还林、还草设计,并结合农田建设项目开展弃土造地、造林,增加可耕地面积,这样既节省工程造价,又减缓公路建设占地矛盾。

2)隧道

对于黄土深路堑等路段,当深路堑方案的优势不能得到充分发挥,而其劣势表现突出时,采用隧道方案无疑是值得重点研究的。其生态环境问题分析如下:

(1)采用隧道可大大降低路线高度,改善路线纵面指标,同时也降低了前后路段的路线设计高度,便于工程方案的拟定;

(2)大大减少弃方数量,有效保护当地自然环境;

(3)虽然地质条件对隧道工程的设置有较大影响,但由于其避免了高边坡,一般不会诱发新的地质灾害;

(4)隧道属于地下工程,所以占地相对较少。

综上所述,深挖路堑与隧道方案的论证比选涉及面广,比选因素多,必须进行全方位分析。首先要从路线总体布局的角度审视方案的合理性,在具体比较时,不应只考虑造价因素,要重点考虑环境保护、自然景观的内容,从定量、定性两方面进行论证。图 3-12 为深挖路堑与隧道。

图 3-12　深挖路堑与隧道

3.2.2.3　淤地坝路段路基桥梁

淤地坝是中国黄土高原水土流失严重地区重要而独特的治沟工程,在我国黄土地区分布广泛,由于淤地坝的标准较低,经常有被冲毁的可能,冲毁时坝内淤积的松散泥土随洪水而下对公路构成威胁,因此设计时要考虑溃坝后的影响。黄土地区高速公路不可避免会经过淤地坝路段,通常可采用路基方案,也可以采用桥梁方案。

1)路基方案

一般情况下,采用路基方案会减少工程造价,减小施工难度;坝内路基施工期间可能会破坏部分坝体,对淤地坝造成一定影响;淤地坝内的淤积黄土具有含水率高、孔隙比大、压缩性高、抗剪强度低等不利工程性质,成为严重的不良地质,会造成路基失稳及沉降变形等工程问题,严重影响公路工期、造价和运营安全。

2）桥梁方案

采用桥梁方案对淤地坝造成的影响较小,容易得到水利主管部门的认可;桥梁施工时,对堤坝的干扰也较小,一般不会对堤坝造成较大的破坏;不设置坝内路基,也就不存在淤地坝软土路堤滑动失稳与沉降变形的问题;桥梁规模较大,工程造价较高;堤坝宽度较大或者斜交时,需采用较大跨径跨越堤坝,可能增加工程造价;坝内桥墩若距离坝体较近,则有可能破坏坝体。

黄土地区淤地坝(图3-13)形式多种多样,高速公路与之相交情形也各有不同,因此路线设计时应根据具体情况具体分析,结合淤地坝宽度、软土地基处理难度、溃坝设计洪水位、挖方边坡高度、坝外道路等设施、远期规划等情况综合考虑。

图3-13 黄土地区淤地坝

3.2.3 路线平面、纵断面设计

在我国华北和西北,很大的一部分地区被黄土覆盖,其中以陕北、陇东、晋西、豫西最为显著。黄土的地貌形态可以概括为沟谷地形和间地地形两类。沟谷地形的形成和发展,是沟谷河流作用对坡面黄土物质侵蚀、搬运的结果,可分为切沟、冲沟和河沟。沟间地形分为塬、梁、峁三个基本类型。

3.2.3.1 塬面设线

黄土塬上路线一般线段直长,纵坡平缓,但因两侧冲沟交错侵蚀,塬面有的成为不规则的形状,两侧冲沟的中下游宽而深。有些仍出于发展状态,路线不宜直跨,因此,迫使路线绕行沟头。绕行沟头的路线,为防止沟头的朔源侵蚀,应按地形情况做好排水设施。侵入塬中的冲沟头是路线的转折点,塬中的鞍状分水岭(崾岘)则是塬上路线布局的控制点。崾岘和塬面的相对高差越小,越有利于路线的布局。黄土塬居民点多,塬面全是可耕土地,在控制点间,尽量设长直线和缓长曲线,既提高了路线标准,又可以少占耕地。

3.2.3.2 上塬、下塬路线

布设下塬、上塬线路,要求以发展克服塬面与河谷的高差,并选择适宜的桥位,此路段常控

制路线标准。由于塬坡和斜梁边缘的各个沟头往往影响路线的布局,因此选线时应注意熟悉河谷两侧坡面的地形和地质条件,做到心中有数。由塬面向河谷展线,合理利用冲沟和由塬边直伸到河谷的斜梁两种不同的地形。根据地形情况,广泛布设平沟和鱼鳞坑,植树造林,稳定土壤,对防止边坡塌方将起到积极作用。高等级路利用塬边几个斜梁,采用高填土或者高架桥跨沟。

3.2.3.3 沿沟设线

黄土地区的沟谷有冲沟与河沟两类,前者一般无水流,岸坡易发生崩塌或滑坡,路线顺沟宜走低线,多填少挖;跨沟宜绕沟头,但要预防沟头溯源侵蚀。通过沟间地带的崾岘,当沟坡稳定或有可资利用地形时,可沿侧坡走高线,以路堑穿过崾岘。否则宜走低线,以隧道穿过崾岘。后者路线与一般沿溪线相似,在预计洪水不淹情况下以走低线为宜;对于坡积、洪积和富有节理的黄土,不宜切高边坡,注意避开河曲凹岸的陡崖。

3.2.4 桥、隧场址选择及址区平纵面设计要点

西部大开发战略的实施,促进了西部地区高等级公路的发展,穿越黄土地区的公路桥梁及隧道越来越多。由于黄土的特殊性质,黄土桥梁及隧道的设计和施工与其他地区有很大区别,因此,黄土梁峁沟壑区应选择合适的桥址与隧址,以满足施工及营运期的安全要求。

3.2.4.1 桥梁

桥位应尽量选择在沟岸较低、冲沟较窄、抗冲性强、较稳定处,并应注意沟底的冲刷和沟岸的防护。桥位应尽量避开黄土湿穴、地下熔岩的发育区,以及湿穴易于崩解、潜蚀、顶冲和发育不稳定地段。

路线设计时应做到路桥配合,综合考虑桥梁长度、墩柱高度、桥址等控制因素,小桥和涵洞的位置与线形一般应符合路线的总走向,为满足水文、线路弯道等要求,可设置斜桥,但需避免桥位不合适或斜交过大。对于公路上特大桥、大桥桥位,原则上应服从路线的走向,桥路综合考虑,尽量与河道正交。高速公路线形条件有限,对山形复杂需设弯桥的地段,考虑桥梁设计、施工工期及施工难度,则应尽量将中小桥梁置于圆曲线上或缓和曲线上,并对线形进行透视图检验,做到视觉诱导良好,景观协调,如图3-14所示。

《公路工程技术标准》(JTG B01—2014)规定,桥上纵坡不宜大于4%,桥头引道纵坡不宜大于5%;位于城镇混合交通繁忙处的桥梁,桥上纵坡及桥头引道纵坡均不得大于3%。此规定的主要因素是非机动车对纵坡要求较高,纵坡过大会造成通行能力降低,为防止堵车和发生事故,桥上及桥头引道的纵坡不宜过大。黄土地区高速公路上的桥梁,在受地形及路线线形的限制下,考虑到高速公路的行车条件,故在纵坡设计时桥上纵坡可以大于4%,但在桥梁上下部结构的构造措施、安全防护等方面应进行综合考虑。

图 3-14 平纵舒顺的桥梁线形

3.2.4.2 隧道

1) 黄土隧道位置的选择

(1) 黄土隧道的位置应满足隧道技术标准的要求,有合理的展线和引线,并考虑到隧道开挖后施工场地、弃渣场以及施工便道的位置等要求;

(2) 黄土隧道选线应尽量选择地下水位较低、埋深较大的位置;

(3) 黄土隧道选线应尽量避免穿越浅埋偏压地段。隧道要尽量从山体中间通过,避免傍山而过或者从地形起伏较大的坡面下通过;

(4) 隧道尽可能从老黄土中穿过,避免从新黄土中通过;

(5) 在满足整体线路和进出口围岩稳定性要求的条件下,尽可能缩短隧道的长度;

(6) 隧道的洞门应避开滑坡、崩塌、泥石流等不良地质地段,确定黄土隧道的洞门位置,对边坡、仰坡的稳定性应着重考虑,避免大填大挖。

2) 黄土隧道平纵面设计要点

应根据地质、线形、线路走向、通风等因素确定隧道平面线形。根据地质情况可采取曲线形式。进出口的走向应该考虑到交通安全的要求。当设曲线时,不宜采用设超高的平曲线。隧道不设超高的圆曲线半径规定如表 3-1 所示。当因地形、地质条件限制以及后期实际运营的要求,可以采用小半径曲线隧道,且其超高值不宜大于 1.0%,技术指标应符合《公路路线设计规范》(JTG D20—2017)的有关规定。隧道的停车视距规定如表 3-2 所示。

不设超高的圆曲线最小半径   表 3-1

路拱		设计车速(km/h)		
		120	100	80
不设超高的圆曲线最少半径(m)	路拱≤2.0%	5500	4000	2500
	路拱>2.0%	7500	5250	3350

隧道停车视距(单位:m) 表3-2

公路等级	高速公路		
设计车速(km/h)	120	100	80
停车视距(m)	210	160	110

基于停车视距,可反算满足停车视距要求的隧道内平曲线半径,计算示意图如图3-15所示,其计算公式为式(3-1)、式(3-2)。

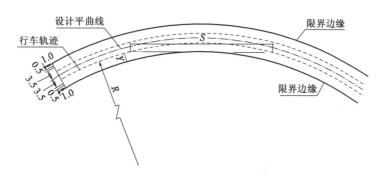

图3-15 隧道视距计算示意图(尺寸单位:m)

由图3-15可知,满足要求的停车视距与视点位置圆曲线半径的关系如下:

$$R^2 = \left(\frac{S}{2}\right)^2 + (R-Y)^2 \tag{3-1}$$

式中:S——停车视距(m);

R——满足视距要求的最小圆曲线半径(m);

Y——行车轨迹至限界边缘的距离(m)。

由式(3-1)可推得,满足停车视距要求的视点位置最小圆曲线半径为:

$$R = \frac{S^2}{8Y} + \frac{Y}{2} \approx \frac{S^2}{8Y} \tag{3-2}$$

由此可知,满足视距的最小圆曲线半径由停车视距以及行车轨迹至限界边缘的距离决定,而Y的大小取决于隧道路段车道宽度以及检修道宽度。

隧道内纵断面线形应考虑行车安全、运营通风功率、施工作业效率和排水要求,隧道内纵坡已设置成单向坡,地下水发育的隧道及特长、长隧道宜采用人字坡。隧道纵坡不应小于0.3%,一般情况下不应大于3%;受地形等条件限制时,高速公路及一级公路的中、短隧道可适当加大,但不宜大于4%;短于100m的隧道纵坡可与该公路隧道外路线的指标相同。当采用较大纵坡时,必须对行车安全性、通风设备和运营费用、施工效率的影响等进行充分的技术经济论证和交通安全评价。纵坡变更的凸形竖曲线和凹形竖曲线的最小半径和最小长度规定如表3-3所示。

竖曲线最小半径和最小长度(单位:m) 表3-3

设计速度(km/h)		120	100	80	60	40	30	20
凸形竖曲线半径	一般值	17000	10000	4500	2000	700	400	200
	极限值	11000	6500	3000	1400	450	250	100
凹形竖曲线半径	一般值	6000	4500	3000	1500	700	400	200
	极限值	4000	3000	2000	1000	450	250	100
竖曲线长度		100	85	70	50	35	25	20

隧道出入口洞口前后亮度的急剧变化,导致黑洞效应和白洞效应,极大地增加了驾驶员视觉及心理生理负荷,使得驾驶员在接近或者离开隧道时不能有效识别道路信息,故应使隧道洞外连接线与隧道线形相协调,并符合隧道洞口内外各3s设计速度行程,有条件时宜取5s设计速度行程(图3-16)。对于间隔100m以内的短隧道群,宜整体考虑其平、纵线形指标。

图3-16 隧道内外线形

黄土地区桥隧相接时,受制于黄土的物理力学特性及地形,隧道洞口大多情况下会出现大量黄土高边坡和高仰坡,洞口大开挖易造成边仰坡失稳滑塌,同时桥隧相接地段一般不具备修筑明洞的条件,给设计施工及运营管理带来了较大风险。在施工过程中,由于考虑到桥隧相接产生的隧道与桥施工相互干扰,洞门与桥台形式的选择相互影响,施工工序相互交替,施工复杂,在黄土地区桥隧相叠不建议使用,桥隧相接(图3-17)尽量避免。同时隧道不宜在黄土与黏土、黄土与基岩、黄土与砂砾(卵石)的分界面或其他含水层的分界处通过。

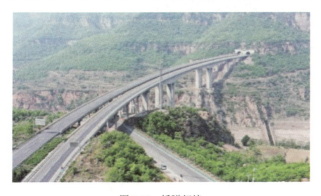

图3-17 桥隧相接

3.3 黄土沟壑区典型勘察设计案例

3.3.1 黄延高速公路扩能工程

黄延高速公路扩能工程是国家高速公路包头至茂名线 G65 在陕西境内的重要组成路段，也是西安至延安高速公路扩能工程的一部分。黄陵至延安高速公路扩能工程的建设，对进一步完善全省高速公路网，形成关中连接陕北的独立快速通道，加快陕北能源化工基地建设，实现关中、陕北经济的率先发展和跨越式发展均具有十分重要的促进作用。路线起于铜川市宜君县崖头庄，与铜黄高速公路相接；止于延安市安塞区沿河湾镇南侧，与既有的包茂高速公路和延延高速公路以枢纽立交相接。路线全长 150.566km。

3.3.1.1 油粉沟路段

路线设计是影响高速公路工程质量、工程造价、工程进度的重要因素，良好的线形设计不但能有效降低工程造价和施工难度，还有利于提高行车效率与行车安全性，确保高速公路和谐地融入周边环境，将公路建设对周边环境的破坏降到最低。

黄延高速公路油粉沟段路线在高哨乡处设置甘泉西互通立交，经油粉村进入油粉沟，经过汪屯村、新河村、石桥峪村、张岔村至范家窑。该段属黄土梁峁沟壑区，冲沟发育，沿线河沟较为宽阔，不良地质较少。因此，路线布设时充分利用地形条件，河沟走向，顺势设线，并尽可能少占耕地，减少拆迁房屋和油井，合理处置地方道路与高速公路的交叉关系。平纵面设计选用了相对较高的指标，保证线形均衡连续，使路线与周边地形、地物、环境、景观相协调，如图 3-18 所示。

图 3-18 沟道内线形流畅

3.3.1.2 张岔至北大树河段

该段地形起伏较大,沟壑梁峁纵横,路线在该段穿越了甘泉、延安交界的寨子峁梁,路线针对隧道规模、洞口位置,结合路线走向及地形、不良地质分布等共布设了 K、C3、C5 三个路线方案进行了同等深度比较。

C3 方案:该方案起于范家窑(C3K115+509.115),沿范家窑支沟设线,以隧道穿越寨子峁至洞子沟,沿沟道设线至北大树河沟,在北大树河水库右岸设线,终点桩号 C3K121+328.963,路线长 5.820km。

K 方案:K 方案起于范家窑(K115+509.115),沿范家窑支沟设线,以隧道穿过寨子峁至老虎沟,沿老虎沟向北设线至北大树河沟分叉处,跨过北大树河沟至其右岸,与 C3 方案相接,终点桩号 K121+330.875,路线长 5.822km。

C5 方案:考虑老虎沟与洞子沟沿线沟道狭窄,布设两幅路基对沟道行洪影响较大,且存在路基高边坡,隧道洞口左右幅间距较小,路线此段取 C3 上行与 K 方案左幅组合而成 C5 方案,路线根据设线要求略有调整。C5 方案路线起点 C5K115+509.115,终点 C5K121+315.921,路线长 5.807km。

对 K、C3、C5 方案路线平纵面进行优化,主要从以下几个方面进行比较:

平纵面指标:K、C3、C5 方案最小平曲线半径均为 700m,K 方案最大纵坡为 2.5%/615m,C3 为 2.75%/920m,C5 方案上行与 C3 方案平纵指标相当,下行与 K 方案平纵指标相当。K、C3、C5 平面指标基本相当,K 方案纵断面指标相对较高。

工程地质条件及高边坡:C3 方案沿线经过滑坡有 3 处,对路线影响较小,但 C3 方案寨子峁隧道出口处,山梁较薄,隧道进洞困难,右线洞口受支沟切割及滑塌影响较大;K 方案路线沿线经过不良地质 3 处,对路线影响均不大;C5 方案上行经过的滑坡与 C3 方案相同,由于寨子峁隧道出口处,仅需布设上行,支沟切割及滑塌对路线影响不大,C5 方案下行经过的滑坡与 K 方案经过的滑坡相同,均为三处,对路线影响不大。K 方案挖方高边坡 6 处,最大高度 70m,C3 方案挖方高边坡 8 处,最大边坡高度 70m,C5 方案上下行挖方高边坡共计 11 处,最大边坡高度 70m。

工程规模:对 K、C3、C5 方案路线平纵面进行优化,各项主要工程数量如表 3-4 所示。

K、C3、C5 方案路线方案比较表 表 3-4

工程项目指标	单位	张岔至北大树河段		
		K 方案	C3 方案	C5 方案
		K115+509.115~ K121+330.874	C3K115+509.115~ C3K121+328.963	C5K115+509.115~ C5K121+315.921
路线长度	km	5.822	5.820	5.807
最小平曲线半径	m	700	700	700
最大纵坡	%/m/处	2.8/1128.40/1	2.8/1128.40/1	2.8/1128.40/1

续上表

工程项目指标			单位	张岔至北大树河段		
				K方案	C3方案	C5方案
				K115+509.115~ K121+330.874	C3K115+509.115~ C3K121+328.963	C5K115+509.115~ C5K121+315.921
路基工程	路基宽度(整体/分离)		m	33.5/16.75	33.5/16.75	33.5/16.75
	路基土石方	填方	千m³	780.894	773.654	742.328
		挖方		770.766	1116.308	909.599
	防护排水		千m³	36.27	61.60	56.55
	沥青混凝土路面		千m²	87.22	113.72	110.26
桥涵工程	特大桥		m			
	大桥		m	673.54/5	126/1	422.08/4
	中、小桥		m	68.34/4	86/1	43/1
	涵洞		道	24	16	21
隧道	特长隧道		m			
	长隧道		m	3510/2	3867/2	3725/2
交叉	天桥		座			
	通道		处	4	4	6
改移地方路			km	1320	2730	3595
占地			亩	494.88	618.20	507.44
拆迁建筑物			m²			
造价			亿元	6.528	6.861	6.893
平均每km造价			万元	11210	11790	11870
比较结果				推荐		

注:初设主线桥梁及隧道中不含互通式立交范围主线桥。桥梁长度以全幅计,隧道长度以单洞计。

通过对比,K方案平面指标较高,隧道工程短,不良地质影响小;C3方案隧道工程较C5、K方案长,且隧道出口受支沟及滑塌影响,对洞口安全不利;C5方案虽对沟道行洪影响较小,避免了C3方案洞子沟出口的不良地质,但上下行距离太远,不利于交通运营,且存在高边坡多、隧道工程大等缺点。综合比较,初步设计推荐K方案。

面对黄土地区公路隧道工程建设高速发展的形势,隧道工程质量控制是隧道建设的核心。路线布设应首先考虑满足道路规划的技术条件要求,再研究可能穿越的几个地点的地下地貌、工程地质和水文地质条件、洞口设置条件和施工条件,结合隧道的线形和道路的连接、工期和投资情况等来综合分析比较,确定最优方案,保证隧道施工和运营期间的安全和经济合理。

3.3.2 子姚高速公路

子姚高速公路位于陕西省境内两条重要的南北纵向国家高速公路(包茂高速公路与榆蓝

高速公路)之间,项目起点接在建的清涧至子长高速公路,终点接建成的延延高速公路(G2211),路线全长55.355km。项目建成后对进一步完善区域公路网,提升高速公路联通水平,推进陕北地区煤炭资源深度开发,实现县域经济持续发展,提高区域交通运输水平,加快扶贫攻坚步伐,促进红色旅游开发,带动经济多元发展等具有重要意义。

3.3.2.1 黄屯立交

黄土在中国北部地区分布较为广泛,冲沟发育,多凌乱破碎,水土流失严重。同时黄土地区陷穴发育、人工洞穴分布较多,部分地段滑坡发育。高速公路属于线状工程,延伸长度大,且对基础的要求高。因此,黄土地区高速公路合理的选线与适当的勘察尤其重要。

子姚高速公路终点在黄家屯设枢纽立交,与延安至延川高速公路相接,黄家屯段地质条件较差,发育多处滑坡,黄屯立交处路线平面设计未绕避大型滑坡(图3-19),造成滑坡体处产生大挖方,边坡稳定性差,开挖后易滑,可能造成大面积水土流失。施工中挖方滑坡体处于黄屯立交A、B匝道平行段,且工程地质条件复杂,采用10级高边坡开挖,多次出现透水、流泥等现象,增加了施工难度。

图3-19 黄屯滑坡段现场图

随着国家高速公路建设不断向地质环境复杂多变的地区纵向延伸,为最大限度地减少地质灾害对公路工程建设与运营的影响,有效减少人类工程活动对地质环境的破坏,设计中应加强路线前期选线勘察,通过卫片解译和现场调查测绘,对黄土地区典型的滑坡、错落以及较大的陷穴群落等不良地质进行验证,应重视并加强地质选线研究,对于大型复杂滑坡,宜优先考虑绕避,如绕避有困难或路线增长过长时,应结合滑坡的稳定性、处治的难易性,从经济、施工难度、后期运营等方面综合考虑。

3.3.2.2 弃土造田

黄土地区,耕地资源紧张,人均占地面积少,坡角地多,群众耕作困难。在国家退耕还林之后,可耕土地越发紧张。从工程设计开始,建设单位就尽量不侵占良田,同时在施工过程中充分利用隧道等工程弃方填沟造田,修筑农田灌溉设施,造福百姓。

子姚项目始终坚持绿色发展理念,坚定走绿色环保节能发展之路,以实际行动把低能耗、低排放、低污染和高效率思想贯穿于项目建设全过程。结合路线周边地形地貌特点,严格控制边坡防护开口线,控制规划清表土,利用清洁能源,选用耐旱耐寒树种,做好固废处理。对弃方、废方进行资源化综合利用,通过沟道弃土造田(图3-20),为沿线村民造地$1.248×10^6 m^2$,建设用地返还率31%,对比征用耕地返还率89%,增加了耕地面积,保障了粮食安全,治理了水土流失,最大程度保护了生态环境。

图 3-20　弃土造田

黄延高速公路与子姚高速公路路线方案与地形协调较好,不单纯追求路基填挖平衡,尽量避免大填大挖,平面指标选取合理,纵面线形平顺,平纵组合良好,在保证安全的基础上,将高速公路建设对环境的影响降到最低,为黄土地区高速公路设计积累了宝贵经验,对未来类似工程建设的指导意义如下:

(1)注重总体设计、确保系统最优。

路线方案在所选定的走廊带与主要控制点基础上,进行合理布局和总体设计,合理运用技术指标。路线设计中强化总体观念,重视路线布设与桥隧工程、交叉工程、沿线设施等工程的关系,体现"统筹兼顾"的设计思想。

路线设计突出灵活性,在满足技术标准前提下,充分利用有利地形。灵活采用整体式、分离式、错台式、半路半桥等断面形式,减少对自然地形、地貌的破坏。

(2)注重方案比选、优化设计方案。

从运营安全、节约资源、造价合理、方便管理和全寿命周期成本理念出发对路线方案进行充分比选,正确处理公路建设与生态环境保护的关系,提高公路结构物和道路运营安全性,降低工程造价,提高工程的综合效益。

第4章 路基路面勘察设计

4.1 路基工程

4.1.1 外业调查原则

4.1.1.1 工程地质及水文地质调查

通过翻阅初步设计文件、地形图测量成果、地质调绘资料等,收集沿线气候、水文、地形地貌、地质、地震等资料。同时,针对所处地形、地貌特征具体划分勘察单元以及勘察重点。外业调查期间,根据路线走向进一步详细查明沿线地基岩土性质、工程地质条件以及地表水和地下水来源、水流特性、地下水稳定水位等。

4.1.1.2 填方路基

根据路线平纵面并结合路基初拟横断面,现场实地调查路基所处的地形、地质及水文条件。对于高填路基重点调查地基是否存在特殊性岩土,如湿陷性黄土、过湿土及淤积坝软土等。同时,应根据路基土石方初步调配情况,选择代表性填方路段取土样,进行室内压实及加州承载比(CBR)试验,为路基填料设计提供依据。

4.1.1.3 挖方路基

重点调查边坡体出露的岩土类别、水文地质条件及不良地质(如黄土滑坡、崩塌等)。同时,应调查沿线自然边坡、人工开挖边坡的边坡形式及稳定状态,通过工程地质类比法合理确定边坡形式和坡率等。深挖路基应合理选取勘探位置并安排地质钻探工作,查明边坡体的地层岩土类别、工程地质及水文地质条件等,以获取设计所需的岩土物理力学参数。

4.1.1.4 特殊岩土及不良地质

黄土墚峁丘陵沟壑区特殊岩土主要为湿陷性黄土和淤积坝过湿土,不良地质主要为黄土滑坡和黄土崩塌。

1) 湿陷性黄土

黄土沟壑地表地层多为湿陷性黄土,外业调查期间应查明路线范围的黄土陷穴、落水洞。以路基形式跨越的冲沟、支沟等,当填土高度较大时,应布置勘探点,查明地表以下 15m 左右的地层及工程地质条件。

2) 湿软地基

查明路线范围的湿软地基,尤其是淤积土、人工填土地基的分布范围、形成年代,以及通过地质勘探查明淤积土厚度及物理力学指标。淤积土一般位于较狭窄的 V 形沟道内,淤积土厚度沿沟道横断面方向差异较大,应通过挖探、勘探方法查明路线范围淤积土的厚度变化情况和沿横断面方向的变化情况。

3) 黄土滑坡

勘察主要以地质调绘、挖探和钻探等为主,以查明特殊地质体的性质、成因类型、规模、稳定状态及发展趋势等。

4) 黄土崩塌

外业调查内容需初步查明崩塌的类型、发育特征、形成原因及发展演化趋势,定性地对其稳定性和危害性进行评价。

5) 取弃土场

通过初拟的路基填挖方式、桥梁和隧道设置情况,在土石方调配的基础上,按照相关规定事先初步确定取、弃土场的位置和规模,然后进行现场实地调查以及必要的勘探工作,并应征得地方政府书面同意。弃土场调查内容包括沟道是否存在常流水、是否存在重要地面附属物(如建筑物、电力电信等)、是否存在地下管线设施(如石油、天然气管线、油井等)、是否为水源地保护区、沟道植被及种植情况等。

6) 路基防护及排水

坡面防护应着重调查周边高速公路路基填方及挖方坡面防护效果。支挡防护重点调查路基是否存在压占既有重要构造物、地方公路、河(沟)道等情况。路基排水应收集气象水文资料,重点调查沿线农田灌溉系统、河流、沟道等分布情况。

7) 路面

根据自然区划、沿线筑路材料,结合既有高速公路路面结构采用情况确定路面结构方案。同时,通过收集预测交通量、车型比例等资料,依据《公路沥青路面设计规范》(JTG D50—2006)初步计算确定路面结构组成及路面厚度。

8) 沿线筑路材料

外业期间,对碎石(含路面工程、混凝土工程)、片石、砂、砂砾、石灰、工程用水以及沥青等"四大材料"的储量、材料单价、运输道路等进行详细调查和取样。路用材料应取样进行原材料试验,所有料场应取得供料方或当地主管部门书面认可协议书。路面上面层碎石技术指标要求较高,应对所属区域内其他工程已采用的面层碎石料场进行认真调查,为确定其作为路用材料提供参考依据。

4.1.2 路基设计原则

路基设计依据《公路工程技术标准》(JTG B01—2014)、《公路路基设计规范》(JTG D30—2015)等规范,积极借鉴相关技术的成功经验,大胆采用新材料、新技术和新工艺,树立全寿命周期成本的新理念,以"安全、环保、美观、经济"为设计原则,通过与路线、桥涵、隧道专业沟通,合理地确定路基填土高度和深挖路堑的边坡高度,在确保工程安全和实施方案可操作的前提下,严格控制工程规模,使其满足服务水平的要求。同时,应满足以下要求:

(1)黄土地区路基设计宜避免高填深挖。不可避免时,当路基中心填方高度超过20m或挖方高度超过30m时,宜结合路线方案做好高填路堤与桥梁、深挖路堑与隧道的方案比选,做好横断面和纵断面设计,实现填挖平衡,最大限度地避免高填深挖,以降低对环境的不利影响,坚持不破坏就是最大保护的原则。

(2)路线通过黄土梁、峁、塬地区时,应远离其边缘,并避开有滑坡、崩塌、陷穴群、冲沟发育、地下水出露的塬梁边缘和斜坡地段。当必须通过时,应采取切实可行的工程措施。路线宜设在湿陷性轻微、湿陷土层较薄、排水条件较好的地段。路线通过冲沟沟头时,应分析冲沟的成因及其发展趋势。当冲沟正在继续发展并危及路基稳定时,应采取排水和防护措施,防止冲沟溯源侵蚀。

(3)路基采用黄土填筑时,填料的强度、压实度、路床顶面回弹模量应符合规范要求。当路基填料达不到要求时,应掺配无机结合料(如石灰、水泥等)进行改良处理。路基土石方调配设计应对移挖作填、集中取弃土、填料改良处理等方案进行技术经济比较,充分利用路基挖方,节约土地。

(4)路基防护应加强生态保护,注重人与自然和谐发展,根据当地气候、水文、地形、地质条件和筑路材料分布情况,采取工程防护和植物防护相结合的综合措施,保证路基稳定,并与周边环境景观相协调,实现最大限度地保护、最小程度地破坏、最强有力度地恢复自然环境。

(5)黄土地区路基排水应遵循拦截、分散、疏导,且早接早送的原则,合理设置封闭、防冲刷、防渗漏和有利于水土保持的综合排水设施,并妥善处理农田水利设施与路基的相互干扰。位于水环境敏感地段的路基地表排水设计,应采取必要措施(如油水分离池、过滤池),保护水环境不受污染。

4.1.3 深挖路基设计

受陕北黄土沟壑区复杂地形和经济条件限制,黄土地区高速公路挖方路基呈现出深挖路基段落多、挖方深度大等特点,具体数据详见表4-1。以延黄高速公路(岳口至阳湾段)为例,该路线总长87.529km,深挖路基(边坡高度大于20m)的路段共120处,总长18.708km,其中,挖方边坡高度大于60m,共32处,全线挖方边坡最大高度118.6m,具体数据详见表4-2。

陕北黄土地区典型高速公路深挖高边坡一览表　　　表4-1

序号	名　　称	路线长度（km）	深挖路基		边坡最大高度（m）	备注
			处数(处)	长度(m)		
1	延延高速公路	116.52	130	16937	108.1	
2	子姚高速公路	55.355	113	19888	92.4	
3	延黄高速公路	87.529	120	18708	118.6	
4	延安东过境高速公路	56.62	62	11030	94.6	

延黄高速公路深挖高边坡一览表　　　表4-2

边坡最大高度(m)	段落（处）	长度（m）	所占比例(%)	边坡最大高度(m)	段落（处）	长度（m）	所占比例(%)
20~30	12	1653	10	70~80	13	2280	11
30~40	32	4471	27	80~90	1	329	1
40~50	24	3323	20	90~100	3	560	3
50~60	20	3011	17	100~110	2	371	2
60~70	11	2086	9	110~120	2	625	2

4.1.3.1 陕北黄土边坡地层情况

黄土墚峁区斜坡地段地表出露的土层大部分为上更新统马兰黄土,硬塑,土性以粉土为主。马兰黄土下部为中更新统离石黄土,硬塑,土性以粉质黏土为主。离石黄土以颜色不同可分为两层,上部离石黄土呈黄褐色,下部以浅红色或红色为主。黄褐色离石黄土土质均匀,结构较致密,节理发育,可见针孔,含有豆粒状钙质结核和白色斑点;浅红色或红色离石黄土土质均匀,结构致密,含有层状大颗粒钙质结核。黄土沟壑区二级阶地上马兰黄土下部为冲积成因的粉质黏土,灰白色,密实,含有黄色斑点和颗粒状钙质结核,局部夹有粉细砂层,土层厚度较薄,如图4-1所示。

图4-1 受南侧化工厂限制,岳口立交出现挖方高边坡(延黄高速公路)

4.1.3.2 黄土边坡稳定性评价

黄土边坡稳定性评价遵循"以定性分析为基础,定量计算为手段"的原则。定性分析以工程类比法为手段,通过收集、调查周边已建成通车高速公路深挖黄土边坡的工程地质条件、边坡形式和后期运营情况,初拟边坡形式。定量计算主要根据每段边坡的地层岩性,选取土体物理力学参数,采用简化 Bishop 法进行正常工况和暴雨工况下边坡稳定性分析评价,建议对黄土深路堑边坡稳定性分析采用裂隙圆弧法。

设有宽平台的深路堑,除应对整个边坡采用裂隙圆弧法进行稳定性计算外,尚应对大平台毗邻的上下分段边坡进行局部稳定性计算。局部稳定性计算方法可视情况采用简化 Bishop 方法或不平衡推力传递法。

4.1.3.3 黄土深挖路基设计

深挖路基坚持安全经济、顺应自然、造型美观、与环境景观相协调的设计理念,结合地形地貌、黄土类别及均匀性、水文地质、边坡高度等因素,利用工程类比法、极限平衡法或数值分析法,通过定性分析和定量计算综合确定黄土边坡形式。陕北地区黄土挖方边坡一般采取"宽台、陡坡、低分级"和"缓坡+骨架防护"两种设计原则。

"宽台、陡坡、低分级"具体思路: 边坡采用台阶形;边坡平台宽度一般采用 3m,当边坡较高时,需结合边坡稳定性在边坡中部增设 5~12m 的宽平台;考虑到黄土直立性好、垂直节理发育等特点,边坡单级坡率采用 1:0.5,边坡分级高度一般采用 5m;一级边坡采用实体护面墙稳固坡脚,其余坡面打穴植草防护,各级挖方平台植树绿化。该类型边坡具有圬工防护少、边坡平台宽、单级坡率陡等特点,主要用于路线横切黄土墚峁、水文条件较好、黄土边坡坡体为 Q_2、Q_3 风积黄土的路段,如图 4-2、图 4-3 所示。

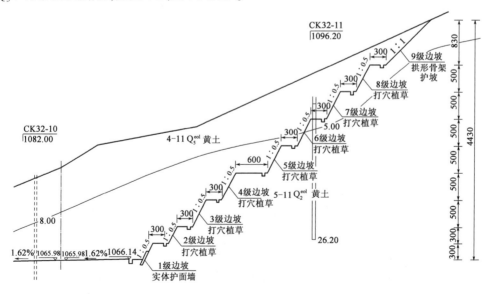

图 4-2 "宽台、陡坡、低分级"路基横断面(延延高速公路)(尺寸单位:cm)

第4章 路基路面勘察设计

图4-3 "宽台、陡坡、低分级"现场照片(延延高速公路)

"缓坡+骨架防护"具体思路:边坡采用台阶形;边坡单级坡率一般采用1∶0.75~1∶1,分级高度8m;边坡平台宽度一般采用3m;边坡较高时,需结合边坡稳定性分析结论在边坡中部增设4~6m宽平台;各级边坡采用窗孔护面墙或拱形骨架护坡防护。该类型边坡具有单级边坡缓、圬工防护多的特点,主要用于路线侧削黄土台塬边部、水文条件较差、黄土边坡坡体为Q_3、Q_4冲洪积黄土的路段,如图4-4、图4-5所示。

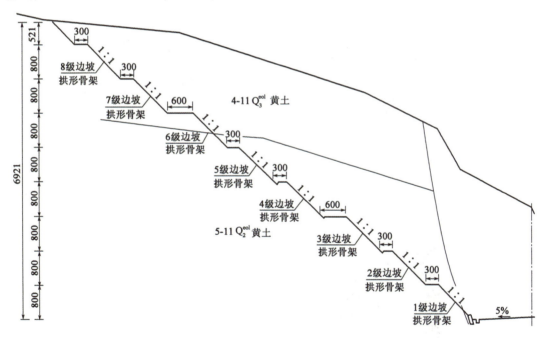

图4-4 "缓坡+骨架防护"路基横断面(子姚高速公路)(尺寸单位:cm)

4.1.3.4 黄土高边坡设计中应注意的问题

1)高边坡设计中应避免"一堵墙"的情况

如图4-6所示,图中为包茂高速公路一处高边坡现场照片,照片中明显可见前四级防护已经结束,但以上边坡防护仍未结束。若不继续开挖,上边坡则在该处形成"一堵墙",既不美观协调,也不安全;若继续开挖,则形成图中情况。

图 4-5 "缓坡+骨架防护"现场照片(子姚高速公路)

图 4-6 包茂高速公路一处高边坡

如图 4-7 所示,图中为子姚高速公路寨子沟隧道左线出口的右侧边坡位置。因路基横断面处理缺失 20m,且与隧道仰坡相交,施工单位照图施工,开挖成图中情况。

图 4-7 寨子沟隧道左线出口(子姚高速公路)

处理该类问题时,一是上边坡不长时,可以继续开挖,再进行防护;二是上边坡较长,应考虑以一定角度斜向开挖出来,减少圬工防护数量。

因此,在遇到高边坡段落结束较突然或者与隧道仰坡相交时,应引起设计人员格外重视,查看横断面间距是否不够近,或是前几级边坡设计坡面线已与地面线相交不上,如以上边坡仍在开挖范围内,设计程序自动忽略。如果存在此类情况,则应在设计中明确如何正确处理。

2)桥梁段挖方边坡设计

以往的施工图设计中,设计人员对桥梁段挖方边坡设计往往不够重视,忽视了该部分的单独设计。路基挖方边坡到桥梁挖方边坡的过渡时会出现以下问题,一是桥台伸入路基挖方段,但缺失桥侧上边坡相应坡率设计及坡面防护;二是虽然有桥梁段边坡设计,但路基段挖方边坡与桥梁段挖方边坡前后设计不一致,过渡不平顺,如图4-8所示。

图4-8 路基段边坡与桥梁段边坡过渡不顺(延黄高速公路)

上述问题都会让施工单位对图纸理解存在偏差,以及导致部分工程量的缺失。所以,桥梁段挖方边坡设计应引起设计人员的足够重视,尽量避免这类情况的发生。

3)桩板墙在减少高边坡中的应用

陕北黄土挖方边坡设计中会遇到挖方边坡只是"削山皮",挖方量虽然不大,但破坏了坡面上的植被,增加圬工防护数量。如果能够通过合理设置桩板墙进行收坡,则能避免此类情况的发生,减少对环境的影响破坏。图4-9为子姚高速公路一处桩板墙收坡横断面图,通过在一级边坡设置外露10m高桩板墙,将最大边坡高度控制到35.9m,成功减少对坡面植被的影响,如图4-9、图4-10所示。

4.1.4 湿陷性黄土地基处理

陕北地区黄土残塬、梁峁及二级阶地表层大面积分布上更新统马兰黄土,该黄土土质均匀,结构疏松,呈灰白色或浅黄色,物质成分主要为粉质黏土,状态以硬塑为主。残塬、梁峁区上更新统马兰黄土厚度一般小于10m,二级阶地区厚度一般在6~10m之间,靠近梁峁边缘斜坡地带的土层较厚,最大厚度近15m。据探井试验资料,湿陷性黄土一般分布于二级阶地上,具自重Ⅱ~Ⅲ级湿陷性;一级阶地内的土层一般具有Ⅰ级非自重湿陷性。黄土地基的湿陷性会对路基产生不同程度的危害,使路基大幅度沉降、开裂,甚至严重影响其安全和使用。

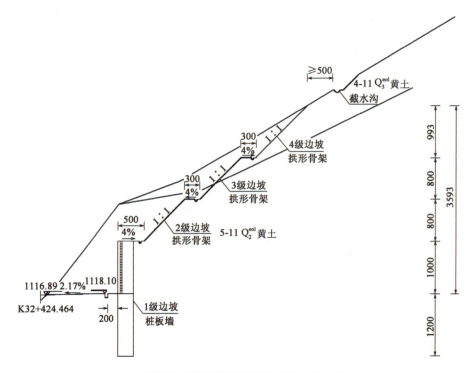

图4-9　桩板墙收坡横断面图(子姚高速公路)(尺寸单位:cm)

图4-10　桩板墙收坡照片(子姚高速公路)

4.1.4.1　湿陷性黄土地基处理原则

湿陷性黄土地基处理时,应对黄土湿陷层厚度、湿陷类型、湿陷等级等进行可靠判定和全面认识,并根据路基填土高度、黄土湿陷等级、施工条件和材料来源等实际情况,综合选取经济合理的地基处理措施,通过改善土体性质和结构、减小土体渗透性和压缩性,控制其湿陷性发生,部分或全部消除其湿陷性,提高地基承载力。

4.1.4.2　湿陷性黄土地基处理措施

陕北黄土地区高速公路湿陷性黄土地基通常采取换填垫层法、强夯法、挤密桩法等措施进行处理。

换填垫层法是将湿陷性黄土全部或部分挖除后分层夯实换填灰土、水泥土或素土等性质较好的土层,该方法具有施工便利、效果改善明显等优点,是一种广泛应用的浅层处理措施。

强夯法是通过重锤自由下落产生的夯击能加固地基的方法,属动力固结法,该方法具有施工速度快、经济成本低、振动和噪声较大等特点,如图4-11所示。

图4-11　强夯施工(子姚高速公路)

挤密桩法是采用冲击或振动方法将圆柱形钢质桩管打入地基成孔,然后在孔内夯填灰土、水泥土或素土等,通过成孔和填孔的横向侧压作用消除黄土湿陷性,该方法具有无须挖土、原位加固、施工干扰较小、加固深度大等特点,如图4-12、图4-13所示。

图4-12　灰土挤密桩施工(子姚高速公路)

图4-13　水泥搅拌桩施工(子姚高速公路)

以子姚高速公路为例,陕北黄土地区湿陷性黄土地基处理具体措施见表4-3。

湿陷性黄土地基处理措施一览表(子姚高速公路)　　　　　表4-3

湿陷等级 填挖情况	Ⅰ级非自重湿陷性	Ⅱ级自重(非自重)湿陷性	Ⅲ级自重湿陷性
挖方路基	仅做路床处理	冲击碾压	冲击碾压
低填路基 $H \leqslant 1.52m$	40cm灰土垫层	40cm灰土垫层+ 60cm素土翻挖回填	40cm灰土垫层+ 80cm素土翻挖回填
填方路基 $1.52m < H < 4m$	40cm灰土垫层	优先强夯(1000kN·m); 不宜强夯时,60cm灰土垫层+60cm素土垫层	优先强夯(1000kN·m); 不宜强夯时,60cm灰土垫层+80cm素土垫层
填方路基 $4m \leqslant H \leqslant 8m$	40cm灰土垫层+60cm素土垫层	优先强夯(1000kN·m); 不宜强夯时,60cm灰土垫层+80cm素土垫层	优先强夯(1200kN·m); 不宜强夯时,灰土挤密桩
填方路基 $H > 8m$	40cm灰土垫层+60cm素土垫层	优先强夯(1200kN·m); 不宜强夯时,灰土挤密桩	优先强夯(1200kN·m); 不宜强夯时,灰土挤密桩

4.1.5　软弱地基处理

陕北黄土地区软弱地基主要位于淤地坝和人工造田路段。

淤地坝主要修筑于二十世纪六七十年代,土体淤积时间较长。坝内堆积土层一般为两层,上部为新近沉积土,下部为沟谷内流水形成的常年淤积土。上部新近沉积土呈浅黄色、黄褐色,甚至颜色杂乱、无层序,土质不均匀、结构松散,土内多有团块状粉质黏土颗粒,原土成分以马兰黄土和离石黄土为主,厚度一般在2~5m之间。下部淤积土呈褐黄色或褐红色,可塑或软塑状,土质不均匀,结构松散,沉积韵律较清晰明显,含较多黑色或褐色植物根茎,大多在6~10m之间,如图4-14所示。

图4-14　陕北淤积坝地基

人工造田是当地政府近几年使用大型机械就地挖山、填沟形成的,土体沉积时间较短。人工造田堆积土层一般也分为两层,上部为新近沉积土,下部为新近人工填土。上部新近沉积土与淤积坝相同,下部多含钙质结核,厚度一般在1~6m之间。下部人工填土呈褐黄色,可塑状,土质不均匀,结构松散,土质成分杂乱,厚度大多在6~9m之间,大多堆积于基岩面上,土层由于排水不畅,下部多有饱水特性,如图4-15所示。

图4-15 陕北人工造田地基

为减少路基工后沉降、提高路基整体稳定性,根据路基填土高度、淤积土或人工填土分布厚度及物理力学特征等分别采用碎石、片石垫层、水泥搅拌桩、强夯等处理措施,具体如下:

(1)碎石或片石垫层:适用于地表软弱土层厚度小于3m的路段。地基为可塑粉质黏土时,采用碎石垫层予以处理;地基为软塑或流塑粉质黏土时,先碾压片石稳固软基,随后在片石顶面设碎石予以过渡。

碎石垫层应选用洁净、坚硬的碎石,压碎值不大于35%,最大粒径小于5cm,含泥量不大于5%。片石垫层应选用不易风化的石料,石料强度不应小于30MPa,片石厚度不小于15cm,抛石挤淤时采用粒径片石,要求30cm以下的石料含量不宜大于20%,见图4-16。

图4-16 湿软地基抛石挤淤

(2)水泥搅拌桩:适用于软弱土层(软塑、流塑粉质黏土、淤泥质土)厚度大于3m或存在软弱下卧层的路段。水泥搅拌桩桩径0.5m、桩距1.1~1.2m、等边三角形布置,桩长根据路基填土高度和软弱土层厚度确定。

水泥搅拌桩桩体水泥宜采用强度等级为42.5的普通硅酸盐水泥,水泥掺入量12%~20%,水灰比可采用0.5~0.6,水泥土90d无侧限抗压强度不小于1.5MPa。桩顶应设置褥垫层,褥垫层采用级配碎石,碎石最大粒径不宜大于2cm,褥垫层夯实度不应大于0.9。

(3)强夯:适用于地基为人工造地、人工填土路段。强夯夯击能 1200～2000kN·m,同一强夯能级宜采用重锤、低落距的方式进行。强夯前应查明强夯范围内地下管线及附近各种构造物,并应根据构造物的类型采取相应的保护措施。一般情况下,强夯距离构造物(如建筑物、高压塔、通信塔、地下管线等)不小于 100m。与构造物安全距离不满足要求时应开挖隔震沟或调整强夯参数。

4.1.6 路基填料设计

陕北黄土沟壑区公路路基总体挖方多、填方少,绝大部分路段可通过纵向调运路基挖方填筑,不再集中设置取土场。黄土地区路基挖方主要为新老黄土、黄土状土及粉质黏土,局部路段为强～中风化砂岩、泥岩或黏土岩。黄土作为填料能否满足路基强度要求,对于保证路基长期稳定及降低工程造价至关重要。

4.1.6.1 黄土填料承载比试验情况

目前,公路工程普遍采用 CBR 值评价路基填料的强度和抗变形能力。勘察设计阶段,应选择代表性土样进行室内承载比试验,掌握黄土填料在不同压实度下的 CBR 值,选择经济合理的填料方案。延安周边高速公路黄土 CBR 值试验情况见表 4-4。

延安周边典型高速公路黄土 CBR 试验一览表　　表 4-4

序号	名称	取样点(处)	不同压实度 CBR 试验(%)			备注
			93%	94%	96%	
1	延黄高速公路(岳口至阳湾段)	10	取值范围 2.4～4.3	3～4.6	3.6～5.7	
			平均值 2.3	3.9	4.9	
			变异系数 17	12	11	
2	子姚高速公路	9	取值范围 3.8～7.7	4～8.7	5.2～10.7	
			平均值 4.9	5.6	7.2	
			变异系数 26	28	26	
3	延安东过境高速公路	8	取值范围 2.4～5.5	2.5～6.1	2.6～7.2	
			平均值 4.3	4.5	5.3	
			变异系数 21	23	27	

试验结果表明:用作下路堤填料,黄土 CBR 值满足设计要求;用作上路堤填料,黄土 CBR 值基本满足设计要求;用作路床填料,黄土 CBR 值难以满足要求。因此,黄土用于路基填料时,需根据不同层位采用相应的改良方案。

4.1.6.2 黄土填料改良方案

为提高黄土地区路基填料的 CBR 值,陕西省以往普遍采用石灰对黄土填料进行改良处理,设计、施工技术经验较为成熟。近年来,受环保政策影响,石灰料场多数已被取缔或停产,石灰供应受限,石灰改良土成本大幅攀升。为降低工程造价,近期建设工程已改用水泥改良黄土。黄土掺加低剂量(3%~5%)水泥后,CBR值大幅提高,保证路基具有足够的强度和稳定性,见图4-17、图4-18。

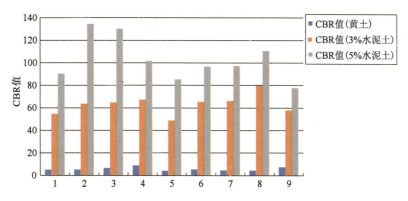

图4-17 黄土和水泥土94%压实度CBR值(子姚高速公路)

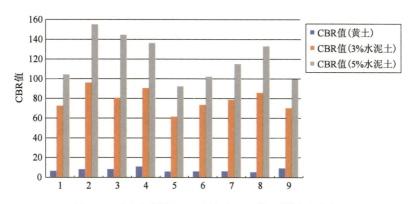

图4-18 黄土和水泥土96%压实度CBR值(子姚高速公路)

4.1.6.3 路基填料设计方案

1)一般路段

一般路堤:上路堤填料采用3%水泥土;下路堤填料采用素土,压实度较规范值提高1%,即94%。填方或土质挖方路床:上、下路床填料均采用5%水泥土。石质挖方路床:路床处理厚度40cm,填料采用碎石,见图4-19、图4-20。

2)特殊路段

(1)高填路基:为减少路基工后沉降,上、下路堤均采用3%水泥土。路堤压实度较规范值提高1%,即上路堤压实度≥95%,下路堤压实度≥94%。

(2)桥头路基:为减轻桥头、涵侧跳车现象,在桥台、涵洞台背两端路基设置过渡段,过渡段呈倒梯形,采用4%水泥土填筑,压实度不小于96%。

(3)路基压占沟道路段:为避免沟道两侧渗水浸泡路基,原沟道地表以上1.5~2.0m范围内采用石渣或碎石等透水材料填筑。

(4)河漫滩路段:地下水位高、地表潮湿,地表以上0.4~0.6m范围内采用石渣或碎石填筑,其余部分采用3%水泥土。

(5)浸水路段:路基底部1.0~1.5m范围内采用石渣或碎石等透水材料填筑。

图4-19 路床水泥土施工现场(子姚高速公路)(一)

图4-20 路床水泥土施工现场(子姚高速公路)(二)

4.1.7 弃土场综合设计

陕北地处黄土高原,沟壑纵横、梁峁起伏、地形破碎。为节约工程造价,该地区高速公路普遍具有深挖路基多、填方少、弃方数量大的特点,陕北地区高速公路弃土情况如表4-5所示。以延黄高速公路(岳口至阳湾段)为例,该段路线总长87.529km,深挖路基18.708km/120段,路基挖方2192万m^3、填方609万m^3,全线弃方1755.5万m^3(其中路基弃方1525.8万m^3、隧道弃渣229.7万m^3),共设弃土场37处。面对陕北黄土地区高速公路弃方数量大的实际情况,选择合理的弃土方案成为公路建设的关键。

陕北地区典型高速公路弃土规模一览表　　表4-5

序号	名　　称	路线长度 (km)	弃土数量 (万m^3)	弃土场 (处)	备　注
1	延延高速公路	116.52	1451.3	32	
2	子姚高速公路	55.355	1655.8	33	

第4章 路基路面勘察设计

续上表

序号	名　　称	路线长度（km）	弃土数量（万 m³）	弃土场（处）	备　　注
3	延黄高速公路(岳口至阳湾段)	87.529	1755.5	37	
4	延安东过境高速公路	56.62	1252.5	29	

4.1.7.1 弃土场设置原则

弃土场的选址需结合当地地形、地质及水土流失特征,按照临时保护、中期保护及长期保护的设计原则建立综合有效的防排水体系和水土保持措施,设置原则具体如下:

(1)弃土场设计应坚持预防为主、防治结合、安全可靠和经济合理的原则。

(2)弃土场应符合环境保护、水土保持等要求,经主管部门批复的水保、环保方案必须纳入土建工程同步设计、同步实施、同步投入使用。

(3)弃土场一般选择在路基范围以外、远离村镇、地面无重要附属物、无常流水或常流水较小、运输条件便利的荒地侧沟处。

(4)严禁在路基、村庄、桥梁上游,桥孔下设置弃土场。取土场、弃土场施工应考虑暴雨等不利因素,严格按设计要求作业。

(5)严禁在对重要基础设施、人民群众生命财产安全及行洪安全有重大影响的区域布设弃土场。弃土场不应影响河流、河谷的行洪安全;弃渣不应影响水库大坝、水利工程取水建筑物、泄水建筑物、灌(排)干渠(沟)功能,不应影响工矿企业、居民区、交通干线或其他重要基础设施的安全。

(6)不宜在河道、水库管理范围内设置弃土场,确需设置的,应符合河道管理和防洪行洪的要求,并采取措施保障行洪安全,减少由此可能产生的不利影响。

(7)弃土场应避开滑坡体等不良地质条件地段,不宜在泥石流易发区设置弃土场;确需设置的,应采取必要防护措施,确保弃土场稳定安全。

(8)按照"因地制宜,安全可靠,切实可行,经济合理"的原则,紧密与当地生产规划、土地利用以及土地合理利用相结合,以恢复原土地利用类型为主,为恢复原土地利用类型创造条件。

4.1.7.2 弃土场设计

随着国家对环保理念逐渐重视,绿色公路理念也推广了多年,因此在弃土场设计中应加强对该部分的设计,以满足工程建设后期环水保验收要求,如图4-21所示。

1)弃土场设计

弃土场设计应参照当地填沟造地的成功经验进行,兼顾公路弃土与地方造地。弃土场外观与原有地貌协调,弃土坡面绿化、顶部整平返耕以减少水土流失,弃土前清除地表腐殖土以备后期造地或绿化工程。为确保弃土场安全,避免诱发新的地质病害,根据现场实际地形情况设置必要的防护及排水设施。弃土场前缘设置挡土坝及挡墙,底部设置纵向渗沟,顶部设置排水沟排洪泄流。

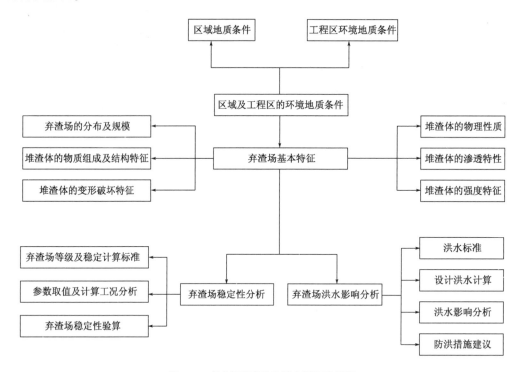

图 4-21　弃土场稳定性和洪水评价流程图

2)弃土场稳定性评价

随着环水保验收要求逐渐严格,弃土场稳定性评价在验收过程中至关重要。《公路路基设计规范》(JTG D30—2015)对弃土场的稳定性分析评价内容未做具体要求,因此其稳定性分析主要参考《水土保持设计规范》(GB 51018—2014)及《水利水电工程水土保持技术规范》(SL 575—2012)执行。

弃土场稳定性评价技术路线:前人成果(包括地形、地质勘测资料、水土保持方案报告书、环境影响报告书、地质灾害危险性评估报告)→弃土场现场调查→弃土场排洪验算→弃土场拦挡工程验算→弃土场稳定性计算。

4.1.7.3　弃土场造田典型实例分析

结合在陕北黄土沟壑地区设计的多条高速公路,包括榆绥高速公路、绥延高速公路、延绥高速公路、延黄高速公路、黄延高速公路及子姚高速公路。上述几条高速公路均存在弃方量大,需要设置多处弃土场消化多余弃方。合理利用弃方,变废为宝,尽量少占或不占耕地,减少弃土对环境的影响,形成黄土沟壑区合理利用弃方成功的案例。

以子姚高速公路为例,基于"变废为宝、综合利用"的原则,最大限度利用路基弃土方对偏僻沟道实行造田工程,将狭窄沟道变为易于耕种的良田,全线弃土填沟造田37处(其中采用原设计12处,新增25处)共计产生1872亩水浇地,如图4-22、图4-23所示。

图4-22 弃土与当地造地结合案例(子姚高速公路)(一)

图4-23 弃土与当地造地结合案例(子姚高速公路)(二)

4.1.8 路基防护综合设计

黄土沟壑区路基防护应根据沿线气候、水文、地形、地貌、地质条件及筑路材料分布等情况,坚持"尊重自然、师法自然、融入自然"的设计理念。在保证路基稳定的前提下,采取工程防护与植物防护相结合的综合措施,体现"安全、环保、舒适、和谐"的原则,并力求经济合理、便于施工、美观耐用,确保路基稳定,并与周围环境景观相协调,做到工程建设与环境保护的和谐统一,如图4-24所示。

图4-24 短距离连续采用窗孔护面墙防护,与周边景观极不协调

4.1.8.1 路基防护与支挡原则

(1)路基防护设计应以保证坡面稳定性和耐久性为目的,根据土质条件、降水量、气候条件、路基边坡高度及坡度、防护材料来源等因素综合分析确定防护措施。

(2)沿河路基受水流冲刷时,应根据河流特性、水流性质、河道地貌、地质等因素,结合路基位置,选用适宜的防护、导流或改河工程。

(3)路基支挡设计应以提高坡体稳定性为目的,根据地质、地形、水文、路基边坡高度及坡度等因素,经稳定性计算分析确定支挡措施。

(4)路基支挡设计时,应对路基边坡进行工程地质勘察,查明其工程性质、不良地质和特殊性岩土的分布,尤其是场地湿陷类型和地基湿陷等级的平面分布情况。

(5)支挡结构应与桥台、隧道洞门、排水设施、既有支挡结构物和坡面防护形式协调配合、衔接平顺,应做好综合设计。

(6)大型支挡工程宜根据工程的重要性和实际条件进行施工期的原位监测,并依据施工期揭示的地质信息和监测资料实施信息化设计。

4.1.8.2 路基防护与支挡实例

1)减少灰色圬工污染,提升生态自我修复能力

黄土沟壑区路基边坡坡体主要为第四系风积黄土或冲洪积黄土。黄土垂直节理发育,直立性很强。同时,黄土土质地疏松,富含氮磷钾等养分,自然肥力高,适于耕作和植物生长。根据黄土这些特点,为减少灰色圬工防护污染,提升生态自我修复能力,黄土边坡应优先采用"宽台、陡坡、低分级"形式。这种边坡形式的特点:单级坡率陡,一般采用1:0.5;单级坡高低,单级坡高3~5m;边坡平台宽,一般平台最小宽度3m,对于高度大于30m的边坡,通常需根据边坡稳定性结论增设5~10m宽平台;边坡防护量少,一般仅需在边坡坡脚设置高度小于2m的实体护面墙,整个边坡防护体系以碎落台植树和边坡打穴植草、植灌为主。

2)灵活处理路基横断面,减少路基圬工防护

设计人员在进行路基横断面设计时,边坡处理原则掌握不够灵活,设计手法过于粗放,导致边坡防护过度,既增加了工程投资,又造成视觉污染。为减轻工程对环境的负面影响,路基横断面形式宜结合具体地形地貌与环境特点灵活调整,如图4-25~图4-27所示。

子姚高速公路永坪立交在后期施工期间,根据现场实际情况,挖除了中间三角区及环岛范围内的土包,取消了边坡防护,增加绿化景观设计。不仅变更核减40余万元,还使驾驶员视野更加开阔,立交与周边环境更协调美观。

图 4-25　取消路基左侧反向边坡防护，视觉和景观效果会更好

图 4-26　立交内环边坡若放缓或挖平，既减少防护，又可增加行车视距，使行驶更加安全

图 4-27　永坪立交(子姚高速公路)

4.1.9　路基排水综合设计

水是黄土地区路基产生病害的主要原因。黄土地区路基若无完善的排水工程或排水工程设置不当，在长期雨水作用下，往往产生各种病害，如边沟冲刷、坡面冲蚀、边坡滑塌、基底陷穴、地基湿陷等。因此，良好的排水工程是保证黄土地区路基稳定的首要措施。

4.1.9.1　黄土地区路基排水原则

黄土地区路基排水最重要的问题是防冲、防渗，为此，除应遵循一般地区路基排水的设计原则外，还应遵循迅速引离、分散径流、降低流速、加固沟渠的原则。为保证路基稳定和沿线居民出行便利，根据沿线地形、地质情况，排水系统设计将防、排、疏相结合，兼顾考虑主线和被交线排水，并与路面排水、路基防护等工程设计相协调，以形成分段、完善的综合排水系统。

(1)黄土地区路基排水设计应遵循拦截、分散的处理原则，设置防冲刷、防渗漏和有利于水土保持的综合排水设施及防护工程,并应防止农田水利设施与路基的相互干扰。

(2)洪水频率和重现期:路基排水设计流量按 1/15 洪水频率计算,路界内坡面排水设计重现期 15 年,路面排水设计重现期为 5 年。

(3)填方边坡设置骨架护坡路段,路面汇水通过骨架护坡排入路堤边沟;填方边坡采用植草防护路段,路面汇水通过设置沥青混凝土拦水带集中排入路堤边沟。超高路段路面采用集中排水方式。

4.1.9.2 新技术、新材料、新工艺的应用

1)水泥复合卷材堑顶截水沟及平台截水沟

水泥复合卷材是由土工布包裹专用配方水泥针刺而成的毯状材料,遇水会发生水合反应而硬化成一种强度较高的防水耐用混凝土。水泥复合卷材施工现场不需要任何混凝土搅拌设备,只要将卷材铺展、洒水即可。水泥复合卷材被广泛应用于子姚高速公路挖方平台及堑顶截水沟,该类型截水沟具有施工工艺简单、操作方便、施工速度快、整体性好、造价低等优点,在年降水量较小的陕北地区具有明显优势,如图 4-28、图 4-29 所示。

图 4-28　水泥复合卷材堑顶截水沟　　　　图 4-29　水泥复合卷材平台截水沟

2)钢波纹管排水涵洞

钢波纹管涵的波纹结构可使涵洞路面受力合理,荷载分布均匀,并具有一定的抗变形能力,能解决陕北寒冷地区霜冻对管涵混凝土结构的破坏问题。钢波纹管涵具有工厂集中生产,生产不受环境和场地限制等优点,有利于降低工程成本和质量控制。钢波纹管涵洞的工后运营、养护成本较低,工程实际造价低于同类跨径的钢筋混凝土涵洞,如图 4-30 所示。

3)路堑加深边沟加固

路堑加深边沟主要出现在超高路段横向排水管出口处或反坡排水等路段,为满足排水要求,边沟沟壁最大加深至 160m。其在施工运营期间存在的主要问题为沟壁倾斜或倒塌,严重影响边沟的正常使用。结合施工现场反馈情况,延黄高速公路采取了增大边沟壁厚、增配 U 型钢筋网和在边沟中部增设横向支撑梁等措施,使用效果非常良好,如图 4-31、图 4-32 所示。

图 4-30　钢波纹管排水涵施工现场(子姚高速公路)

图 4-31　加深边沟沟壁倒塌(延黄高速公路)　　图 4-32　支撑梁支撑(延黄高速公路)

4)防腐蚀混凝土的应用

陕北地区冬季气候严寒,道路积雪融化速度慢,公路养护部门常采用融雪剂融雪,保证道路畅通。目前广泛使用的融雪剂是无机氯盐类融雪剂,如氯化钠、氯化钙、氯化镁、氯化钾等,通称化冰盐。融雪剂融化的雪水流经边沟、纵向集水槽、路缘石等,对水泥混凝土产生腐蚀,易使其较早出现混凝土表皮脱离、麻面等通病,严重影响路容、路貌及排水构造物使用寿命。为此,将现浇 C25 混凝土调整为防腐蚀 Ca30 混凝土。

5)边沟滑模施工工艺

在子姚高速公路建设中,采用水泥混凝土多功能滑模摊铺机施工边沟,该设备是将控制板、输送控制器、振捣棒组等水泥混凝土边沟施工所需的功能组合在一个可机动行走的履带式机械上,完成一次振捣密实、挤压滑动形成水泥混凝土排水沟边墙作业。通过滑模施工,一方面,取消了大量费工、费力和费时的混凝土边沟支模及浇筑工作;另一方面,通过取消模板和增加机动性,提高水泥混凝土边沟的施工进度、施工质量及施工效率,如图 4-33 所示。

图 4-33 边沟滑模施工（子姚高速公路）

4.2 路面设计

4.2.1 总体要求

路面设计要贯彻全寿命周期成本理念，遵循因地制宜、品质耐久、资源节约、生态环保的原则，主要包括以下要求：

(1)基于全寿命周期成本最优理念设计路面结构。

(2)注重功能性路面设计应用。

(3)因地制宜选用路面材料。

(4)加强旧路面再生利用和环保技术应用。

(5)新材料、新技术的应用。

4.2.2 路面材料选用

4.2.2.1 地方性材料应用

遵循"因地制宜、就地取材"的原则，减少远距离调运面层材料，优先选用地方性材料。路面材料的选择一方面满足交通、环境对路面结构与材料的要求，另一方面要充分考虑工程区域特点和经济性，充分利用地方性材料。当地方性材料性能不满足要求时，应优先考虑通过科技创新、技术措施予以解决。例如陕北地区砂岩分布广、储量大，但是砂岩的强度低，可考虑将本地砂岩用于路面底基层碎石用料。此方法在陕西省部分工程中已取得成功经验。

4.2.2.2 废胎胶粉循环利用

橡胶沥青作为新型的路面材料用于沥青路面可改善路面使用功能,延长路面使用寿命,减轻轮胎废弃带来的环境压力,符合国家当前发展循环经济的政策。

(1)橡胶沥青把颗粒橡胶粉大比例掺入沥青,在充分融合而又不过度破坏硫化橡胶分子结构的反应条件下,形成能显著体现轮胎橡胶性能特点的新型混合料胶结材料。橡胶沥青具有耐老化,低温柔性大,抗反射裂缝、疲劳裂缝和低温裂缝的能力特别强的特点。

(2)橡胶沥青应力吸收层在延缓罩面的反射裂缝方面有非常好的效果,采用类似于碎石封层的形式,具有良好的弯曲和蠕变性能以及较低的模量,能够缓解应力集中,修复已经产生的裂缝,阻止裂缝向面层扩展。橡胶沥青应力吸收层的作用主要有:

①防止水分浸入基层和路基。
②减少旧路面的老化。
③增强与旧路面的黏结力。
④减少反射裂缝。

(3)橡胶沥青断级配混合料与粗集料之间具有良好嵌锁,细集料用量较少,橡胶沥青用量一般较大,橡胶沥青断级配路面具有以下优点:

①提高路面抗裂、抗疲劳性能,更适用于水泥路改造和水泥稳定基层路面。
②改善路面抗老化性能、延长路面使用寿命,减少养护维修。
③减轻路面的温度敏感性,可以同时具有优良的高温稳定性和低温抗裂性能。
④提高路面抗老化性能,延长路面使用寿命。

橡胶沥青混合料按其生产工艺不同,分湿法和干法。目前,湿法橡胶沥青混合料运用较多,可用于各种等级公路新建和扩建工程,适用于沥青路面的各结构层位。

4.2.3 基层、底基层水泥稳定碎石新技术应用

依据《公路路面基层施工技术细则》(JTG/T F20—2015)(以下简称《细则》)及陕西省地方标准《垂直震动法水泥稳定碎石设计施工技术规范》(DB 61/T 529—2011)(以下简称"地方标准")结合省内黄土地区的施工经验针对基层、底基层水泥稳定碎石在设计方法、技术指标、施工质量控制等方面进行优化,目前在省内多条高速公路取得了成功的经验。技术要求如下:

4.2.3.1 集料

1)集料规格

集料最大粒径不大于37.5mm。同时,为确保备料质量及施工控制,基层与底基层备料采用同规格、同质量的集料,并且均按照4档进行备料,即:19~37.5mm、9.5~19mm、4.75~9.5mm、0~4.75mm。

四种规格集料单粒径要求如表4-6、表4-7所示。

粗集料规格要求 表4-6

规格 (mm)	通过下列筛孔尺寸(mm)的质量百分率(%)						
	37.5	31.5	19	16	9.5	4.75	2.36
19.0~37.5	100	90~100	0~15	0~5	—	—	—
9.5~19.0	—	100	80~100	—	0~15	0~5	—
4.75~9.5	—	—	—	100	80~100	0~10	0~5

细集料规格要求 表4-7

规格 (mm)	通过下列筛孔尺寸(mm)的质量百分率(%)			
	9.5	4.75	0.6	0.075
0~4.75	100	90~100	30~50	0~15

2) 粗集料

粗集料压碎值、针片状含量采用"地方标准"规定执行,见表4-8。

粗集料技术要求 表4-8

层 位	压碎值 (%)	针片状含量(%)	
		大于9.5mm	9.5~4.75mm
基层、底基层	≤25	≤15	≤20

3) 细集料

在执行《细则》要求技术指标的同时,采用"地方标准"规定,采取砂当量、塑性指数双控,进一步加强质量控制,见表4-9。

细集料技术指标 表4-9

《细则》技术指标要求			"地方标准"技术指标要求
塑性指数	0.075mm以下有机质含量(%)	硫酸盐含量(%)	砂当量(%)
≤17	15~20	12~20	≥50

4.2.3.2 配合比设计

1) 设计方法

采用"地方标准"规定的垂直振动击实试验方法,仪器采用振动成型仪,其技术要求必须满足"地方标准"附录A要求。同时,采用重型击实法验证垂直振动击实试验方法确定的混合料最大干密度和最佳含水率。

2) 矿料级配

采用"地方标准"规定的强嵌挤骨架密实型水泥稳定碎石矿料级配,并严格控制4.75mm及0.075mm筛孔通过质量百分率,见表4-10。

强嵌挤骨架密实型水泥稳定碎石矿料级配　　　　　　　　　　表4-10

层　位	通过下列筛孔尺寸(mm)的质量百分率(%)							
	37.5	31.5	19	9.5	4.75	2.36	0.6	0.075
基层、底基层	100	88~100	58~70	38~46	26~34	20~28	8~16	0~6

3)水泥剂量、压实度和强度

(1)水泥剂量及压实度(表4-11)

水泥稳定碎石水泥剂量及压实度要求　　　　　　　　　　表4-11

层　位	压实度(%)	水泥剂量(%)	
		最小值	最大值
基层	≥98	3.5	4.5
底基层	≥97	3.0	4.0

(2)强度标准

采用7d龄期无侧限抗压强度及劈裂强度作为施工质量控制的主要指标,见表4-12,不进行7d龄期无侧限抗压强度与90d或180d龄期弯拉强度关系的验证。

强度要求　　　　　　　　　　表4-12

层　位	7d强度代表值(MPa)			
	水稳石灰岩碎石		水稳花岗岩碎石	
	抗压强度	劈裂强度	抗压强度	劈裂强度
基层	≥7.0	≥0.65	≥6.6	≥0.60
底基层	≥6.5	≥0.60	≥6.0	≥0.55

4.2.4 节能环保技术应用

4.2.4.1 温拌沥青混合料技术

我国大多是以热拌沥青混合料HMA作为传统公路隧道沥青路面施工材料,由于隧道空间封装狭窄,通风条件较差,在摊铺过程中沥青混合料排放的CO_2及其他有害气体难以排出,导致隧道内施工环境恶劣,严重伤害到现场施工人员的身体健康。此外,施工环境温度高,易引起摊铺设备和碾压设备频繁停机;施工时释放的烟尘阻挡视线,影响施工技术人员的操作,施工质量难以保证。

(1)温拌技术是公路交通行业中节能环保的新型技术,具有节能环保且适用于低温季节施工等特点,采用温拌技术可以显著降低沥青混合料在拌和过程中的能耗及碳排放。采用温拌技术的材料与相同类型热拌沥青混合料相比,可极大改善隧道内路面施工的环境,减少有毒气体排放,并可在低温天气中施工,延长了施工时间,可较早开放交通,使施工对交通的影响减至最低。

(2)使用温拌沥青混合料,可使拌和温度降低15~30℃,明显减少有害气体的排放,其中

CO_2 排放减少约50%,CO 排放减少约60%、SO_2 排放减少约40%,氧化氮类排放减少约60%,可节省燃油20%~30%,并能够很好地缓解沥青混合料的老化问题,减少隧道通风设备投入成本,节约了路养成本。

省内长、特长隧道设计施工以节能减排或改善隧道施工条件为目的,沥青混凝土面层采用温拌沥青技术施工,温拌剂掺量为沥青质量的0.6%~1.0%,具体的温拌剂掺量应由室内试验确定。温拌沥青混合料的施工技术要求参照陕西省地方标准《温拌沥青路面施工技术规范》(DB 61/T 1007—2016)相关内容执行,见表4-13。

表面活性类温拌剂质量技术要求　　　　表4-13

试验名称	单位	技术指标
密度(20℃)	g/cm³	实测
pH 值	—	8~11
胺值	mg/g	≥220
外观	—	液态,色泽均匀,呈褐色或墨绿色
气味	—	无明显外散刺激性气味

4.2.4.2 融雪路面

陕西省具有西北地区典型的冬季冰雪气候特征,尤其以陕西北部、关中区域为主,冬季长期低温、降雪周期长。高速公路、国省道及市政道路的积雪、黑冰难以融化,大大降低路面抗滑性,带来交通拥堵、高速封段、机场停运等交通问题,在桥涵、隧道及山坡路段经常引发安全事故。传统的化学融雪剂、环保型融雪剂等人工、机械除雪措施,虽然具有较好的除冰雪效果,但传统融雪剂不仅会对土壤、绿植造成严重的环境污染,更易腐蚀道路和桥面附近的钢筋与混凝土材料,增加道路养护负担与工程安全风险。

相变自调温沥青路面融冰雪技术,是在路面铺设时可直接添加进沥青混合料中,在沥青混合料中添加路面相变调温剂配制自调温沥青混合料,利用相变调温剂中相变材料的相变潜热特性,在气温高于(低于)相变材料的相变温度时收集储存(释放)太阳能,主动调控气温变化下的沥青路面使用温度,减小快速降温阶段的沥青路面降温速率,延迟和缩短极端高温或低温的出现时间和持续时间,基本消除沥青路面的结霜问题,减轻沥青路面冬季积雪与结冰问题,提高沥青路面对环境变化的适应能力。

一般情况下在沥青混凝土上面层添加3.5‰的相变材料,起到融冰雪或隔离冰雪与沥青路面冻结等作用。相变材料掺加量为相变材料的质量占添加相变材料沥青混合料总质量的百分比。

相变材料应为固体颗粒状,色泽均匀,无杂质及油污。其技术指标如表4-14所示。

相变材料尺寸及允许偏差　　　　表4-14

技术指标	尺寸要求	允许偏差
直径 ϕ(mm)	2~4	±0.2
长度 L(mm)	2~4	±0.2

相变过程应完全可逆。相变材料理化性能要求见表4-15。

相变材料理化性能 表4-15

技 术 指 标	稀 释 类
熔融焓值(潜热值)(J/g)	≥50.0
相变点(℃)	17.0±2.0
相变形式	固固相变
焓值衰减率(%)	≤5.0

掺加相变材料的沥青混合料融冰雪性能要求见表4-16。

掺加相变材料的沥青混合料融冰雪性能 表4-16

技 术 指 标	要 求
导热系数(非稳态)[W/(m·k)]	<0.19
融冰雪能力值(g/cm^2)	≥0.38

第5章 桥梁涵洞勘察设计

5.1 概　　述

在西北黄土地区称顶部浑圆、斜坡较陡的黄土丘陵为峁,山谷之间的延绵高地为墚,受雨水冲蚀而形成的深沟为沟壑,峁墚沟壑是黄土地区特有的地形地貌。黄土墚峁沟壑区,沿线多被巨厚层黄土覆盖,地形特点表现为连绵不断的呈波浪起伏的黄土墚峁,总的形态以山梁为主,走向受树枝状水系控制,地形支离破碎,植被稀少,墚间沟壑纵横。多成"V"形谷,谷坡陡峭,临河沟谷则多为槽形谷或"U"形谷。地表以第四系黄土堆积为主,其下多为白垩系砂岩、泥岩。

人口主要集中于川道内,淤积坝及人工造地断续分布于沟壑内,湿软地基较多,易发生路基不均匀沉降。人工筑坝淤积造地多位于峁墚状沟壑区内的狭窄沟谷中,淤积坝前缘高出沟底3～10m以上,平地宽20～80m,最宽约百米,由于是人工淤积造田,大多淤积坝表层有3～10m不等的人工填土。

该地区具有一般山区高速公路的共性特点,即地形、地质、水文条件复杂,造成构造物众多,桥梁隧道总长占路线长度的比例大等特点。同时黄土地区有其自身特点:即地表巨厚层黄土含沙量大,土质疏松,易冲蚀崩塌,具有湿陷性;墚峁坡面较陡,植被稀少,多为黄土深沟,沟壁易发生崩塌及浅表性滑塌,多为集中性降雨,河流洪峰历时短来势猛涨落迅速,沟底流水切割侵蚀强烈,水土流失极其严重。对该区的特殊条件,必须解决好桥梁布设与地形、地质、水文之间的关系,处理好与路基排水、路基挡墙等其他构造物衔接,并需要在设计后续服务中结合实际施工做进一步的改进完善。

5.2 桥梁总体设计

5.2.1 桥梁总体设计原则

桥梁设计应遵循"安全、耐久、适用、环保、经济和美观"的原则,兼顾造型美观、利于环境保护,结合路线线形、地形、地质、地貌、水文、材料来源、材料运输、施工场地、施工工艺及工期等因素综合考虑。

(1)特大、大桥桥位在服从路线走向的前提下,作为路线的控制点,进行路桥综合考虑;一般中桥、小桥、涵洞位置服从路线布设的要求。桥梁设计应考虑路、桥、隧配合,合理避让公路、输气管道,部分桥孔兼跨地方道路。

(2)桥涵总体设计应满足河流、冲沟正常行洪要求。桥梁长度尽量不压缩现有河床断面,不改变现有河流特性,不降低原有道路、河道、沟渠功能,不破坏原有水系和排灌网络,尽量少占基本农田,满足水利配套、农灌及基本农田保护等需要。不良地质路段的桥梁,充分考虑桥梁结构安全性及施工等因素选用经济合理的桥型及桥跨组合。

(3)桥型方案应综合考虑桥位处地形、地物、水文、地质、施工工艺、场地等因素,在满足功能的条件下,尽量选择受力明确、外形简洁的结构,实现标准化、装配化、工厂化,结合运输条件可选择分段集中预制或现场预制,以方便施工、缩短工期、降低工程投资。

(4)桥孔布置时应通盘考虑相邻各桥。当两桥间距近,路基压实工作面太小时,考虑将两桥合并为一个桥,防止近距离不可避免的多处桥头跳车。两桥一般间距不小于50m(石质路基除外)。

(5)对于跨越沟谷的桥梁,根据填土高度、工程、水文、地质等因素,经综合比较分析,难以采用高填路基且挡墙设置困难时,宜采用高架桥跨越。跨越河流的桥型方案,要充分考虑水中基础的施工条件及桥孔泄洪的净空需求。桥梁长度以尽量不压缩现有河床断面,不改变现有河流特性为原则。桥墩优先选择圆柱式桥墩,桩基系梁或承台置于冲刷线以下,降低桥墩阻水影响。

(6)跨越深切沟谷的桥梁,桥梁方案宁长勿短、坡岸跨径宁大勿小。尽量避免在陡峭坡面上设墩,减少开挖,桥台处考虑预留一定的安全襟边,土质陡坎与墩、台较近处,考虑对坡面进行防护,阻止进一步滑塌,确保墩、台稳定。

(7)跨越国、省道的桥梁,优先选择装配式结构,减少施工期间对被交道路交通的影响。对于交叉角度较小段落,采用错孔布置或者采用钢箱梁跨越,保证桥下行车净宽,并留有一定安全距离;对跨越被交道路桥梁要重视桥墩外观设计、防撞设计。

(8)采用标准化跨径的桥涵宜尽量采用装配式结构,机械化和工厂化施工。

(9)特大桥、大桥左右幅尽量径向、对齐布置,局部跨路、跨河段落需要错孔布置时,尽量减少错孔范围,单幅增加一孔调节跨,补齐左右幅错孔距离。

(10)路线布设于陡坡上,横向坡度较大,路基边坡放坡较高或设置挡墙有困难时,根据具体情况分别采用半幅桥梁半幅路基、全幅桥梁等形式。较陡侧坡上布设的桥梁,下部结构优先采用柱式墩单排桩基础,最大限度地保护山坡植被。桥墩处地面横坡较大时,应根据现场实际情况,将系梁高程抬高,以减少对山体的开挖。

(11)陡坡桥台,当横向地面高差大、桥台高度较大时,结合地质情况,优先考虑加长桥孔的措施,降低桥台高度,以策安全。

(12)沿河纵向桥,墩台设置应尽量减小对河岸陡坡稳定性和坡面植被的影响;置于主河槽中的桥墩视具体情况可采用全幅双柱墩形式,以避免墩柱过多引起严重阻水、漂浮物堵塞等情况的发生。

5.2.2 桥型方案选择

(1)桥梁结构形式的选择应按照安全、经济、美观的原则,结合路线线形、地形、地质、水文、材料来源、材料运输、周围环境等条件综合考虑。

(2)桥型结构应尽可能标准化,以方便施工、缩短工期、降低工程投资;位于同一段内的桥梁尽量采用同一跨径预制箱梁(板)。

(3)为使行车平稳舒适,改善行车条件,超过二跨的特大桥、大中桥上部结构宜采用连续结构。

(4)桥梁上部结构主要采用预应力混凝土先简支后连续箱梁和部分预应力空心板(部颁图)。50m及其以上跨径采用T梁或其他大跨径结构。对于跨越主线的天桥、分离式立交桥及互通式立交内半径较小的匝道桥及桥梁处于变宽范围内的桥梁,宜采用现浇连续结构。对于互通式立交内半径较大的匝道桥,当桥梁高度较高时(超高15m),变宽段可采用变宽预制吊装结构,以节省投资。

(5)装配式桥梁跨径$L \leqslant 10m$,采用钢筋混凝土板;$L > 10m$采用预应力混凝土结构。

(6)软土地基路段人行通道、拖拉机通道宜采用箱型结构。

(7)各种通道应尽可能与排水结合,即通道内设置排水沟。

(8)桥梁下构型式可根据实际情况选用。小型构造物宜采用轻型桥台,其他桥梁(有景观要求除外)优先采用圆柱式墩,尽量减少柱径种类。匝道桥采用独柱墩应进行抗倾覆验算。

(9)对于不受水位影响的大中桥两侧桥头填方路基后设5m长骨架护坡,护坡后设急流槽及踏步。

(10)对于受水位影响的桥头防护(包括锥坡)基础埋深应控制在一般冲刷线以下不小于0.5m,护坡采用浆砌片石防护。

(11)对于纵坡较大的桥梁,特别是独柱支承的匝道桥梁,应注意桥梁向下坡位移的潜在危险,总体设计时注意减少滑板支座使用、独柱墩连续梁的分联长度不宜过长,一般不大于80m。

(12)桥孔设计应本着经济、实用、安全、方便施工的原则,孔径选择以中小跨径为主。

桥孔布置主要从桥高、河流平面形态及水流方向、有无预制场地、运梁、吊装等方面统一考虑:桥高小于25m者,首选20m跨径;桥高介于25~35m者,首选30m跨径;桥高介于35~50m者,首选40m跨径。

对于一般桥梁,在满足不同功能的前提下,一座桥梁内尽量选择同一跨径来布设,以方便施工。如果路段桥梁密度很大且当条件允许时,跨径选择不只局限在一座桥梁内,通盘考虑相邻桥梁后决定。

(13)结构形式。

根据陕西省多年的高速公路设计和施工经验,考虑该地区的自然条件、地质情况、筑路材料分布情况以及施工要求和使用效果,桥梁结构以预应力混凝土及钢筋混凝土梁式结构为主,做到技术可行、经济合理,并尽量做到标准化、系列化和施工机械化。

考虑运营期行车舒适,上部尽可能采用连续结构。桥梁跨径在20m以上者,一般采用预应力混凝土连续箱梁;变宽桥梁及小半径匝道桥采用预应力(钢筋)混凝土现浇箱梁;桥梁跨径6~16m者,采用空心板。

孔径选择以中小跨径为主。桥孔布置主要从桥高、河流平面形态及水流方向、有无预制场地、运梁、吊装等方面统一考虑:桥高小于23m者,首选20m跨径;桥高介于23~40m者,首选30m跨径,桥高介于40~60m者,首选40m跨径,桥高介于60~80m者,首选50m跨径。

平曲线半径过小、桥面宽度变化过大或斜、弯、分叉的桥梁可采用现浇结构。现浇梁跨径大于或等于20m时采用预应力混凝土结构,小于20m时采用钢筋混凝土结构,增加预应力防裂索。曲线桥应注意验算扭转受力,并处理好支座的布设。

5.2.3 下部结构选择

(1)桥梁下部结构形式以半幅双柱式桥墩为主,在跨越国省道路及各类管线时酌情采用全幅双柱式桥墩。

(2)跨越山间冲沟处桥梁,山体坡面一般较陡峭,桥墩形式的选择和截面尺寸的确定除了满足承载能力要求以外,还要特别重视桥墩开挖施工对山体的破坏,优先选择对山体开挖较小的下部结构形式。

(3)根据不同的地形、地质条件和台后填土高度,合理选择重力式台、桩柱式台、和肋板式桥台等桥台形式。台后填土高度根据桥位处地形、地物情况灵活掌握,原则上控制在8m左右。对于增加一孔桥梁,台后填土高度变化不大,在满足桥孔泄洪、跨越地物等前提下,考虑较高台后填土,缩短桥梁规模;若增加一孔桥梁,台后填土高度大幅降低,考虑增加桥长,尽量避免台后短填方路基压实困难,在造价增加不大的情况下,降低施工难度。重视台后填土设计,重视桥台处排水设计,必须引排路基边沟水、桥面水至桥台以外,避免直接冲刷桥台处坡面,影响桥台稳定。

(4)桥墩承台、系梁等构件设计要特别注重人文及环保理念。在地貌复杂、沟壑纵横的路段,路线多以桥梁形式从陡坡、沟谷通过,对山体过大的开挖,既不利于环保也不经济,甚至可能影响山体的边坡稳定。从桥型方案、桥梁墩台形式、结构安全、施工组织等方面考虑,灵活选用单幅双柱、双幅双柱等桥墩形式,综合考虑位于陡坡上桥墩的设置:

①内外侧桥墩桩基顶面顺应地形设置,系梁一端接桩基,一端接墩柱,减少开挖坡体;

②桥墩一侧墩柱较矮时,桩基可直接与墩帽相接,取消系梁构造,方便施工。

(5)墩台构造设计应注意同一座桥及全线同类桥型的协调性和一致性。

(6)对大于1∶1.2的自然边坡称为陡坡,设计时应注意由于横断面和纵断面方向与实际坡面方向偏差,造成坡率小于实际坡率的情况,布置墩台时应核查平面图。对于位于陡坎边缘的桥墩来说,当将桩顶放在陡坎底造成开挖量过大且施工平台开挖困难时,可将桩顶适当提高,从坎底采用浆砌片石或片石混凝土垒砌一个施工平台,以减少开挖或不开挖山体。

(7)沿河纵向桥及斜交角度较小的桥梁正做时,盖梁底面高程应高于设计洪水位0.5m。

(8)嵌岩桩基础可酌情不设桩顶横系梁。

(9)距旧路较近的桥墩,尤其应注意桥墩施工开挖不能对旧路路基稳定造成不利影响,必须根据控制数据,横断面数据画出开挖断面,并设置必要的防护。

5.3 水文分析

5.2.1 水文调查与勘测

1)汇水区调查

(1)绘制沿线水系图,核实主要水利工程位置及形式,应特别注意调查淤积坝。

(2)从地形图上量绘沿线各汇水区面积、长度、宽度、坡度等特征值及主要水利工程控制的汇水面积。

(3)调查土壤类型、地形、地貌、植被情况等特征资料。

(4)调查各汇水区内对工程设计有影响的水利及河道整治规划资料。

2)河段调查

(1)收集河段历年变迁的图纸和资料,调查河湾发展及滩槽稳定情况。

(2)调查河床冲淤变化、上游泥沙来源、历史上淤积高度和下切情况。

(3)调查河堤设计标准、河道安全泄洪量及相应水位。

(4)调查河道整治方案及实施时间。

(5)调查漂流物类型及尺寸。

(6)根据河床形态、泥沙组成、岸壁及植被情况,确定河床各部分洪水频率。

(7)调查桥位河段上既有桥梁设计洪水标准、修建年代、水毁及防护等情况。

(8)调查堤坝设计洪水标准、结构形式、基础埋置深度、施工质量、洪水检验情况。

(9)调查上下游水库位置、设计洪水标准、泄洪流量、控制汇水面积、回水范围及建库后上、下游河床冲淤变化情况。

3)水文勘测

(1)水文断面测绘:水文断面宜与流向垂直,在桥位上、下游各测绘一个;应标出河床地面线、滩槽分界线、植被和地质情况、糙率、测时水位、施测时间、历史洪水位及发生年份、其他特征水位等。

(2)河段比降测绘范围,下游不小于1倍河宽,上游不小于2倍河宽;应标出河床比降线、测时水面比降线、水位断面及桥位断面位置。

5.2.2 设计洪水分析与计算

(1)对于有水文站的河流,可采用实测流量系列推算设计流量,计算方法详见《公路工程水文勘测设计规范》(JTG C30—2015)6.2条及《延安地区实用水文手册》。

(2)对于无法得到实测流量资料的河流,根据现场走访相关水文单位及吸取该地区各类已建项目水文计算经验,选取了五种方法对设计流量进行推算,具体如下:式(5-1)和式(5-2)为《延安地区实用水文手册》提供的洪峰流量汇水面积相关法、综合参数法;式(5-3)为原交通部公路科学研究所推理公式;式(5-4)和式(5-5)为全国水文分区经验公式。

①洪峰流量汇水面积相关法公式

$$Q_N = K_N F^n \tag{5-1}$$

式中:Q_N——某频率洪峰流量(m^3/s);

n、K_N——重现期为N的经验参数;

F——流域面积(km^2)。

②综合参数法

$$Q_{mN} = CN^\alpha NF^\beta \psi^\lambda H_{3N}^\eta \tag{5-2}$$

式中: Q_{mN}——某频率的洪峰流量(m^3/s);

N——设计重现期,单位为年;

ψ——流域性状系数,$\psi = \dfrac{F}{L^2}$;

L——主沟长度;

H_{3N}——设计重现期为N的3小时面雨量(mm);

C、α、β、λ、η——分区综合经验参数指数。

③原交通部公路科学研究所推理公式法

$$Q_P = 0.278\left(\dfrac{S_P}{\tau^n} - \mu\right)F \tag{5-3}$$

式中:Q_P——某频率洪峰流量(m^3/s);

S_P——某一频率雨力即最大1小时暴雨强度(mm/h);

τ——流域汇流时间(h);

μ——损失参数(mm/h);
F——流域面积(km^2);
n——暴雨递减指数;
0.278——单位换算系数。
④全国水文分区经验公式

$$Q_{2\%} = KF^n \tag{5-4}$$

⑤全国水文分区经验公式

$$Q_0 = CF^n, Q_{1\%} = Q_0(1 + C_v K_{1\%}) \tag{5-5}$$

式中:F——流域面积(平方公里)。

式(5-4)与式(5-1)~式(5-3)和式(5-5)在流域面积为 0.5~20km^2时计算值差别较大,普遍达到 50%以上,因此在小流域范围内全国水文经验分区公式不能完全适应当地情况。根据搜集的一些水利工程资料以及对当地水利部门的走访,均认为式(5-1)~式(5-3)更适应当地的实际情况。当流域面积达到 20km^2 以上时式(5-1)和式(5-5)比较数值大小相当,式(5-3)计算值明显偏大。因此建议水文计算过程中,当流域面积大于 20km^2 时,设计流量采用式(5-1)、式(5-2)、式(5-4)、式(5-5)公式中的大值控制,当流域面积小于 20km^2 时采用式(5-1)~式(5-3)中的大值控制。

5.4 桥梁勘测及设计

5.4.1 跨越河流桥梁勘测及设计

(1)除控制性桥位外,桥位选择原则上应服从路线走向。
(2)桥位选择在水文方面应符合下列规定:
①桥位应选在河道顺直、稳定、较窄的河段上。
②桥位选择应考虑河道的自然演变以及建桥后对河道的影响。
③桥轴线宜与中、高供水位时的流向正交。斜交时应在孔径及墩台基础设计中考虑其影响。
(3)跨越河流的最小跨径应满足河道管理部门的相关规定。跨越河堤的桥跨,墩柱距迎水面坡脚净距不小于5m。
(4)下部结构系梁(承台)顶应低于一般冲刷线,有效桩长从局部冲刷线起算,对两岸有河堤的,河堤内均采用主河槽的局部冲刷线;对未设置河堤的,可按滩、槽各自的冲刷线分别计算,游荡河段应谨慎选择。

5.4.2 跨越冲沟桥梁的勘测及设计

(1)跨越冲沟桥梁一般桥面高程不受水文控制,桥梁上部结构可根据桥高进行选择。

(2)桥梁下部结构优先选择柱式墩、空心薄壁墩,墩柱应避免设置在冲沟沟心,位于坡面上的桥墩应做好防护。

(3)两侧岸坡防护及桥下排水沟路基排水设置应顺接,防止路基水冲刷岸坡。

5.4.3 公铁交叉桥梁的勘测及设计

5.4.3.1 公铁立体交叉方式规定

(1)Ⅰ类、Ⅱa类、Ⅲa类公铁立体交叉宜采用铁路上跨公路的方式;困难条件下,经专项论证可采用公路上跨铁路的方式。

(2)Ⅱb类、Ⅱb类、Ⅳa类、Ⅳb类、Ⅴ类公铁立体交叉宜采用铁路上跨公路的方式;困难条件下,经技术、经济和安全等综合比选后,可采用公路上跨铁路的方式。

(3)Ⅱc类公铁立体交叉应进行技术、经济和安全等综合比选后,合理选用交叉方式。

(4)公路与既有铁路交叉时,应优先利用既有铁路桥孔下穿;困难条件下,应进行技术、经济和安全等综合比选后,合理选用交叉方式。

(5)设置人行道或非机动车道的公路不宜上跨铁路;困难条件下,经专项论证可采用公路上跨铁路的方式。

(6)公路与既有铁路交叉时,应优先利用既有铁路桥孔下穿;困难条件下,应进行技术、经济和安全等综合比选后,合理选用交叉方式,如表5-1所示。

公 铁 交 叉 分 类　　　　　表5-1

级　　别	高速铁路、城际铁路	设计速度120km/h及以上的客货共线铁路、重载铁路	设计速度120km/h以下的铁路
高速公路 (80km/h、100km/h、120km/h); 一级公路 (80km/h、100km/h)	Ⅰ类	Ⅱb类	Ⅲc类
一级公路(60km/h); 二级公路(60km/h、80km/h)	Ⅱa类	Ⅲb类	Ⅳb类
三级公路(30km/h、40km/h); 四级公路(20km/h、30km/h)	Ⅲa类	Ⅳa类	Ⅴ类

5.4.3.2 公铁交叉路线规定

(1)公铁立体交叉的交叉角度不宜小于30°,当小于30°时,应进行专项论证。

(2)公路上跨铁路时,桥下净空应符合现行《标准轨距铁路限界 第2部分:建筑限界》

(GB 146.2)的铁路建筑限界规定。

(3)跨线桥下的铁路有改扩建规划时,桥下净空应按照批准的规划铁路技术标准预留建筑限界。

(4)公路下穿工程净空高度除符合公路建筑限界的规定外,宜根据施工路面后期维护的需求,增加0.5m的安全距离。

(5)公铁立体交叉范围内的路线线形应连续均衡顺适,平、纵技术指标不宜低于公路相关标准规定的一般值。

(6)公铁立体交叉范围内的平面线形宜为直线或大半径曲线。

(7)公铁立体交叉范围内的公路纵坡不宜小于0.3%。

(8)下穿工程的纵面线形宜为直坡,不应将凹形竖曲线底部设置在跨线桥下。

(9)上跨铁路的公路跨线桥最大纵坡不宜大于3%,困难条件下,不应大于公路设计最大坡度。

5.4.3.3 公路下穿铁路

(1)公路下穿工程宜采用正交或接近正交穿越铁路。

(2)公路下穿既有铁路时,Ⅰ类、Ⅱa类、Ⅲa类公铁立体交叉不应从铁路路基穿越通过,其他类公铁立体交叉不宜从铁路路基穿越通过,条件受限必须穿越时,应进行专项论证。

(3)公路利用既有桥孔下穿铁路时,应根据地质条件、桥下净空、对既有桥梁影响等因素,合理选择路基、桥梁、桩板结构、U形槽和框架结构等下穿工程的结构形式。

(4)公路宜从铁路跨线桥下单孔通过,或采用分离式路基从铁路跨线桥下双孔通过。

(5)桥梁、桩板结构、路基护栏外侧与铁路桥墩台净距不宜小于3m。

(6)公路以路基形式下穿既有铁路桥梁时,须符合下列规定:

①公路宜采用低填浅挖方案;

②公路路堤坡脚或路堑坡顶不应侵入铁路桥梁墩台;

③下穿无砟轨道铁路时,应分析公路路基对既有铁路桥梁的影响,当沉降、变形不能满足相关铁路标准规定时,不应采用路堤通过,宜采用桥梁下穿;

④下穿有砟轨道铁路时,应分析公路路基对既有铁路桥梁的影响,当沉降、变形不能满足相关铁路标准规定时,应采取必要的地基处理措施对沉降予以限制。

(7)公路以框架结构下穿铁路时,符合下列规定:

①结构两端距铁路桥梁水平投影外侧的垂直距离不应小于20m,同时延长至底板高于设防地下水位为止;

②框架主体结构及接缝处应采取有效的防水措施,防水等级满足现行《地下工程防水技术规范》(GB 50108)规定的一级防水要求;

③当框架结构施工区地下水位较高时,应在基坑支护结构外侧设置截水帷幕,不应在基坑外抽降地下水。

(8)公路下穿工程应设置完整通畅的排水系统,不应与铁路共用排水设施。

5.4.3.4 公路上跨铁路

(1)公路上跨铁路时,应根据公路与铁路的几何条件、结构变形和施工误差等因素,对跨线桥的四个周边的铁路建筑限界予以检核,不得侵入铁路建筑限界。

(2)公路跨线桥的桥孔布置应根据地形地质、桥下净空、铁路排水体系、沿线路敷设的专用管线和接触网杆柱位置及高度等因素综合确定。

(3)公路上跨电气化铁路时,其跨线桥结构形式施工工艺应按不中断牵引供电的方式确定。

(4)路跨线桥应预留安全防护设施、异物侵限监测及防灾监控等的设置条件。

(5)公路跨线桥采用分离式结构时,分幅之间的空隙不宜大于1.5m,并应采取防抛洒措施。

(6)公路跨线桥应设置完整通畅的排水系统,并将水引至铁路范围以外排出。公路排水系统应与铁路排水系统各自独立。

(7)公路跨线桥及其边跨的结构设计应满足下列要求:

①设计安全等级应采用现行《公路桥涵设计通用规范》(JTG D60)规定的一级,结构重要性系数为1.1;

②汽车设计荷载应采用相应标准设计车道荷载的1.3倍;

③抗震设防类别不应低于现行《公路桥梁抗震设计规范》(JTG/T B02-01)规定的B类,并满足现行《铁路工程抗震设计规范》(GB 50111)的相关要求;

④主梁结构宜采用整体箱梁;采用其他结构形式时,应采取措施加强结构的整体性;

⑤桥墩不宜采用柱式墩,且不应采用单支座独柱墩。

5.4.3.5 公路安全防护设施

(1)上跨铁路的公路跨线桥应设置护栏,并符合下列规定:

①上跨高速铁路和城际铁路的公路跨线桥路侧护栏应采用两道护栏,两道护栏间距不宜小于1.5m;

②上跨其他等级铁路的公路跨线桥路侧护栏宜采用两道护栏,两道护栏间距不宜小于1.0m,已建公路加宽困难或新建公路受条件限制时,经技术论证后可采用一道护栏;

③不同类型的公铁立体交叉,公路路侧护栏的防护等级应按表5-2的规定选取;

④上跨铁路的高速公路、一级公路跨线桥应设置中央分隔带护栏,护栏的防护等级不应低于六(SS)级;

⑤路侧护栏除在铁路正上方的桥梁路段进行设置外,还应在车辆来向方向和去向方向一定距离内连续设置,跨线桥护栏车辆来向设置长度可参见《公路铁路交叉路段技术要求》(JT/T 1311—2020)附录C,跨线桥护栏车辆去向设置长度应沿铁路线路安全保护区宽度向外

延长20m;

⑥护栏与相邻路段的结构形式或防护等级不同时,应进行过渡段设计;

⑦护栏设置还应符合现行《公路交通安全设施设计规范》(JTG D81)的相关规定,其防护等级及适用条件见表5-2,其横断面示意如图5-1所示。

公路跨线桥的路侧护栏防护等级及适用条件　　表5-2

公铁立交分类	护栏形式及防护等级		
	双护栏		单护栏
	内侧护栏	外侧护栏	
Ⅰ	八(HA)级	六(SS)级	—
Ⅱ、Ⅲ	七(HB)级	六(SS)级	八(HA)级
Ⅳ	六(SS)级	六(SS)级	七(HB)级
Ⅴ	—	—	六(SS)级

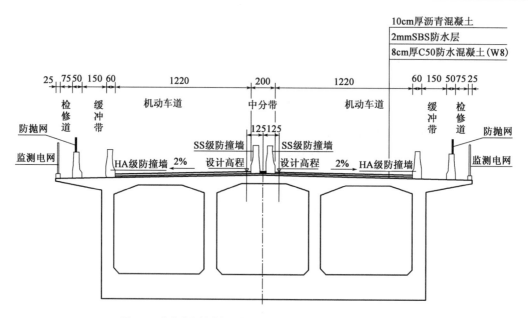

图5-1　公路跨线桥路侧双侧护栏横断面示意图(尺寸单位:cm)

(2)上跨铁路的公路路段交通标志标线设置满足下列要求:

①宜在跨线桥前设置"前方跨越铁路"的告示标志;

②跨线桥路段应设置禁止跨越同向车行道分界线和禁止跨越对向车行道分界线,并在路侧设置禁止超车标志;

③跨线桥路段应设置禁止停车线,并配合"禁止停车"标志一起使用。

(3)上跨铁路的公路跨线桥应设置防落物网,并符合下列规定:

①公路跨线桥路侧护栏采用两道护栏时,防落物网宜设置在外侧护栏上;

②公路跨线桥采用分离式结构时,应在桥梁内侧设置防落物网,或采用钢板盖板封闭中央

分隔带之间的空隙；

③上跨高速铁路和城际铁路的公路跨线桥防落物网距路面的高度不应低于4m，上跨铁路的公路跨线桥防落物网距路面的高度不应低于2.5m；

④上跨铁路电气化区段的公路跨线桥防落物网应设置"高压危险"警示标志；

⑤防落物网设置还应满足现行《公路交通安全设施设计规范》（JTG D81）的规定。

（4）上跨高速铁路和城际铁路的公路跨线桥应设置异物侵限监测系统和视频监控系统，并符合下列规定：

①异物侵限监测装置宜垂直安装在桥面上，且设置专用检修通道，净宽不应小于0.75m；

②异物侵限监测装置顶面距桥面高度不应低于2m。

（5）公路跨线桥跨越范围内桥梁梁底、防撞护栏外侧、栏杆及防落网上严禁附挂标牌、标志或管线、槽道等附属设施。

（6）公路跨线桥跨越范围内桥面灯杆不宜设在桥面外侧，并采取防止灯杆倾覆侵入桥下铁路建筑限界的措施。

（7）公路跨线桥不应铺设高压电缆、燃气管和其他可燃（易爆）、有毒或有腐蚀性液（气）体管道。

（8）公路跨线桥上的所有金属物均应接地，接地电阻应小于100Ω。

5.4.4 与公路交叉桥梁的勘测及设计

5.4.4.1 高速公路上跨其他道路

（1）跨线桥布孔和跨径应满足被交公路建筑界限、视距和前方公路识别、通视的要求。

（2）跨线桥下为双车道公路时，不得在对向车道间设置桥墩；跨线桥下为多车道公路，在中间带设置中墩时，其中墩两侧必须设防撞护栏，并留有护栏缓冲变形的余地；跨线桥下为无中间带多车道公路，需在行车道中间设置中墩时，其中墩前后必须增设足够长度的中间带，且中墩两侧必须设防撞护栏，并留有护栏缓冲变形的余地。

（3）跨线桥不得压缩桥下公路横断面的任何组成部分，以及原有的渠道、电信管道等设施，并留有余地。

（4）分离式立体交叉或被交叉公路采用分期修建时，跨线桥应按规划规模一次建成。

（5）跨线桥应选择工期短、施工对被交路运行干扰相对较少的结构形式，如简支变连续结构、钢结构。根据防护需要，在被交路上方设置防护棚架，并加强防护棚架的验算。

5.4.4.2 高速公路下穿其他道路

（1）被交公路的线形、线位应充分利用。当交叉角小或原线形技术指标过低时，宜采用改线方案。

（2）被交公路的等级、路基宽度、车辆荷载等级应按现状或已批准的规划设计。

(3)跨线桥的桥长和布孔必须满足主要公路(或高速公路)的建筑限界、视距和对前方公路识别、通视的要求。主孔宜一孔跨越主要公路全断面,除主孔外应有适当长度的边孔。

(4)跨线桥下高速公路中间带较宽或为四车道以上高速公路,在中间带设置中墩时,中墩两侧必须设置防撞护栏并留有护栏缓冲变形的余地。不得在局部范围内改变中间带宽度而使行车道扭曲。

(5)跨线桥下高速公路附有以边分隔带分离的慢车道、集散车道、附加车道、非机动车道时,可在边分隔带上设置桥墩。当边分隔带较窄时,应在桥墩前后一定范围内加宽,并宜在右方作变宽过渡。

(6)跨线桥前方高速公路有出、入口或平面交叉时,跨线桥应增设供通视用辅助桥孔;高速公路为曲线时,应满足载重汽车停车视距要求。

(7)跨线桥下为路堑时,若路堑不深,宜将桥台置于坡顶之外;若路堑较深或边坡缓而长,且需在边坡上设置桥台时,则应将桥台置于坡顶附近,不得布置于坡脚处。

(8)跨线桥应选择工期短、施工对高速公路运行干扰相对较少的结构形式,如简支变连续结构、钢结构。根据防护需要,在高速公路上方设置防护棚架,并加强防护棚架的验算。

5.4.4.3 公路安全防护设施

主要公路为高速公路、一级公路时:

(1)跨线桥必须设置防撞护栏和防护网。

(2)跨线桥上悬挂交通标志时,不宜采用通栏式的,且上、下边缘不得超出护栏顶部和边梁外缘底线。

(3)上跨桥梁的桥面雨水应集中收集后排至路基边沟,不得直接排至公路路面。

5.4.5 与管线交叉桥梁的勘测及设计

(1)新建或改建公路与既有油气管道交叉时,应选择在管道埋地敷设地段,采用涵洞方式跨越管道通过,交叉角度不应小于30°;受地理条件影响或客观条件限制时,可采用桥梁方式跨越管道通过,交叉角度不应小于15°。

(2)桥梁下墩台与管道的净距不小于5m,管顶上方应铺设宽度大于管径的钢筋混凝土保护盖板。

5.5 特殊地基桥梁的设计

5.5.1 滑坡区桥梁设计

(1)尽量避免在滑坡体前缘设置桥梁,如必须在滑坡体前缘设置桥梁,应采取工程措施对滑坡进行治理,治理后滑坡稳定系数正常工况下不小于1.3,非正常工况下不小于1.2。

(2)桥梁上部尽量采用简支结构、钢结构等。

(3)桥梁基础应采用桩基础,桩基尽量采用干法施工。采用泥浆护壁施工时,可将钢护筒下至滑动面以下1m,避免泥浆渗入滑坡体。

(4)位于滑坡体内的承台基坑施工应采用支护措施,不得采用大开挖的方式。

(5)位于滑坡体范围内的桥梁应采用桥面雨水集中收集系统,将桥面水集中收集后排入路基边沟或自然沟道。

5.5.2 湿陷性黄土区桥梁设计

(1)湿陷性黄土地区的桥涵基础宜设置在原有沟床上,并宜采用能适应较大沉降的结构;涵洞不应采用分离式基础。

(2)在非自重湿陷性黄土场地,桩端应支撑在较低的非湿陷性黄土层中;计算单桩竖向承载力时,湿陷性黄土层内的桩长部分可取桩周土在饱和状态下的正侧阻力。

(3)在自重湿陷性黄土场地,桩端应支撑在可靠的(岩)土层中;单桩竖向承载力的计算,除不应计中性点以上黄土层的正侧阻力外,尚应扣除桩侧的负摩阻力;中性点深度可取自重湿陷性黄土底面深度。

(4)陕北地区的自重湿陷性黄土场地,桩的纵向钢筋长度应沿桩身通长配置。

(5)自重湿陷性黄土场地,可采取减少桩侧摩阻力的措施提高桩基的竖向承载力。具体措施有:

①对位于中性点以上的桩侧表面进行处理,以减少负摩阻力的产生。

②在桩基施工前,可采用强夯、挤密法等进行地基处理,消除中性点深度以上土层的自重湿陷性。

(6)桥涵附近的陷穴、坑洞等应填平夯实,不得积水。处理宽度一般上游为25~50m,下游为10~20m,地形高差大时,上游适当加宽。黄土陷穴的处理方法和适用条件如下:回填夯实用于明穴;明挖回填夯实用于埋藏浅的暗穴;支撑回填夯实用于埋藏较深的暗穴;灌砂用于小而直的暗穴;灌泥浆用于大而深的暗穴。为防止产生新的黄土陷穴,对流向陷穴的地面水需采取拦截引排措施,防止雨水下渗。

5.5.3 湿软地基桥梁设计

陕北地区的沟渠、坝区、河流地段湿软地基分布较广。分布上具有不均匀性和不连续性,各地甚至同一沟段土层厚度薄厚不均,软硬不一,软土层坡度大,同一场地湿软土的承载力物质和沉降变形也有很大的差异。

(1)软土地基上的桥涵设计要考虑沉降的影响,合理选择结构形式,适当预留净空余量。

①采用轻型结构,以减轻其对地基的附加荷载。

②采用简支的上部结构,以适应不均匀沉降。

③采用桩基础,桩端应支撑在较好的岩(土)层中。

④增大基础刚度,保证其强度,以承受不均匀沉降所产生的应力,并迫使地基中应力再分布,从而获得比较均匀的沉降。

⑤预先安置可以调整支座高度的设备,以便随时调整支座的高程。

(2)建于软土上且台后填土高大于或等于5m的桥台,在计算地基应力和沉降时,应考虑台后路基对基底产生的附加竖向压应力。建于软土地基上的墩台基础周围有不平衡荷载时,应考虑软土对基础产生的附加水平力。

(3)软土地基上桥涵基础的工后沉降量要求:墩台均匀沉降不大于50mm,相邻墩台不均匀沉降不大于20mm。

桥涵基础的计算沉降量超过容许值,或地基土的容许承载力不足时,应采取工程措施或地基加固措施。地基加固可采用砂砾垫层、砂石桩、砂井预压、水泥搅拌桩、石灰桩、振冲碎石桩、锤击夯实、强夯和浆液灌注等方法。

(4)位于软土层的桩基可采用设置钢护筒的方式,降低成孔难度,降低塌孔的风险。

第6章 隧道勘察设计

6.1 隧道总体设计

6.1.1 隧道位置选择

(1)隧道位置应满足公路功能和发展的需要,符合路线总体要求。

(2)在地形、地貌、地质、气象、社会和水文环境等调查的基础上,综合比选隧道各轴线方案的走向、平纵线形、洞口位置、洞外接线条件等,提出推荐方案。

(3)隧道洞口内外平、纵线形应协调顺畅,满足行车安全和舒适要求,以及3s要求。

(4)隧道位置应选择在稳定的地层中,避免穿越工程地质和水文地质极为复杂以及严重不良地质地段。必须通过时,应采取切实可靠的工程技术措施。

(5)穿越山岭的长、特长隧道,应在较大范围地质测绘和综合地质勘探的基础上,拟定不同的越岭高程及其相应的展线方案,结合两端路线接线条件及施工、运营条件等因素,进行全面技术经济比较,最终确定路线走向和隧道平面位置。

(6)隧道洞口位置不宜设在滑坡、崩塌、岩堆、围岩落石、泥石流等不良地质地段,以及排水困难的沟谷低洼处和不稳定的悬崖陡壁下。

(7)隧道洞口位置尽量避开范围较大Q_4坡积土不良地质体及影响施工与运营安全的崩塌松散体范围。洞口在上述不良地质体影响范围内穿越时容易发生塌方、崩塌掩埋等事故,轻则引起工程事故,重则造成人员伤亡。

(8)隧道洞口位置尽量避开较大冲沟、偏压较为严重傍山进洞及鸡爪地形。黄土地区夏季容易出现集中降雨,发生较大水害,隧道洞口位于较大冲沟时,施工过程或者运营期间容易出现水害,影响施工或者运营安全。同时黄土由于垂直节理较为发育,黄土偏压对隧道结构影响较大,容易引起隧道开裂、坍塌等事故。当洞口设置在鸡爪地形处时,隧道洞口难于处理,进洞较为困难,容易出现坍塌事故。

(9)黄土地区滑坡较为广泛且边坡稳定性对水、人类工程活动等外部因素较为敏感,当隧道洞口位于滑坡体或者滑坡影响范围内时,容易引发滑坡体滑动或者滑坡体塌方事故,造成工程事故或者安全事故。因此隧道洞口位置应避开滑坡体。

6.1.2 隧道平纵设计

1）隧道平面线形设计

（1）应根据地质、地形、路线走向、通风等因素确定隧道平面线形。

（2）平面位置尽量避开总体描述中的不良地质体，同时满足总体线形要求。

（3）隧道平面线形设曲线时，宜采用不设超高和加宽的圆曲线，需采用设超高的圆曲线时，其超高值不宜大于4.0%。

（4）平面线形应满足行车安全要求。

（5）隧道洞口存在不良坡集体、滑坡、落水洞，路线走向存在较大且深落水洞、冲沟等不良地质、油井等地物时，路线宜躲避。无法躲避时应采取相应工程措施。

（6）隧道洞口地形狭窄、周边建筑物限制展线困难时，可选择左右线由不同沟谷设线。黄土沟壑地区不宜采取连拱或者小净距隧道。

2）隧道纵面线形设计

（1）隧道纵坡形式，宜采用单向坡。地下水发育的长隧道、特长隧道可采用双向坡。

（2）纵面上隧道洞口尽量避免设置于陡峭且距离山坡底部较高的位置处，否则施工便道难于修建，使得施工难度较大，洞口桥梁同时难于设置和施工。

（3）由于黄土性质对地下水特别敏感，遇水后其强度与稳定性将会大大降低，故黄土隧道并非埋深越深越好，隧道在纵面高程设置上应尽量置于地下水位以上。

（4）黄土地区土层下基本为水平状砂泥岩，砂泥岩为隔水层，土石分界线往往含水率较大，隧道纵面位置应尽量避免设置于土石分界线附近；即使土石分界线附近无水，也会产生隧道全断面上一半土一半石的现象，造成施工较为困难且容易出现塌方事故。因此黄土隧道设计高程宜位于较好围岩层，埋深不宜太深，宜位于地下水位以上，并且距离土石分界线大于20m以上。

（5）隧道内纵断面线形首先应满足相关规范规定。同时黄土地区地下水中含矿物质较多，容易结晶，在运营期间容易发生水路堵水现象，所以纵坡坡度不宜过缓，尽量采取2%左右，利于排水。

6.1.3 隧道横断面设计

在建筑限界内不得有任何土建工程部件侵入。各级公路两车道隧道建筑限界宽度应不小于表6-1的基本宽度，并应符合下列规定：

（1）建筑限界高度：高速公路、一级公路、二级公路取5.0m；三、四级公路取4.5m。

（2）设检修道或人行道时，检修道或人行道宜包含余宽；不设检修道或人行道时，应设不小于0.25m的余宽。

两车道公路隧道建筑限界横断面组成及基本宽度(m) 表6-1

公路等级	设计速度(km/h)	车道宽度(m)	侧向宽度(m)		余宽C(m)	检修道宽度J 或人行道宽度R(m)		建筑限界基本宽度(m)
			左侧 L_L	右侧 L_R		左侧	右侧	
高速公路一级公路	120	3.75×2	0.75	1.25	0.50	1.00	1.00	11.50
	100	3.75×2	0.75	1.00	0.25	0.75	0.75	10.75
	80	3.75×2	0.50	0.75	0.25	0.75	0.75	10.25
	60	3.50×2	0.50	0.75	0.25	0.75	0.75	9.75
二级公路	80	3.75×2	0.75	0.75	0.25	1.00	1.00	11.00
	60	3.50×2	0.50	0.50	0.25	1.00	1.00	10.00
三级公路	40	3.50×2	0.25	0.25	0.25	0.75	0.75	9.00
	30	2.25×2	0.25	0.25	0.25	0.75	0.75	8.50
四级公路	20	3.00×2	0.50	0.50	0.25	—	—	7.50

(3)隧道路面横坡:隧道为单向交通时,应设置为单面坡;隧道为双向交通时,可设置为双面坡,横坡坡率可采用1.5%~2.0%,宜与洞外路面横坡坡率一致。

(4)路面采用单面坡时,建筑限界底边线与路面重合;采用双面坡时,建筑限界底边线水平置于路面最高处。

(5)隧道建筑限界应满足规范规定的所需空间,并预留不小于50mm的富余量。黄土隧道宜将富余量扩大到50~100mm,围岩含水率大于25%时,富余量宜大于100mm。

(6)隧道净空断面形式宜采用单心圆形式。

(7)隧道断面预留变形量大小应根据黄土类型及含水率确定。土质较差且埋深较浅时,预留变形量应适当加大。

6.1.4 隧道路基路面设计

1)隧道路基设计

黄土隧道一般衬砌结构均设置有仰拱,故黄土隧道仰拱填充可作为路基层,其填充材料及填充要求应符合相关规定。

2)隧道路面设计

(1)黄土地区的高速公路隧道宜采用沥青混合料上面层与混凝土下面层组建的复合式路面。

(2)混凝土下面层应符合《公路水泥混凝土路面设计规范》(JTG D40—2011)的相关规定;沥青上面层应符合《公路沥青路面设计规范》(JTG D50—2017)的相关规定。

6.1.5 横通道及平行通道设计

1)人行横洞设计

(1)建筑限界

人行横洞限界宽度不得小于2.0m,限界高度不得小于2.5m。

(2)断面形式

土质隧道人行横洞断面形式宜采取区墙形式,并且带仰拱的封闭形式。

(3)布置形式及间距

宜与主洞垂直布置;间距宜为250m,并不大于350m。

2)车行横洞设计

(1)建筑限界

车行横洞限界宽度不得小于4.5m,限界高度与主洞限界高度一致。

(2)断面形式

土质隧道车行横洞断面形式宜采取区墙形式,并且带仰拱的封闭形式。

(3)布置形式及间距

车行横洞宜与主洞垂直布置;间距宜为750m,并不大于1000m。中、短隧道可不设车行横洞。

6.2 洞门设计

6.2.1 洞门设计一般原则

(1)洞口位置宜设置于地质较好的土质地基上,以免出现不均匀沉降造成洞门开裂。

(2)洞口不良地质体宜清除处理,以免威胁运营洞口安全。

(3)洞口及洞门设计应与周边环境相协调。

6.2.2 洞门形式设计

(1)洞口边仰坡形式宜与洞口处路基开挖形式一致,临永结合的开挖形式。

(2)洞门形式宜采取较为简单易于绿化的洞门形式。

6.2.3 洞口边仰坡设计

(1)洞口边仰坡坡率设计

隧道洞口边仰坡坡率选取应根据洞口土质进行选取,一般分为两种主要形式。

①土质为稳定的老黄土时,可采取1:0.5的陡坡坡率的形式,采取生物防护即可。

②土质较差或者为粉砂性黄土时,可采取1:1～1:1.25的缓坡坡率,并且进行骨架防护。

(2)洞口边仰坡台阶高度设计

隧道洞口边仰坡台阶高度一般根据洞口附近土质及坡率进行选取,同样分为两种主要形式。

①土质为稳定的老黄土,坡率采取1:0.5时,台阶高度取5m高。

②土质较差或者为粉砂性黄土,坡率采取1:1～1:1.25时,台阶高度一般取8m高。

(3)洞口边仰坡台阶宽度设计

黄土隧道洞口边仰坡台阶宽度一般取3m宽。

(4)洞口边仰坡高度设计

黄土地区在长期雨水冲刷下,容易发生坍塌,泥水流等地质灾害。为避免上述地质灾害,隧道洞口边仰坡不宜过高,一般控制在15m以内。

6.2.4 隧道洞口段设计

(1)线路总体走向不可避免一些不良地形地貌地区,隧道洞口位置无法避免时,可采取接长明洞的方式避开洞口不良地区,或者加强工程防护以减少工程地质灾害的发生。

(2)当傍山时,可设置延长棚洞形式避免地质灾害。

(3)洞口边仰坡较高时,为避免大量刷方,可采取8%水泥土回填延长暗洞形式进洞。

(4)土质较好时也可采取异性护拱斜交进洞。

(5)不良地质体可进行工程加固处理后进洞。如Q_4较厚坡积体刷方较大,刷方后会造成次生地质灾害,针对该不良地质体进行工程加固措施,分为洞内与对外两种加固形式;滑坡体,可采取抗滑桩或者刷方卸载等工程处理。

(6)洞口附近存在冲沟等不良地形地貌时,可采取改沟引导水流方向等工程措施。

6.3 衬砌结构设计

6.3.1 一般设计原则

(1)隧道洞身应选择在稳定的地层中,尽量避免穿越工程地质和水文地质极为复杂以及严重不良地质地段。当必须通过时,应有切实可靠的工程措施。

(2)隧道洞身应设计永久承载结构,设计使用寿命100年。

(3)隧道应采用曲边墙拱形衬砌结构,黄土地层隧道一般设置为Ⅴ级围岩衬砌,衬砌一般应设置仰拱,拱部、边墙、仰拱宜采用等厚截面连接圆顺。

(4)隧道结构应采用复合式衬砌,设计应充分考虑地质条件、断面形状、施工开挖方法、施工顺序及断面闭合时间等因素,力求充分发挥围岩自承能力。

(5)初期支护的组成应根据围岩的性质及状态、地下水情况、隧道断面尺寸及隧道埋置深度等条件确定。自稳时间短、变形量大的地层,或对地表沉降有严格要求时,应设置钢架。在洞口段或者浅埋段应采用封闭式钢架。

(6)隧道二次衬砌一般采用C30钢筋混凝土。

(7)隧道复合式衬砌支护参数根据工程类比确定,并通过理论分析验算。当无类比资料时,可参照设计规范选用,并应根据现场围岩量测信息对支护参数做必要的调整。

(8)隧道与车行横通道、人行横通道、通风横道等连接段衬砌应予以加强。

(9)初期支护喷混凝土应在开挖后及时进行,并宜采用湿喷工艺。喷层表面应连续圆顺并有一定平整度,平整度应满足$D/L \leqslant 1/6$(D为喷混凝土表面相邻两凸面凹进去的深度,L为表面两凸面间的距离)。钢架应有足够的保护层厚度,外侧保护层不小于4cm,内侧保护层不小于2cm。

(10)黄土地层隧道可不设置系统锚杆,但应设置锁脚锚管。

(11)隧道施工应按照"管超前、严注浆、短开挖、强支护、速封闭、勤量测"的原则进行。开挖施工宜尽量采用机械开挖。

(12)隧道开挖施工应预留适当的变形量,其量值可根据围岩级别、隧道宽度、埋置深度、施工方法和支护情况等条件,采用工程类比法确定。当无类比资料时,可参照规范建议值采用。

(13)仰拱应超前拱墙施作,其超前距离宜保持3倍以上衬砌循环作业长度。仰拱施作各段应一次成型,不得分部灌筑。

(14)二次衬砌边墙及仰拱施作前,必须将底部虚渣、杂物、积水等清除干净,超挖部分应采用同级混凝土回填与找平。

(15)初期支护与围岩、防水层与初期支护、二次衬砌与防水层背后应确保密贴,以避免受力不均引起应力集中。

(16)二次衬砌浇筑宜采用泵送混凝土,模板台车应具有足够强度承受浇筑混凝土时的压力。端头模板位于下坡端时,为确保拱顶混凝土浇筑达到设计厚度,应设置排气孔。

(17)二次衬砌一次浇筑长度宜6~9m,当必须大于10m采用时,应在长度方向中央,环向设置宽85mm深60mm的三角形凹槽,以减少衬砌后期收缩引起的环向裂缝。

6.3.2 初期支护设计

1)土质较差段落

(1)对于土质较差落段,如Q_4坡积土段落,初期支护宜较同级石质围岩隧道加强一级,包括拱架型号及拱架间距。

(2)锁脚锚管应适当加强,系统锚杆可适当减弱。

(3)选择合适的开挖方法及施工顺序,并采取必要的辅助措施控制沉降。沉降量由小到大开挖方法的顺序为:CRD法、中隔壁法、双侧壁导坑法、上半断面临时闭合法、拱部弧形开挖预留核心土法、台阶法。

(4)采取必要的围岩预加固措施,如长管棚注浆、小导管注浆超前加固等。应根据隧道所处具体位置、埋置深度、工程地质与水文地质情况、采用的施工方法合理选用其中的一种或几种加固措施。

(5)初期支护仰拱应封闭成环。

2)浅埋段落

(1)浅埋和深埋隧道的分界,按荷载等效高度值,并结合地质条件、施工方法等因素综合判定。拱顶埋深在如下范围的为浅埋隧道:

$$H \leqslant 2.5h_q \tag{6-1}$$

式中:H——浅埋隧道的拱顶埋置深度(m);

h_q——深埋隧道的荷载等效高度(m),按 $h_q = 0.45 \times 2^{s-1}\omega$ 取值;

s——围岩级别;

ω——宽度影响系数,$\omega = 1 + i(B-5)$;

B——隧道宽度(m);

i——B 每增减 1m 时的围岩压力增减率,以 $B = 5$m 的围岩垂直均布压力为准,当 $B < 5$m 时,$i = 0.2$;$B > 5$m 时,$i = 0.1$。

(2)位于洞口及洞身的浅埋隧道,其初期支护均应适当加强。Ⅴ级围岩以上围岩段一般可采用降一级围岩级别的深埋隧道支护参数;对Ⅴ级围岩浅埋隧道应根据具体工程条件,在深埋隧道支护参数基础上,采取喷混凝土层加厚(25~28cm)、锁脚锚管加长加强、钢架刚度加强及间距加密(0.5~0.75m)等方法加强初期支护。

(3)浅埋隧道应采取必要的围岩预加固措施,如长管棚注浆、小导管注浆超前预加固、地表锚杆加固、地表注浆预加固等。应根据隧道所处具体位置、埋置深度、工程地质与水文地质情况、采用的施工方法合理选用其中的一种或几种,并优先选用洞内超前预加固措施,以节约造价。

(4)浅埋隧道应选择合适的开挖方法及施工顺序,并采取必要的辅助措施控制沉降。沉降量由小到大的开挖方法顺序为:CRD法、中隔壁法、双侧壁导坑法、上半断面临时闭合法、拱部弧形开挖预留核心土法、台阶法。

(5)初期支护预留变形量宜在规范的基础上加大100mm以上,施工时根据实际监控量测资料进行调整。

(6)初期支护仰拱应封闭成环。

3)偏压段落

(1)偏压隧道是指由于地形、地质或坍方等原因而承受显著不对称荷载的隧道。偏压荷载的计算按《公路隧道设计规范 第一册 土建工程》(JTG 3370.1—2018)附录 F 进行。

(2)偏压隧道的初期支护参数根据工程类比确定,在施工过程中根据监控量测反馈信息调整。当出现由于偏压引起的大变形时,除必要的临时加固措施外,可采取在偏压大的一侧加设长锚杆(管)、径向小导管注浆加固、钢架加大加密、喷纤维混凝土等方法对初期支护加强。

(3)偏压隧道外侧岩体薄,是施工的薄弱环节,为防止坍塌和边坡失稳,应根据实际情况对外侧岩体采取必要的技术措施,如洞内超前大管棚注浆加固、超前小导管注浆、超前锚杆(超前支护必要时可双层);洞外地表锚杆或注浆加固、回填反压等方法。

(4)偏压隧道施工开挖在横断面方向宜先外侧后内侧进行。自稳能力差、地下水丰富的土体围岩宜采用 CRD 法、中隔壁法、双侧壁导坑法、上半断面临时闭合法等施工方法,以控制施工变形。

(5)初期支护仰拱应封闭成环。

4)含水率较大段落

(1)一般指开挖完立即测定土体天然含水率大于25%土体。

(2)初期支护均应适当加强,较同级围岩加强一级,采取喷混凝土层加厚(25~28cm)、锁脚锚管加长加强、钢架刚度加强及间距加密(0.5~0.75m)等方法加强初期支护。

(3)初期支护预留变形量宜在规范的基础上加大100mm以上,施工时根据实际监控量测资料进行调整。

(4)初期支护仰拱应封闭成环。

5)正常段落

(1)初期支护可按设计规范选取支护参数。

(2)初期支护可取消系统锚杆设计,增加缩脚锚管设计。

6.3.3 二次衬砌设计

(1)衬砌断面宜采用曲边墙大拱脚拱形断面形式。

(2)土质围岩段二次衬砌宜采用 C30 钢筋混凝土衬砌形式,且带仰拱。

(3)土质较差或浅埋段落段,二次衬砌宜较同级围岩隧道加厚5cm。

(4)深埋段,二次衬砌参数可按设计规范选取支护参数。

(5)土质较差或浅埋段及含水率较大段落,二次衬砌宜在规范的基础上厚度加厚5~10cm,钢筋采用$\phi 22$,间距采用20cm。

(6)偏压段落,二次衬砌宜在规范的基础上厚度加厚5~10cm,钢筋采用$\phi 22$,间距采用20cm。

(7)施工时,二衬距离掌子距离不大于60m为宜。

6.4 防排水设计

6.4.1 一般设计原则

隧道防排水应遵循"防、排、堵、截结合,因地制宜,综合治理"的原则,保证隧道结构物和营运设备的正常使用和行车安全。隧道防排水设计应对地表水、地下水妥善处理,洞内外应形成一个完整通畅的防排水系统。

6.4.2 洞内、外防水设计

(1)首先把隧道影响范围内的落水洞,进行回填设计处理。隧道地表沟谷、坑洼积水、渗水对隧道有影响时,宜采用疏导、勾补、铺砌和填平等处治措施。当隧道附近的水库、池沼、溪流、井泉水、地下水有可能渗入隧道时,应采取防止或减少其下渗的处理措施。

(2)对浅埋段的冲沟进行铺砌处理防止地表水下渗,同时对地表水进行截流引排。

(3)隧道应在初期支护与二次衬砌之间设置防水层,防水层采用防水板+无纺布的结构形式。防水板应采用抗老化性能好、易于焊接的防水卷材,厚度不小于1.0mm,接缝搭接长度不小于100mm;无纺布密度不小于$350g/m^2$。

(4)二次衬砌采用满足抗渗要求的抗渗混凝土,混凝土的抗渗等级不小于P8。

(5)隧道二次衬砌的施工缝、沉降缝、伸缩缝应采取可靠的防水措施。在衬砌环向、纵向施工缝处设置缓膨形遇水膨胀止水条(胶),在变形缝处设置中埋式橡胶止水带。地下水丰富地段的工作缝、沉降缝处还应设置背贴式止水带,与防水板焊接。

6.4.3 洞内、外排水设计

(1)对浅埋、冲沟段落可能影响隧道的地表水进行拦堵引排。

(2)隧道内路面两侧应设置纵向路缘排水沟,引排营运清洗水、消防水和其他废水。当排水沟为暗沟时,应每隔25~30m设置一处沉砂井以便于清污。隧道路缘排水沟应方便清理养护,并应给标线的设置留有空间。

(3)隧道路面结构下宜设纵向中心排水沟,集中引排地下水。中心水沟断面积应根据隧道长度、纵坡、地下水渗流量,通过水力计算确定。中心水沟纵向应按间距50m设沉沙池,并根据需要设检查井。中央水沟排出的地下水可考虑用集水井收集起来加以利用,如可供隧道消防用水。

(4)隧底应设横向导水管,以连接中心水沟与衬砌墙背排水盲管。横向导水管的直径不宜小于100mm,横向坡度不应小于2%,其纵向设置间距一般25m,涌水地段间距适当加密。

(5)隧道衬砌外应设置以下排水设施：

①在衬砌两侧边墙背后底部设置沿隧道纵向的排水盲管，其孔径不应小于80mm，并应设置防止排水盲管堵塞的便于冲洗和疏通的装置。

②沿二次衬砌背后设置环向导水盲管，其纵向间距不应大于20m，遇水量较大时，环向盲管应加密。对有集中出水处，应单独设竖向盲管。环向盲管、竖向盲管的直径不应小于50mm。

③环向盲管、竖向盲管应与边墙底部的纵向排水盲管连通；纵向排水盲管应与横向导水管连通，以形成完整的纵横向排水系统。环向盲管、竖向盲管、纵向排水盲管外表面应用无纺布包裹。

(6)宜在仰拱下增加一处排水盲沟。

6.4.4 洞口及明洞防排水

(1)应结合洞口地形、洞口防护和路基排水，设置排水系统。

(2)为避免山体坡面水对洞口边、仰坡的冲刷，影响边、仰坡稳定，在洞口边坡、仰坡开挖边界线5m外，应设置截水沟，并和路基排水系统综合考虑。当坡面汇水面积不大，或接近分水岭位置，雨水对边仰坡的冲刷不大时可不设截水沟。截水沟设置要隐蔽，正面应看不到截水沟痕迹，并尽可能将坡面水引到路线以外。截水沟的断面形式主要有矩形和梯形两种，迎水一侧的沟身不得高于原地面，且其背后不宜进行人工填筑，宜保持为原位土。截水沟底宽一般不大于60cm，顶宽不大于120cm，沟深60cm。

(3)隧道洞口出洞方向的路堑为上坡时，可在洞口外路基两侧设置反向排水边沟或采取引排措施，洞外水不应流入隧道。

(4)明洞边墙后宜设置纵向和竖向盲沟，将水引至隧道中心排水沟排出。明洞衬砌外缘应敷设外贴式防水层，并与向明洞方向延伸50cm长的暗挖隧道防水层进行搭接。衬砌外表面应用防水砂浆找平，防水层与回填土石接触面应设置无纺布并用2cm厚的水泥砂浆覆盖。明洞衬砌混凝土抗渗等级P8。明洞回填土顶面应根据情况设排水沟。

(5)回填土顶面宜敷设黏土隔水层，并与边仰坡夯实连接，黏土隔水层以上宜设置厚度不小于20cm的种植土。

(6)对于易积雪的洞口，应考虑防止积雪危害的措施。

6.5 经典案例

6.5.1 隧道穿越滑坡体

(1)工程概况

蟠龙隧道位于宝塔区，穿越黄土墚，设计为分离式隧道，技术标准为双向四车道。隧道左洞起止桩号为 ZK28+605~ZK30+353,全长 1748m,为长隧道,隧道底板最大埋深 160.0m;右洞起止桩号为 YK28+600~YK30+350,全长 1750m,为长隧道,隧道底板最大埋深 142.0m;两洞中轴线最大间距约 42.0m。

(2)洞口不良地质体

隧道右线进口发育滑坡 HP28-3,长 280m,宽 320m,厚度为 20~25m,为巨型黄土牵引式滑坡。滑坡整体形态较清晰,轮廓明显,整体呈扇形,后壁较陡,滑体前缘地形较缓。现状稳定,满足安全储备,隧道进口从其后缘通过,隧道洞身位于滑坡内,施工时应减小对该滑坡的扰动,建议对该滑坡采取一定的治理措施,以保证滑坡稳定,维护隧道的安全。

(3)洞口处地质纵断面

洞口处地质纵断面图 6-1 所示。

(4)设计方案

由于滑坡体较大,如果清方卸载,对环境破坏较大,极有可能诱发二次地质灾害。最终设计经过研究与计算,确定采用抗滑桩治理方案,具体方案如下:

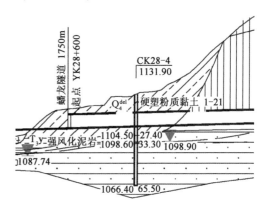

图 6-1 洞口处地质纵断面图

①洞口处岩下滑方向布置 9 根 3m×2m,桩长为 25~35m 的抗滑桩,在右线明暗交界处横向布置 4 根,分别为 1 号、2 号、3 号、4 号。1 号、2 号分别为 3m×4m 和 3m×2m 桩径,3 号、4 号为 3m×2m 桩径。

②1 号、2 号设置 2m×2m 横梁,抵挡仰坡土体。

③施工抗滑桩采用挖孔桩工艺,采用隔 1 挖 1,抗滑桩必须一次浇筑。

④待抗滑桩完成后,开挖边仰坡,边仰坡控制在 13m 以内。

⑤洞口段较正常洞口段加强一级设置,具体参数为:I20b 型钢,间距 50cm,初期支护仰拱封闭,二次衬砌采用 60cm 厚 C30 钢筋混凝土,开挖采用单侧壁导坑法。

6.5.2 洞口处斜交

(1)工程概况:香房窑子隧道位于延安市甘泉县,穿越黄土梁,设计为分离式隧道,技术标准为双向四车道。隧道左洞起止桩号为 ZK54+415~ZK55+525,全长 1110.0m,为长隧道,隧道底板最大埋深 166.0m;右洞起止桩号为 YK54+390~YK55+570.0,全长 1180.0m,为长隧道,隧道底板最大埋深 170.0m;两洞中轴线最大间距约 84m。

(2)如果按刷边仰坡暗进洞,右侧边仰坡将会特别高,并且右侧边坡土质较好,设计采用异性护拱斜交进洞方案。图 6-2 所示为左线进口立面图。

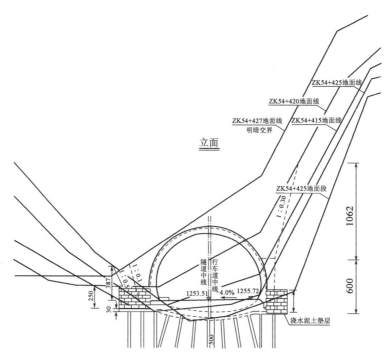

图 6-2 左线进口立面图(尺寸单位:cm)

(3)异形护拱设计图,左侧 7m,右侧按 2m 控制,如图 6-3 所示。

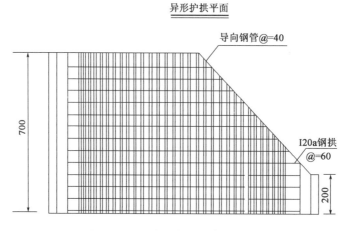

图 6-3 异形护拱设计图(尺寸单位:cm)

6.5.3 隧道穿越含水率较大段落

(1)工程概况

李家湾隧道位于延长县李家湾村,穿越山梁,设计为曲线形隧道,技术标准为双向四车道。隧道左洞起止桩号为 ZK2+515～ZK3+948,全长 1433m,为长隧道,隧道底板最大埋深

178.0m；右洞起止桩号为 YK2+341.4~YK3+972，全长 1630.6m，为长隧道，隧道底板最大埋深 158.0m；两洞中轴线最大间距约 104.0m。

(2)方案设计简介

由于洞口段土质为 Q_4，边仰坡较高，明洞开挖容易造成边仰坡坍塌，设计将 ZK02+526~ZK02+542 段半明段落及偏压段落采用 8% 水泥土回填，回填后对 ZK02+526~ZK02+542 段采用暗洞施工衬砌支护参数采用 SV-1-1。

第7章 互通式立交勘察设计

7.1 互通式立交的作用及设计原则

7.1.1 互通式立交的作用

根据《公路路线设计规范》(JTG D20—2017)第2.3.1条规定,高速公路应为全部控制出入的公路,只对所选定的被交公路、城市道路或高速公路的服务设施提供出入连接;在同公路、城市道路、乡村道路、铁路、管线等相交处必须设置立体交叉;必须设置隔离设施以防止行人、车辆、牲畜等进入。而互通式立交是控制整条高速公路的门户,只有通过立体交叉才能出入高速公路。因此,互通式立交在一条高速公路上起着梳理及控制交通流的作用,而交通流量的大小又直接关系到修建高速公路的经济效益。由此可见,互通式立体交叉在高速公路上具有非常重要的作用。

(1)保证交通安全。互通式立体交叉实现了路线在空间上的分离,消除或减少了交通流之间的相互干扰,保证了车辆畅通、安全行驶,降低了交通事故的发生率。

日本资料统计表明:在日本平面交叉口事故占全部交通事故的58%,而立体交叉事故仅占全部事故的20%。修建立体交叉的高速公路,每100万公里死亡率比一般路段减少2/3。

(2)提高行车速度,减少延误时间。车辆通过平面交叉路口,受到交叉口红绿灯控制、停车等候及其他侧向干扰,延误时间较长,行车速度较慢。修建了互通式立体交叉后,实现了各转向交通流在空间上的分离,消除了信号控制,减少了侧向影响,提高了行车速度,减少了交叉口的延误时间。

(3)提高交叉口通行能力。互通式立体交叉设置独立的单向转弯匝道和直行车道,车辆各行其道,减少了等候时间和相互干扰,能保证快速、连续、安全地行驶,使得交叉口的通行能力得到了大幅度提高。

(4)具有较强的管理功能。互通式立体交叉是高速公路控制出入、方便管理收费的重要手段和设施。同时,对于促进土地的综合开发和利用,绿化美化环境,提高城市的管理水平具有重要作用。

7.1.2 互通式立交的设置原则

根据《公路立体交叉设计细则》(JTG/T D21—2014)第5.1.1条,公路立体交叉总体设计应符合下列基本原则。

(1)多因素原则。应综合考虑功能、安全、环境、资源、全寿命周期成本、驾乘者的舒适和便利等因素。

(2)系统性原则。组成节点系统的各单元之间、节点与整体路网系统之间、节点与环境之间应相互协调。

(3)一致性原则。公路立体交叉形式、几何构造及信息分布等应与驾驶人期望相一致,并应与车辆行驶动力特征相适应。

(4)连续性原则。交通流运行方向、车道布置和运行速度等应具有连续性。

7.2 互通式立交的特点

(1)黄土沟壑区特殊的地形、地质、气候以及建设条件,导致布设互通式立交的场地条件受到相对严格的限制。

(2)黄土沟壑区土地资源紧张,耕地资源宝贵,立交布设的用地矛盾突出。

(3)自然条件相对恶劣,常伴有积雪冰冻等恶劣气候,立交技术指标选取时应考虑积雪冰冻等条件下的行车安全。

(4)除县级及以上城市周边的立交外,一般交通量均较小,立交设计时应综合考虑功能、地位、作用和经济等因素,合理选择规模及指标。

(5)受经济技术条件的限制,黄土沟壑区主线几何设计优化余地相对较小,特别是主线纵断面指标往往较低,给立交设计带来困难。

(6)受地形或经济因素制约,位于狭窄沟道内的立交,匝道线形标准较低,一般多采用极限值或略高于极限值来控制,如匝道纵坡常采用4%,喇叭立交内环半径常采用50m来控制立交规模及占地。

(7)黄土沟壑区生态环境脆弱,互通式立交设计应避免对原生环境造成无法修复的破坏,尽量与原有地形相融合。

7.3 互通式立交的位置选择

黄土沟壑区高速公路互通式立交位置的选择在保证主线交通快速顺畅的前提下选定,根据路网规划、交通特性及技术经济条件等合理确定。重点考虑以下因素。

7.3.1 相交道路的性质

通常来讲,山区高速公路互通式立交位置一般设立在高速公路之间或高速公路与具有干线功能的一、二级公路之间,起到交通流转的作用。因此,是否确定设置互通式立交需要考虑相交道路的性质,包括相交道路的等级、任务、交通情况等。值得注意的是,对于即使在某些地方有交叉,但总方向相同或平行的高等级公路之间,由于转换的交通量较小,缺乏必备转换性质,则不设置互通式立交。

7.3.2 交通流量

在互通式立交处的交通量通常具有两种性质:一是转换交通量;二是主干线上的直行交通量。由于在设置互通式立交时,需要涉及收费管理、建设及运营费用,一般情况下,对于交通量大的区域,例如通往县级以上城市或重要政治中心,以及港口、机场、旅游胜地等,则应设置互通式立交,以满足广大人民群众的出行。

7.3.3 区域地形条件

作为高速公路线路上重要的控制点,互通式立交占地范围较大,因而在选择位置时要与山区地形条件密切结合,充分考虑周围的障碍物、地面坡度等,以开阔区域、地质较好、施工条件满足需求的区域为首选地点,以减少施工难度及工程造价。

7.3.4 互通式立交之间的间距

两个互通式立交之间的间距应保证均匀分散二者之间路段上的交通量,保持交通量平衡,因此二者之间具有一个最小间距。根据《公路路线设计规范》(JTG D20 - 2017),黄土沟壑区高速公路互通式立交之间的间距宜在 15~25km 之间,人口稀疏的地区可增大到 40km;互通式立交之间最小间距不宜小于 4km。

7.3.5 社会经济发展与互通立交投资建设经济效益

高速公路具有高速、安全、土地利用效率和通行能力高的特点,其高能、高效、快速通达的多功能作用,促进了高速公路沿线商品经济的繁荣发展,对产业结构及分布、城市结构和规模、中小城镇的发展,以至于在提高居民生活水平缩小城乡差别方面都起着重要的作用。高速公路为其沿线创造出了有利投资环境,使其经济发展速度远远超过其他地区。因此,在任何一条高速公路建设项目初期征求地方政府意见时,多数乡镇以上政府均会提出增设互通式立交的要求,但互通式立交作为高速公路的大型构造物,建设费用在总造价中所占的比重较大,若没有太大的交通量所带来的收费效益,高速公路建设方及投资方均需慎重考虑立交建成后所带来的经济效益。

7.3.6 互通式立交与服务设施合建模式探讨

服务设施与立交之间的设置位置、间距,是立交及服务设施规划中需要考虑的首要问题。适当的规模和间距设置,是立交和服务设施能够充分发挥各自功能的重要因素。然而在山区地形条件受限的情况下,可以设置互通式立交和服务设施的空间是有限的,立交与服务设施的布设间距又有一定的要求。此时,将立交与服务设施合并设置,通过设置完善的交通安全设施,既可以保障行车安全,又可充分利用土地,降低工程规模和造价。

立交与服务设施合并建设后,服务设施既可为高速公路上的车辆提供服务,也可通过增设的连接匝道,使地方道路上的车辆或过境车辆充分利用服务区内的相关设施,如加油站、休息设施、就餐服务等,充分发挥服务区的功能,带动区域经济发展。

7.4 互通式立交形式选择

互通式立体交叉形式选择的目的,是为提高行车效率和安全舒适性、适应设计交通量和设计速度、满足车辆转弯需要,并与环境相协调。选形是否合理,不仅影响互通式立体交叉本身的功能,如通行能力、行车安全和工程经济等,而且与整个地区的道路网规划、地方交通效益的发挥、工程投资及市容环境等都有密切的关系。

7.4.1 影响互通式立体交叉形式选择的因素

影响因素可概括为道路、交通、环境及自然条件,具体内容详见图 7-1。

7.4.2 互通式立体交叉形式选择的基本原则

黄土沟壑区互通式立体交叉形式的选择,应根据道路、交通条件,结合自然环境条件等综合考虑。

(1)充分考虑相交道路的性质、任务、远景交通规划等因素。相交道路性质主要是指道路功能、类型、等级、设计速度、交通量等,相交道路具体情况,将决定立交形式为全互通或不完全互通、被交路侧是立交还是平交。互通方案设计,首先应根据被交路功能等级及远景交通量选择合理交叉形式。

(2)互通形式应符合转换交通主流向的要求。转换交通量的大小在很大程度上决定互通式立交的形式,而互通式立交形式在一定程度上也能反映交通流量的主要方向。对于交通量分布较为均匀的互通式立交,应尽量选择更适合车辆行驶,便于识别的形式。

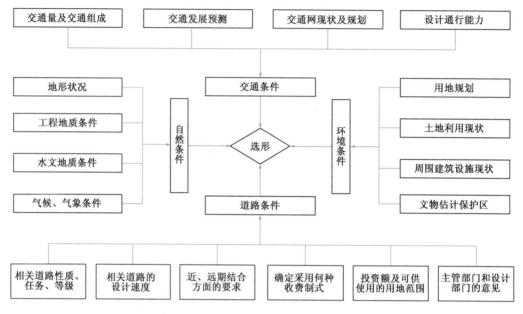

图 7-1　影响立体交叉形式选择的基本因素

(3)互通式立交形式须与所在地区的特征、性质相适应,应充分考虑规划、地形和地质条件、可能提供的用地范围、周围建筑物和设施分布状况等条件。在满足交通要求前提下,力求达到合理利用地形、工程运营费用经济合理及与环境相协调。充分利用地形,合理运用技术指标,严格控制工程规模,节约耕地。

(4)应考虑收费制式的要求。不收费互通的服务水平往往较高,各方向的流量转换路径最短。收费互通,还应综合考虑收费制式(ETC 或人工)对服务水平以及通行能力的影响,使通行车流顺捷、便于管理。

(5)要注意远近结合,全面考虑。应考虑远期提高服务水平的需要和可能性。例如,近期采用单喇叭互通,远期采用双喇叭互通。

(6)互通式立交形式的选择应符合一致性的要求。互通式立交的出口在某一路段上应保持一致性,而不应采用突变的出口方式,以防止给使用者造成不便。一个区域的互通式立交形式应尽可能通用化和简化。通用化是指尽可能采用统一的形式,车辆通过每个互通式立交都按相同模式,这样有利于行驶安全,可提高出入口服务水平。

(7)互通式立交方案需综合考虑各方面因素,应有利于施工养护及排水,尽量采用新技术、新工艺、新结构,以提高质量、缩短工期、降低成本。

(8)互通式立交景观设计应从绿色公路的角度出发,充分考虑景观、绿化、美化设计,使立交线形更加流畅,匝道与主线配合更加紧凑。尽量避免对生态环境的破坏,力求自然美化,使立交与自然环境有机地结合在一起,最大限度地与原有地形地貌融合。

(9)从品质工程的角度出发,互通式立交应具有设计创作的思维,突出亮点,追求设计的"精、细、美",体现立交设计的差异。具体案例如图 7-2 所示。

图 7-2 黄延二通道甘泉西立交

7.4.3 互通式立体交叉形式选择的方法与步骤

互通式立体交叉形式选择是在立体交叉位置选定的基础上进行的。一般要求互通式立体交叉的位置应选择在地势平坦开阔、地质良好、拆迁较少,以及相交公路具有较高的平、纵线形指标之处。公路互通式立体交叉所在地通常地形平坦、开阔、建筑物少,对互通式立体交叉形式的选择限制不严,定位时可根据用地范围、是否收费及其他影响因素,初定几个可供选择的互通式立体交叉形式,以便选形时参考。在定位时提供的可选互通式立体交叉形式基础上,按下列步骤确定该位置可采用的互通式立体交叉形式。

7.4.3.1 确定互通式立体交叉的基本形式

首先应选择互通式立体交叉的总体结构,如上跨式或下穿式、完全互通式、部分互通式或交织型二层式、三层式或四层式,机动车与非机动车交通是分离行驶还是混合行驶,是否考虑行人交通、是否收费等。在此基础上进一步选择互通式立体交叉的基本形式,如菱形、苜蓿叶式、部分苜蓿叶式、喇叭式、定向式、半定向式或组合式等。

根据影响互通式立体交叉形式选择的主要因素,表 7-1 列出了常用互通式立体交叉形式的选择条件(直行交通按六车道计,交通量为当量小客车数),可供参考。

互通式立体交叉形式的选择　　　　表 7-1

基本形式	项　目					
	设计速度(km/h)			交叉口总通行能力(pcu/h)	占地面积(ha)	适应道路等级及立体交叉口情况
	直行	左转	右转			
定向形	80~100	70~80	70~80	13000~15000	7.5~12.5	①高速公路相互交叉;②高速路与市郊快速路相交

续上表

基本形式	设计速度(km/h)			交叉口总通行能力(pcu/h)	占地面积(ha)	适应道路等级及立体交叉口情况
	直行	左转	右转			
苜蓿叶形	60~80	30~40	30~40	9000~13000	7.0~9.0	①高速路相互交叉；②高速路与快速路、主干路相交；③用地允许的市区主要交叉口
部分苜蓿叶形	30~80	25~35	25~35	6000~8000	3.5~5.0	①高速路与次要公路相交；②苜蓿叶形的前期工程
菱形	30~80	25~35	25~35	5000~7000	2.5~3.5	①高速路与次要公路相交；②快速与主干路相交
喇叭形	60~80	30~40	30~40	6000~8000	3.5~4.5	①高速与快速路相交；②主要道路相互交叉；③用地允许的市区交叉口
三路叶形	60~80	25~35	25~35	5000~7000	3.4~4.0	①主要道路相互交叉；②苜蓿叶形的前期工程
三路定向形	80~100	70~80	70~80	8000~11000	6.0~7.0	①高速公路相互交叉；②快速路与主干路相交

在确定公路互通式立体交叉基本形式时，应注意以下6点。

(1)直行和转弯交通量均较大，相交公路的设计速度较高，并要求用较高的速度集散时，可采用定向式或半定向式互通式立体交叉。

(2)相交公路的等级相差较大、且转弯交通量不大时，可采用菱形、部分苜蓿叶形或T形交叉式的喇叭形立体交叉。

(3)不设收费站的高速公路、一级公路相互交叉时，可采用全苜蓿叶形立体交叉，但其用地较大、出入口多、通行能力受限以及交织运行，应慎重选用。苜蓿叶式立体交叉的环圈式匝道以单车道为宜，若交通量接近或大于单车道通行能力时，则应采用定向匝道。目前，随着路网密度和服务水平要求的提高，高速公路、一级公路相互交叉的枢纽立体交叉，宜采用半定向式立体交叉(如涡轮式、X形立体交叉)或组合式立体交叉(如变形涡轮式、变形苜蓿叶式立体交叉)等。

(4)部分苜蓿叶式立体交叉有两处相距较近的平面交叉，对次要道路直行交通不利，当各方向转弯交通量相差较大时，应在适当象限内布置匝道，将影响减至最低程度。

(5)干线公路与一般公路相交，不设收费站时，应优先采用菱形立体交叉；若设收费站，而干线转弯交通量较小时，允许匝道上存在平面交叉。

(6)收费立体交叉的收费站应布设在交通量最大的象限，当受地形或地物限制时应论证确定。收费立体交叉连接线两端的交叉形式可采用三路立体交叉或平面交叉，主要应根据正线的性质、使用任务、交通量以及地形、地物等条件综合分析后确定。我国标准和规范中对收费立体交叉的采用形式未作规定。根据几十条高速公路的数据统计，高速公路与二级（含二级）以下公路相交时，约90%采用平面交叉加喇叭形组合式立体交叉，其余10%为平面交叉加Y形组合或为部分苜蓿叶式收费立体交叉。高速公路与高速公路或一级公路相交时，首选的收费立体交叉形式是双喇叭形或喇叭形加Y形的组合立体交叉，其他形式采用较少。另外，对于高速公路之间相交的立体交叉，考虑车流的连续、行驶时间的缩短、吸引车辆的转换等，趋向于采用不收费的立体交叉。

7.4.3.2 互通式立体交叉几何形状及结构的选择

互通式立体交叉的几何形状及结构，对于行车速度、运行时间、行车视距、视野范围、服务水平及通行能力等影响较大。在立体交叉基本形式的基础上，通过仔细研究，对立体交叉的总体结构进行安排和匝道布置，如跨线构造物的布置，出入口的位置，匝道的布置象限，内外匝道采用整体式或分离式断面，匝道的平、纵、横几何形状和尺寸等。

7.4.3.3 互通式立体交叉方案的比较

经以上过程产生几个立体交叉方案，必须经过多方案的技术、经济比较，选择合理的立体交叉形式和适当的规模，以满足交通功能要求、适合现场条件、工程量小、投资经济。对于复杂的大型立体交叉，还应制作透视图或复合透视图进行检查比较。

7.5 互通式立交匝道视距设计

7.5.1 视距对互通式立交匝道设计的影响

根据现行《公路工程技术标准》（JTG B01—2014）、《公路路线设计规范》（JTG D20—2017），互通式立体交叉区域应具有良好的通视条件。不仅互通式立交各类出入口应满足识别视距要求（表7-2），匝道全长范围内仍应满足停车视距的要求（表7-3）。

识别视距　　　　　　　　　　　　　　　表7-2

设计速度（km/h）	120	100	80	60
停车视距（m）	350(400)	290(380)	230(300)	170(240)

注：括号内为行车环境复杂、路侧出口提示信息较多时应采用的视距值。

匝道停车视距　　　　　　　　　　　　　表7-3

设计速度（km/h）	80	70	60	50	40	35	30
停车视距（m）	110(135)	95(120)	75(100)	65(70)	40(45)	35	30

注：积雪冰冻地区，应不小于括号内的数值。

但在黄土沟壑区互通式立体交叉设计中,由于受到地形地质、构造物以及工程经济的影响,导致匝道平曲线占全线总长比例较大,且线性指标较差,加之在平曲线内侧设置护栏,往往会导致一般匝道路段或匝道平交口处视距不良。

结合目前国内互通式立交匝道设计的经验来看,匝道视距不良路段常采用的改善措施主要有以下几种:

(1)在地形地质、构造物以及经济因素允许的前提下,提高匝道平面指标,使其满足对应设计速度下的停车视距要求。

(2)对不满足停车视距要求的左偏曲线匝道,通常采取匝道左侧硬路肩加宽、移动护栏位置的方式,使其满足实际横净距的要求。采用左侧硬路肩加宽方式处理视距问题时,应特别注意加宽渐变率的取值,目前国内规范对此并无具体的规定。但无论采用何种渐变率及渐变方式,左侧硬路肩加宽必定会改变车道行驶轨迹,对行车安全影响较大,为了降低影响,互通式立交设计中通常采用较小的渐变率进行加宽,但由于匝道平曲线占比较大,且长度较短,导致加宽无法完全在回旋线路段完成。

(3)如采用上述方法亦无法有效解决,或付出的代价较大,可采取对行驶速度按照设计速度低一级进行合理限制等控制措施,保证行车安全性。

7.5.2 合流鼻端通视三角区

根据《公路路线设计规范》(JTG D20—2017)互通式立体交叉汇流鼻前,匝道与主线间应具有如图7-3所示的通视三角区。

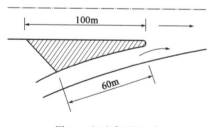

图7-3 汇流鼻通视三角区

在通视三角区内,主线行驶车辆应当具有足够辨别匝道交通状况的通视条件,避免与部分由分流鼻处强行汇入的匝道车辆在合流鼻处同时相遇。

公路绿化、桥梁墩柱及梁板、标志板、护栏或路基等,均可能成为视线障碍,尤其是主线路侧护栏对视线影响较大,主线倘若是桥梁,这种现象尤为明显。因此通视三角区的护栏形式应尽量通透。

7.6 互通式立交设计及典型案例

本节以延长至黄龙高速公路终点阳湾枢纽立交为实例,对黄土沟壑区立交设计要点、方案比选进行论证。

7.6.1 项目概况

榆蓝线延长至黄龙公路位于延安市东部,是国家高速公路榆蓝线的重要组成路段,路线途经延长、宜川和黄龙三县,北接已建延安至延川高速公路,南接拟建黄龙至蒲城高速、已建成的蒲城至西安公路等高速公路。项目路线起于延安市延长县,向南至宜川县阳湾,与青兰高速共线约17.14km至铁龙湾后设线至黄龙县,与拟建蒲城经白水至黄龙高速相接。如图7-4所示。

图 7-4 榆蓝线延长至黄龙公路

依据工可报告及批复情况,结合区域路网情况,全线设互通式立交7处,其中预留1处。阳湾枢纽立交位于宜川县秋林镇下阳湾村,为延黄高速与青(岛)兰(州)速公路交叉而设置的枢纽互通式立交,实现两条高速公路的交通转换。

7.6.2 设置位置和形式

阳湾枢纽立交地处黄土梁峁沟壑区和河谷阶地区。梁峁多为缓坡地形,峁顶浑圆,梁间沟壑纵横,上部为风积黄土,下部沟底局部出露基岩;河谷阶地区呈带状或片状分布于河床两岸,一级阶地多为基座阶地,上部为黄土状粉质黏土,下部为砂砾卵石与粉质黏土。青兰高速和G309公路东西向而过,下阳湾村坐落于青兰高速南侧山坡上,仕望河蜿蜒于坡脚由西向东流淌。

立交等级及主要技术指标:延黄高速主线设计速度为100km/h,双向四车道标准,路基宽度26m;青兰高速主线限制设计速度为80km/h,双向四车道标准,路基宽度26m。

预测交通量分析:根据工可报告交通量预测可知,2040年该互通的总转向交通量为37005辆/日,其中延长往返宜川方向为主流交通,转向交通量为23576辆/日,占该枢纽总转向交通量的63.7%,延长往返壶口方向为次流交通,转向交通量为13429辆/日,占立交总转向交通量的36.3%,如图7-5所示。根据交通量分析以及项目在路网中的功能定位,该枢纽主要承担着延黄高速与青兰高速的交通转换功能,延黄高速在此枢纽转换后与青兰高速共线约

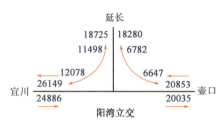

图 7-5　阳湾枢纽 2040 年交通量预测(pcu/d)

17.14km,因此,该枢纽延长—宜川方向两匝道应兼具主线功能,布设时应着重解决延长—宜川方向主流方向匝道的顺势性以及与主线指标的协调性。

立交基本形式选择:根据交通量计算,主流交通延长—宜川方向匝道设计速度采用 50~80km/h,单向双车道,路基宽度 13m(半幅主线宽度),匝道采用双车道出入口,加速车道采用平行式,减速车道采用直接式;延长—壶口方向匝道设计速度为 40~70km/h,采用单向双车道,路基宽度 10.5m,匝道采用单车道出入口,加速车道采用平行式,减速车道采用直接式。

依据交通量和交叉处地形条件,该立交初步设计时拟定了半定向 T 型、A 型单喇叭和迂回式 T 型三个方案进行比较。

7.6.3　立交主要规模

方案一(半定向 T 型,见图 7-6):立交采用半定向 T 型方案,匝道上跨青兰高速,主流交通 B 匝道(延长去往宜川方向)采用直连式匝道,主流交通 D 匝道(宜川去往延长方向)采用外转弯半直连式匝道。次流交通 A 匝道(壶口去往延长方向)采用直连式匝道,C 匝道(延长去往壶口方向)采用外转弯半直连式匝道。

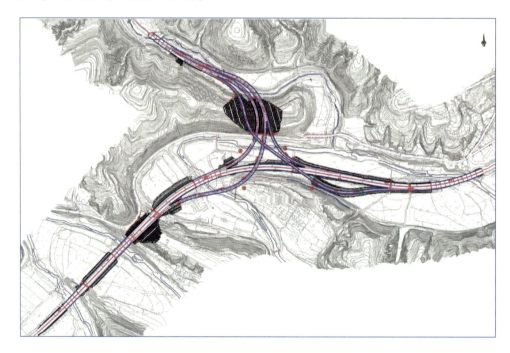

图 7-6　阳湾立交平面示意图(方案一)

互通范围内青兰高速主线平曲线最小半径 $R=700\text{m}$，最大纵坡为 2.54%；B、D 匝道采用 13m 路基宽度双车道，A、C 匝道采用 10.5m 宽双车道。匝道平曲线最小半径为 $R=170\text{m}$（C 匝道），最大纵坡 3.61%（A 匝道）。该方案匝道设计长度 3327.560m（其中 $B=13\text{m}$ 长度 1994.451m，$B=10.5\text{m}$ 长度 1334.109m），立交范围内榆蓝线桥梁 554.5m/1 座，青兰线桥梁 192m/2 座，匝道桥梁 2127.5m/8 座，立交的占地面积为 387.62 亩（1 亩 $\approx 666.67\text{m}^2$）。

方案二（A 型单喇叭，见图 7-7）：立交采用 A 型单喇叭方案，匝道上跨青兰高速，主流交通 B 匝道（延长去往宜川方向）采用直连式匝道，主流交通 D 匝道（宜川去往延长方向）采用外转弯半直连式匝道。次流交通 A 匝道（壶口去往延长方向）采用直连式匝道，C 匝道（延长去往壶口方向）采用环形匝道。

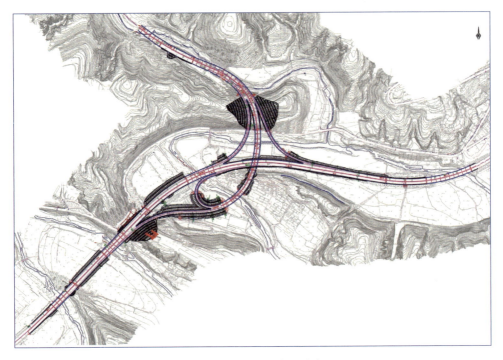

图 7-7　阳湾立交平面示意图（方案二）

互通范围内青兰高速主线平曲线最小半径 $R=700\text{m}$，最大纵坡为 2.54%；B、D 匝道采用 13m 路基宽双车道，A、C 匝道采用 10.5m 宽双车道。匝道平曲线最小半径为 $R=60\text{m}$（C 匝道），最大纵坡 3.45%（A 匝道），该方案匝道设计长度 2396.626m（其中 $B=13\text{m}$ 长度 756.330m，$B=10.5\text{m}$ 长度 670.296m，$B=23.5\text{m}$ 长度 970m），立交范围内榆蓝线桥梁 556m/1 座，青兰线桥梁 318m/3 座，匝道桥梁 1019m/6 座，立交的占地面积为 400.62 亩。

方案三（迂回式 T 型，见图 7-8）：立交采用迂回式 T 型方案，D 匝道上跨青兰高速，C 匝道下穿青兰高速，主流交通 B 匝道（延长去往宜川方向）采用直连式匝道，主流交通 D 匝道（宜川去往延长方向）采用外转弯半直连式匝道。次流交通 A 匝道（壶口去往延长方向）采用直连式匝道，C 匝道（延长去往壶口方向）采用迂回型半直连式匝道。

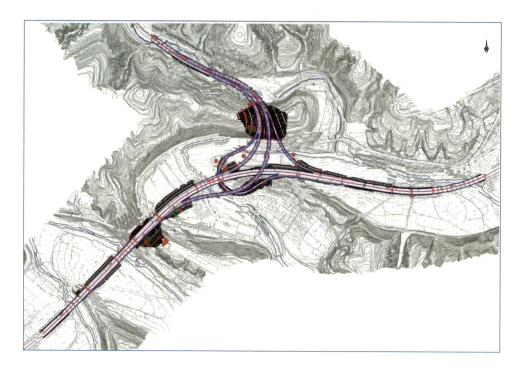

图7-8 阳湾立交平面示意图(方案三)

互通范围内青兰高速主线平曲线最小半径 $R=700m$,最大纵坡为2.54%,B、D匝道采用13m路基宽双车道,A、C匝道采用10.5m宽双车道。匝道平曲线最小半径为 $R=90m$(C匝道),最大纵坡3.45%(A匝道),匝道设计长度2957.463m(其中 $B=13m$ 长度1946.687m, $B=10.5m$ 长度1010.776m)。立交范围内榆蓝线桥梁556m/1座,青兰线桥梁192m/2座,匝道桥梁1638m/8座,立交的占地面积为340.22亩。

7.6.4 立交方案比选

枢纽互通的功能定位和服务水平:方案一技术指标和服务水平较方案二、三好,方案二枢纽互通的功能定位略差;方案三更加符合功能定位。

运营安全性:方案一平纵面指标高,车辆运行速度高,便于大交通量的快速转换,更适应交通运行特性,安全性较好;方案二环形匝道平面指标低,行车舒适性差,安全性一般;方案三主流平纵面指标高,不绕行,次流位于主流右侧,利于行车安全。

工程规模:方案一的工程规模相对较大,方案三的工程规模相对较小;方案二工程规模最小。

征地拆迁:方案三立交占地少,拆迁量小,方案一次之,方案二立交占地最大。

比选结论:方案三主流方向车辆转换快速、便捷,线形指标高,次流从主流右侧流出(汇入),利于行车安全,立交整体工程规模小,填挖较平衡,占地少,拆迁少,造价最省,推荐方案

三。方案比较见表7-4。

阳湾枢纽立交方案比较　　　　　　　　　　　表 7-4

内容名称	方案一	方案二	方案三
互通形式	半定向 T 型	A 型单喇叭	迂回 T 型
交叉方式	匝道上跨	匝道上跨	D 匝道上跨 C 匝道下穿
匝道长度(m)	3327.56	2396.63	2957.46
最小半径(m)	170	60	90
最大纵坡(%)	3.61	3.45	3.45
桥梁(m/座)	2874/11	1893/10	2386/11
填挖方(m³)	填:121960 挖:1087918	填:372187 挖:969710	填:86474 挖:834857
占地面积(亩)	387.6	400.6	340.2
建安费(万元)	25073	23851	14558
优点	1. 平纵面指标高,车辆运行速度高,便于大交通量的快速转换。 2. 车辆行驶不绕行,交通转换顺畅便捷,车辆运营成本低	1. 立交形式简单,便于驾乘者识别。 2. 立交桥梁长度短	1. 主流平纵面指标高,不绕行,次流位于主流右侧,利于行车安全。 2. 立交占地少,拆迁量小,工程规模小,造价低
缺点	1. 挖方量大,工程规模大。 2. 桥梁多,造价高	1. 内环匝道平面指标低,行车舒适性差。 2. 立交填方量大,占地多,下阳湾村拆迁量大	次流左转匝道略有绕行

第8章 交通工程及沿线设施勘察设计

8.1 机电工程

8.1.1 总体要求及设计原则

黄土沟壑区高速公路机电工程设计包括监控设施、通信设施、收费设施、供配电设施、照明设施及隧道机电工程等内容,除需符合国家、部、省、厅相关标准规范及运营管理需求外,还应针对该地区气候环境、地形地貌、特殊构造物等特点,加强隧道消防管道保温、综合防雷接地、桥梁健康监测等关键技术设计。

设计原则如下:
(1)安全性、可靠性:选择成熟可靠的技术、合理的冗余,提高系统的安全性,保证系统可靠地运行。
(2)先进性、实用性:综合考虑国内外机电工程发展趋势,设备选型立足于国内外成熟先进的新产品。
(3)可扩充性:选用开放性和兼容性好的设备,使系统易于扩充和修改。

8.1.2 黄土沟壑区地形地貌特征及气候特点

陕北黄土高原位于我国黄土高原的中心部分,地势西北高,东南低。基本地貌类型是黄土塬、梁、峁、沟。塬是黄土高原经过现代沟壑分割后留存下来的高原面,梁、峁是黄土塬经沟率分割而形成的黄土丘陵,沟是流水集中进行线状侵蚀并伴以滑塌、泻溜的结果。从区域组成特征看,延安以北地面切割严重,是以峁为主的峁梁沟壑丘陵区,沿岸一带是以梁为主的梁峁沟壑丘陵区;延安以南是以塬为主的峁梁沟壑区,延续至铜川地区北部,铜川地区南部为黄土残塬和川塬区。

陕北地区属温带大陆性季风气候,年平均气温为10.7℃,极端最高气温为38.9℃,极端最低气温为-24℃,年降水量为412.4mm。从陕北地区气象统计资料结果看,陕北地区的年雷暴日平均为31日,属于中雷区,但是各地年平均雷暴日数差异较大,雷暴日也有逐年增加的趋势。7、8月份出现次数最多,占全年出现总次数的55%~60%,10月份之后雷暴日较少。

8.1.3 隧道消防管道保温方案

8.1.3.1 隧道管道保温需求

陕北黄土沟壑区冬季严寒,各路段平均气温可降至0℃以下,极端最低气温可以达到-30℃甚至更低。目前各路段设置水消防的隧道消防管道已采用了不同种类的保温措施,除部分通车运营路段消防管道保温设施可正常工作外,其余路段的隧道水消防系统大都出现了管道保温故障或无法满足冬季消防管道防冻需求的问题,是隧道安全运营的巨大隐患,也是目前亟待解决的问题。

8.1.3.2 消防管道保温措施及其应用分析

目前隧道消防管道保温措施主要分为被动保温措施和主动保温措施两大类。

1) 被动保温措施

被动保温措施主要是在管道周围包裹一定厚度的保温材料,可以起到一定的保温防冻效果。保温材料种类繁多,例如离心玻璃棉、岩棉、橡塑海绵、聚氨酯、酚醛树脂、气凝膏等材料,各种保温材料的保温性能不同,成本也有所差异。

从陕西省各项目实施后的使用效果看,阻燃型聚氨酯作为保温材料性价比较高,导热率低,安装方法有保温管壳方式安装,也可使用密封、保温效果更好的现场发泡方式安装,目前在建和设计中的隧道消防管道保温材料主要选用了聚氨酯材料。

酚醛树脂保温材料除具有较高的保温性能外,其防火阻燃性能更高,且遇火不会散发出有毒烟气,可应用于隧道消防管道保温,但其价格是聚氨酯材料的2倍左右。

气凝膏是新型保温产品,属于超级保温材料,导热系数最低,相同厚度下,保温效果是橡塑棉的三倍。该材料不透水,不透气,无冷对流,防冻效果好,结构强度大,可踩踏,防碰撞。防水防渗,防火等级达到B1级不燃,安全性能高,但其价格太高,是聚氨酯材料的4倍左右。

根据《建筑给水排水设计手册》中给出的管道保温计算方法,对于隧道消防系统管道保温层保温方式,在极低温度为-5度时,可以保证消防管道在12h内不结冻,对于陕南局部地区可采用此方法实施,但对于冬季温度更低的陕北地区此方案作用有限,仅设置被动保温设施只能延缓管道冻结的时间,无法阻止冻结的趋势,因此需要增加主动保温措施。

2) 主动保温措施:

主动保温措施主要包括以下几种:

(1) 填充防冻液

95%以上的防冻液使用的都是乙二醇的水基型防冻液。消防管道专用防冻液为透明液体,由乙二醇、有机防腐剂、缓蚀剂、防垢剂、防锈剂等有机复配而成,长期使用和储存其特性不变,不含有毒有害物质,具有良好的防冻功能。

使用时在消防水池中加入需要量的防冻液,然后再加入一定比例的水,启动消防泵使水进入管道,使得全管网内充满防冻液和水的混合物;稀释水可选用清洁的自来水、河水、井水。

优点:防冻液在冻结点以上温度时流动性良好,且针对已建成的水消防系统,只需要在水池中加入防冻液,操作简单,改造成本低。

缺点:

①防冻液本身为弱酸性物质,使用中有可能会对消防管道管壁及水成膜泡沫液等化学成分有影响。

②若隧道消防用水兼顾附近管理设施生活用水,需保证防冻液无毒无害,且不能有助燃性和可燃性。

③需要解决在升温时吸纳防冻液的膨胀量、降温时填补防冻液的收缩量,这在具体实施上有难度。

④隧道消防用水量大,一次消防后需重新补充防冻液,运营成本较高。

应用分析:由于防冻液中普遍存在的醇类成分与泡沫液会产生化学反应,影响灭火效果。且其成分为弱酸性,会对管道产生腐蚀,影响管网使用安全。故不适合在高速公路隧道中使用。

(2)抗冻防腐灭火液

目前,国内其他省份已有个别项目采用了新产品抗冻防腐增强灭火液替代消防系统供水,此液体是一种水系灭火液,成分是水、抗冻剂、缓蚀剂等溶质。该产品已通过公安部天津消防研究所检测中心的检测,符合《水系灭火剂》(GB/T 17835—2008)中规定相关技术要求,经测试可在 -50℃环境下不结冰,呈流淌稳定状态,pH 值为 8.7。

优点:

①灭火液一次投入,若不发生火灾使用,运营期不发生其他费用。

②在外省项目实际运营过程中,未发生消防管道内的抗冻防腐增强灭火液结冰冻结的情况,能成功灭 A 类、B 类火灾,且能与固定式水成膜泡沫灭火溶液完全兼容,对灭火效果无影响。

③灭火液整体填充消防管道,较防冻液方案需配比搅匀实施方式简易。

缺点:

①考虑抗冻防腐增强灭火液价格昂贵,注入一次后常年使用,因此应需保证管道、水池等不渗漏,消火栓等只在消防灭火时开启,不能作为他用,运营管理要求较高。

②一次灭火使用后灭火液需重新充装,再次产生费用。

应用分析:此方案已在外省其他项目成功应用,如在京新(G7)高速公路苏木山隧道(3208m/3213m),极低温度达 -321℃,采用抗冻防腐增强灭火液后可保持消防管道内消防水的常态不冻,且不影响现有设备灭火能力。但抗冻防腐增强灭火液价格昂贵,每立方抗冻防腐灭火液费用为4000元，隧道全线消防管道填充抗冻防腐灭火液造价太高，且考虑到隧道平时的运营管理需求，抗冻防腐灭火液不适合在陕北地区的隧道中使用。

(3)干式消防系统

平时消防管网内无水，发生火灾时，隧道火灾报警系统接到报警信号，开启电动启闭阀和快速排气装置，将管道内空气迅速排除，消防管网在短时间内由干式迅速转变为湿式系统，在消火栓口接水龙带及水枪达到灭火的目的。

优点：

①平时管道内无水，不会有冻结问题，不需要保温。

②因为平时管道内无水，因此即使个别管道的接口不够严密，也不会产生滴漏水的现象。

缺点：

①严寒地区，系统充水时间决定于采用干式系统的管道长度，《消防给水及消火栓系统技术规范》(GB 50974—2014)规定，采用干式消防系统充水时间不应大于5min；《建筑设计防火规范》(GB 50016—2014)中城市交通隧道消防章节规定，采用干式消防系统时，管道的充水时间不宜大于90s，导致其适用的局限性。

②快速起闭阀门需要能够远程启动，排气阀有可能堵塞，不能有效排除管道的空气，运营可靠性不高。

应用分析：陕北地区长隧道较多，采用干式消防系统充水时间长，且系统依赖电子设备工作，可靠性不高，因此不适合高速公路隧道应用。

(4)电伴热保温

电伴热保温是将发热电缆沿管道、阀门平行敷设或均匀缠绕敷设，外侧包裹保温材料，用温度传感器来检测消防水管外表面的温度，当探测点的温度低于设定值时，发热电缆启动，维持管道、阀门温度，避免冻裂。

目前伴热电缆主要分为自控温伴热电缆和恒功率伴热电缆两大类。

自控温伴热电缆是由导电聚合物和两条平行金属导线及绝缘层构成。其特点是导电聚合物具有很高的电阻正温度系数特性，且相互并联；能随被加热体系的温度变化自动调节输出功率，自动限制加热的温度，可任意截短或在一定的范围内接长使用，并允许多次交叉重叠而无高温度点及烧坏之虑。自控伴热电缆的关键特点是：单根长度最长为100m，对电源点数量的要求比较高，启动电流对配电系统的要求比较高。自控温伴热电缆特别适用于要求打开水龙头就能供应合格热水的高级宾馆、高级娱乐场所。

恒功率型伴热电缆在通电后功率输出恒定，不会随外界环境、保温材料、伴热主体材质的变化而变化，其启动或停止由温度传感器控制。恒功率伴热电缆分串联型和并联型两种。

串联型恒功率伴热电缆是一种由芯线作发热体的电热带，在具有一定电阻的芯线上通过电流，其电阻丝是串联连接方式，工作时是靠电阻丝发热对管道进行加热。串联型恒功率伴热电缆使用长度最长可达到1600m左右，一般均按管线工程成品供应，施工现场无须人工接线。

安装时应严格按设计长度安装,过长或过短均会影响功率。

并联型恒功率伴热电缆是利用两根(220V)或三根(380V)并行的绝缘铜芯线做母线,在其绝缘表面上缠绕电热丝,并将该电热丝每隔一定距离(即发热节数)与母线交叉连接,形成连续并联电阻,母线通电后,各并联电阻发热,因而形成一条连续的加热带。这种并联型电热带可以任意剪切,将开始发热部分控制在需要伴热部分,利用冷端作为下次维修的备用线。恒功率伴热电缆不允许叠绕、交叉及夹在绝热层材料中间,避免造成电热带过热损坏。并联型恒功率伴热电缆单根最长可以达到250m。此方案对隧道内不同段位的温差采集比较灵活,根据温差分段发热,相对节约营运成本,但其所需供电设施及附属设备的投资较大。

目前,消防管道电伴热系统从产品质量、系统方案等各方面都有了不小的提升,控制箱配置PLC、以太网交换机,通过光纤互联组成以太网网络,实现了远程管理、控制,新建项目均已采用升级后的电伴热系统方案。同时,在运营管理人员手机安装伴热系统管理App,可远程实时掌握伴热系统运行状态。

优点:市场化程度高,目前应用最为广泛;安置简单,施工速度快;

缺点:耗能高,运营成本较大。

应用分析:消防管道电伴热系统已在黄土沟壑区隧道内应用多年,除个别隧道外,伴热电缆保温效果良好。经实地调研,影响电伴热使用效果的主要因素有施工期伴热线缆材料选用、施工工艺和计算功率的选择。

(5)循环加热消防管网保温系统

吴定高速已采用课题方式实施了循环加热消防管网保温系统,该系统是在采用消防加压设施的临时高压系统基础上,依靠管网温度、压力、流速、液位等建立智能控制系统,增设保温水箱、加温装置等。在温度低于限定之后,依靠循环泵提供循环动力以及电动三通阀改变消防水流动方向,实现循环加热防冻模式。

优点:实现消防系统智能控制,理论上不会出现管网冻结现象。

缺点:该课题正在实验阶段,冬季系统运行的同时电伴热系统也正常工作,无法实际检验该系统独立工作状态下是否能够达到管道防冻效果。目前课题尚未通过验收,相关技术及评价有待验证。

应用分析:该系统造价较高,系统可靠性稳定性尚不确定,建议管理单位在冬季进行该系统独立运行实验,待课题通过验收后,再推广此方案。

8.1.3.3 消防管道保温设施改造方案建议

目前市场应用的消防管网防冻措施各有优缺点,且应用效果评价不一。若要解决所辖高速公路消防管网冻结失效问题,应充分考虑改造成本、运营期成本、应用效果等问题,建立"因隧制宜、合理施策、经济适用"的思路,逐隧考虑改造方案,解决管网冻结问题。

由于黄土沟壑区极低温度均低于-20℃,为保证消防管网使用安全性,依据隧道规模、消防设施设置情况,考虑采用如下方案:

陕北地区隧道消防管道应采用被动式+主动式保温措施,主动保温选用新型的并联恒功率电伴热系统,电缆敷设根据隧道内温度分布情况采用分区段敷设方式,冬季运营管理人员可在手机App或电脑上实时查看消防管道电伴热系统的运行状态,通过对洞内、外消防管网的温度监测,适当开启电伴热回路,达到在保证隧道消防管网冬季正常使用的同时最大限度的减少系统能耗,降低运维难度及费用。改造管道电伴热系统的隧道需考虑电伴热负荷变化引起供配电系统的调整,包括变压器扩容、柴油发电机容量增大以及引起房建工程的优化。

8.1.4 综合防雷接地方案

8.1.4.1 公路机电系统雷电事故原因简析

目前已建成的高速公路机电设备雷电事故发生的原因主要有以下几方面:

(1)高速公路一般地处黄土高原较空旷地带,土质疏松,植被稀疏,遇强降雨,水土流失严重,保障变配电系统安全运行的防雷接地设施损坏较多,接地系统疏于维护,遭受雷击后不利于大流量雷击电流及时泄放,以致配电系统产生重大故障。

(2)隧道路段岩石由断层破裂带、变质砂岩和硅化板岩组成,土壤电阻率比较高;且接地装置没有进行热稳定校验,接地装置形式任意布置,接地装置的埋深在冻土层以下。

(3)设备接地不完整、接地阻值高不达标或无法测量,达不到原防雷设计要求。

(4)变配电设施的防雷接地系统,系统疏于维护,接地设施裸露、断接、锈蚀严重,浪涌保护器施工工艺粗糙,安装损坏严重,不能起到安全保护的作用等。

8.1.4.2 综合防雷设计

1)设计原则

为避免以上问题的出现,首先对机电系统防雷应进行综合设计,遵循的原则如下:

(1)高速公路的综合防雷设计应考虑环境因素、雷电活动规律、系统设备的重要性、发生雷灾后果的严重程度,分别采取相应的防护措施。

(2)在进行综合防雷设计时,应坚持全面规划、综合治理、优化设计、多重保护、技术先进、经济合理、定期检测、随机维护的原则,进行综合设计及维护。

(3)高速公路综合防雷系统的防雷设计应采用直击雷防护、等电位连接、屏蔽、合理布线、共用接地系统和安装电涌保护装置等措施进行综合防护。必须坚持预防为主,安全第一的指导方针。

(4)高速公路综合防雷系统应根据所在地区雷暴等级、设备放置在雷电防护区的位置不同,采用不同的防护标准。为确保防雷设计的科学性、先进性,高速公路建设工程在设计前宜做高速公路沿线现场雷电环境评估。

2)设计要点

防雷设计是一个很复杂的问题,不可能依靠一、二种防雷设备和防雷措施就能完全消除雷击过电压和感应过电压的影响,必须针对雷害入侵途径,对各类可能产生雷击危害的因素进行综合防护,才能将雷害减少到最低限度。这种综合防护主要包括接闪、分流(保护)、均压、屏蔽、接地、合理布线。

(1)接闪

接闪就是让在一定程度范围内出现的闪电放电不能任意地选择放电通道,而只能按照人们事先设计的防雷系统的规定通道,将雷电能量泄放到大地中去。

(2)分流(保护)

这是现代防雷技术发展的重点,是保护各种电子设备或电气系统的关键措施。

所谓分流就是在一切从室外来的导体(包括电力电源线、数据线、电话线或天馈线等信号线)与防雷接地装置或接地线之间并联一种适当的避雷器 SPD(浪涌保护器),当直击雷或雷击效应在线路上产生的过电压波沿这些导线进入室内或设备时,避雷器的电阻突然降到低值,近于短路状态,雷电电流就由此处分流入地了。雷电流在分流之后,仍会有少部分沿导线进入设备,这对于一些不耐高压的微电子设备来说是很危险的,所以对于这类设备在导线进入机壳前,应进行多级分流(即不少于三级防雷保护)。

(3)均压

指使建筑物内的各个部位都形成一个相等的电位,即等电位。若建筑物内的结构钢筋与各种金属设置及金属管线都能连接成统一的导电体,建筑物内当然就不会产生不同的电位,这样就可保证建筑物内不会产生反击和危及人身安全的接触电压或跨步电压,对防止雷电电磁脉冲干扰微电子设备也有很大的作用。钢筋混凝土结构的建筑物最具备实现等电位的条件,因为其内部结构钢筋的大部分都是自然而然地焊接或绑扎在一起的。为满足防雷装置的要求,应有目的地把接闪装置与梁、板、柱和基础可靠地焊接、绑扎或搭接在一起,同时再把各种金属设备和金属管线与之焊接或卡接在一起,这就使整个建筑物成为良好的等电位体。

(4)屏蔽

屏蔽的主要目的是使建筑物内的通信设备、电子计算机、精密仪器以及自动控制系统免遭雷电电磁脉冲的危害。建筑物内的这些设施,不仅在防雷装置接闪时会受到电磁干扰,而且由于它们本身灵敏性高且耐压水平低,有时附近打雷或接闪时,也会受到雷电波的电磁辐射的影响,甚至在其他建筑物接闪时,还会受到从该处传来的电磁波的影响。因此,应尽量利用钢筋混凝土结构内的钢筋,使其构成一个网笼,从而实现屏蔽。

(5)接地

接地就是让已经流入防雷系统的闪电电流顺利地流入大地,而不能让雷电能量集中在防雷系统的某处对被保护物体产生破坏作用,良好的接地才能有效地泄放雷电能量,降低引下线上的电压,避免发生反击。

过去的一些旧规范要求电子设备单独接地,目的是防止电网中杂散电流干扰设备的正常工作。但现在,防雷工程设计已不提倡单独接地,而是更多的与防雷接地系统共用接地装置,但接地电阻要由原来的小于4作减少到1少。我国的现用的规范规定,如果电子设备接地装置采用专用的接地系统,则其与防雷接地系统的地中距离要大于20m。防雷接地是防雷系统中最基础的环节,也是防雷安装验收规范中最基本的安全要求。接地不好,所有防雷措施的防雷效果都不能发挥出来。

(6) 合理布线

指如何布线才能获得最好的综合效果。在防雷设计中,必须考虑防雷系统与照明、电话、计算机网络管线的关系。为了保证在防雷装置接闪时这些管线不受影响,首先,应该将这些电线穿于金属管内,以实现可靠的屏蔽;其次,应该把这些线路的主干线的垂直部分设置在建筑物的中心部位,且避免靠近用作引下线的柱筋,以尽量缩小被感应的范围。除考虑布线的部位和屏蔽外,还应在需要的线路上加装避雷器、压敏电阻等浪涌保护器。

3) 设计措施

(1) 接地极设计

针对黄土高原特殊地质情况,接地极的设计应考虑多方面的因素,包括设备所在地的雷暴日及雷电活动情况,降雨量、土壤电阻率、土壤结冰厚度等情况。建议其中水平接地极采用40mm×4mm镀锌扁铁;垂直接地极采用中50mm×2500mm镀锌钢管。参考数据:土壤电阻率为$71.1\Omega \cdot m$,温度为22℃。通过不同接地极布置方式的对比,得出以下结论:

①在相同环境条件下,接地极垂直敷设比水平敷设的接地电阻值低。
②在相同的环境条件下,接地极环形布置比直线布置的接地电阻值低。
③在相同的环境条件下,接地极放射性布置比规律性布置的接地电阻值低。
④在相同的环境条件下,接地极埋设得越深接地电阻值越低。
⑤在相同的环境条件下,接地极的数量越多接地电阻值越低。

通过优选,黄土源不同的土壤电阻率采用的不同接地装置形式见表8-1。

不同土壤接地形式一览表　　　　表8-1

土壤电阻率	接地装置形式	接 地 材 料
$60\Omega \cdot m$以下		垂直接地体 ϕ 直接 50mm×2500m 的镀锌钢管;水平接地体采用40mm×4mm的镀锌扁钢
$60 \sim 130\Omega \cdot m$		

续上表

土壤电阻率	接地装置形式	接地材料
130～200Ω·m		垂直接地体φ直接50mm×2500m的镀锌钢管;水平接地体采用40mm×4mm的镀锌扁钢

(2)浪涌保护器设计

依据《建筑物防雷设计规范》(GB 50057—2010)中第4.2.4条在电源引入的配电箱处应装设电涌保护器。

电涌保护器加装位置如下:

第一级SPD安装:室外箱变出线端、低压配电柜进线端。产品指标1:开关型/限压型、$U_c=385V$、$I_{max}=80kA$、$I_n=40kA$、$U_p=40V$、单极整体式电源防雷器、宽度=27mm

第二级SPD安装:分配电柜出线端。产品指标:限压型、$U_c=385V$、$I_{max}=60kA$、$I_n=30kA$、$U_p=30V$、单极整体式电源防雷器、宽度=18mm

第三级SPD安装:PLC柜,UPS/EPS柜进出线端。产品指标:限压型、$U_c=385V$、$I_{max}=40kA$、$I_n=20kA$、$U_p=20V$、插拔式电源防雷器、宽度=18mm

收费岗亭配电箱处:产品指标:单相限压型、$U_c=380V$、$I_{max}=20kA$、$I_n=10kA$、$U_p=10V$、插拔式电源防雷器、宽度=18mm

电涌保护器正确安装示意图如图8-1所示。

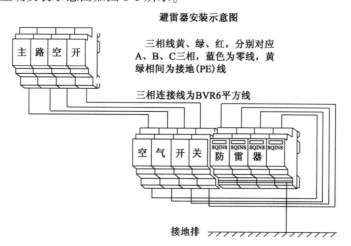

图8-1 避雷器安装示意图

电涌保护器的连接线和接地线要求如下：

SPD 的上引连接线和接地线应采用多股铜线,其连接导体的最小截面积不小于表 8-2 中的数字。

SPD 连接线最小截面积一览表 表 8-2

SPD 的试验类别	I 级试验 Iimp（10/350 波形）	II、III 级试验 I_n（8/20 波形）(kA)			
		80~60	40	20	10
SPD 上引线和接地线(mm²)	16	16	10	6	4

8.1.5 长大桥梁健康监测系统方案

8.1.5.1 黄土沟壑区桥梁特征

受黄土地区地形影响,高速公路路线难以避开深沟峡谷地形,而该地形难以填筑路基,只能架设桥梁跨越沟谷,造成了黄土地区高速公路桥梁主墩普遍较高、跨径较大。(特)大桥梁往往是黄土地区高速公路建设工程的控制性工程,建设难度相当高。以湫坡头至旬邑高速公路为例,连接陕甘两省的支党河特大桥,全长超 1.4km,主墩高 175m,最大桥高 185.5m,是国内同类型桥梁主墩最高的,通车后桥梁的运营、养护与行车安全息息相关,是多年来道路管理的重中之重。

8.1.5.2 桥墩监控

在湫坡头至旬邑高速公路设计中,考虑到桥梁墩高过大,地形险峻,桥梁养护单位在桥下作业难度极高,为方便养护单位的管理,提高养护工作的安全性,在支党河特大桥设置有桥下监控摄像机。与传统道路监控摄像机不同的是,桥下监控摄像机安装在混凝土护栏外侧,镜头对准桥梁下部,观察桥墩以及桥下情况,桥下监控摄像机采用高变倍高分辨率摄像机,可以通过旋转及变焦,清楚观察到桥下较大范围实时情况,养护单位在监控分中心即可实现远距离监控管理,异常事件发生后能第一时间发现并及时前往现场处理。

8.1.5.3 桥梁健康监测

对于黄土地区的大桥,如支党河特大桥这样墩高较高的(特)大桥,推荐采用桥梁健康监测系统,桥梁健康监测系统主要是依据标准规范体系,在桥梁关键部位部署数据采集设备,获取环境和结构响应等信息,并利用数据传输、存储、处理、评估和可视化等技术,立体直观展示桥梁运营状态,及时有效对结构异常状况进行预警提示,为桥梁结构运营安全、安全隐患的预判、日常桥梁的养护管理和计划制定提供科学依据和支撑。

桥梁健康监测系统的基本原理是由各类结构、环境传感器监测到桥梁内应力、应变、位移、挠度、裂缝、环境参数的情况,通过数据分析运算将结果与理论阈值对比,一旦超过或临近阈值则立刻向管理者发出异常警报,及时处理。

桥梁结构、环境传感器采用窄带物联网与区域控制器间进行通信,传感器数据通过运营商网络上传云平台,通过云服务器分析数据存储数据,云平台监测到结构受力异常、主梁纵向位移过大、桥墩墩顶偏位、跨中下挠过大、主梁振动过大、箱梁梁体开裂等桥梁自身的异常,或监测到温湿度异常、车辆荷载过大、强烈地震动等环境参数的异常时,立即发出报警信息,并生成养护工单、养护维修方案,供桥梁养护单位参考。养护单位通过现场对异常点位进行复测,确定实际问题后进行桥梁的修缮,避免结构问题进一步恶化。

8.2 房建工程

8.2.1 概述

黄土沟壑地区沟壑纵深、风沙大,黄土土质疏松且多具有湿陷性,地质灾害主要有水土流失、滑坡、泥石流等,高速公路房建工程勘察设计应根据黄土沟壑地区环境、地质、地貌特点进行设计。

8.2.2 房建工程设计原则

(1)黄土沟壑高速公路房建工程勘察设计,应满足国家、部颁及地方制定的规范、标准的相关规定。

(2)黄土沟壑高速公路房建工程勘察设计,充分考虑黄土沟壑地区自然灾害对房建工程场区的影响,为房建工程各站点工作人员提供安全、舒心的工作、生活环境。

(3)黄土沟壑高速公路房建工程勘察设计,重视房建工程场区地质勘探,对具有湿陷性的场区,根据湿陷等级,采取相应措施,减少湿陷性对场区及场区内单体建筑的影响。

(4)黄土沟壑场区高速公路房建工程勘察设计,加强绿色建筑方面设计,满足绿色高速公路建设的相关标准。

(5)黄土沟壑高速公路房建工程勘察设计,重视场区排水设计,减少场区排水对周围环境的影响,保护环境。

8.2.3 房建工程选址

(1)黄土沟壑高速公路房建工程勘察设计,服务设施(服务区、停车区)站点选址不宜选在主线纵坡大于2.5%的路段,服务区、停车区入口、出口处视野应开阔,不应有视线遮挡。

(2)黄土沟壑高速公路房建工程勘察设计,收费、管理设施站点选址应考虑房建区出入口设在收费广场入口一侧,避免过收费大棚才能进收费、管理设施房建区场区,养护工区若与收费站合建,养护工区出入口可设在收费广场出口一侧。

(3)黄土沟壑高速公路房建工程勘察设计,各站点选址,尽量避免选在高填方、高挖方地段,减少土方量和场区防护费用,也避免高填方场区沉降对场区内建筑单体的影响。

(4)黄土沟壑高速公路房建工程勘察设计,各站点选址,房建场区尽量避免对着山体冲沟,若因为地形条件限制房建场区对着山体冲沟,道路工程应采取改河、沟等措施把冲沟流水引致房建场区以外,保障房建场区和人员安全。

(5)黄土沟壑高速公路房建工程勘察设计,各站点选址,房建场区尽量避免选在高压线,石油、天气管线穿过场区的地段,减少改移高压线,石油、天气管线费用。

8.2.4 房建工程用地规模及建筑规模

(1)黄土沟壑高速公路房建工程勘察设计,用地规模依据交通部颁发的相关标准确定征地规模,对一些不规则场区,影响到场区单体建筑朝向布置以及建筑防火间距、日照间距的,可适当增加房建工程房建区征地。

(2)黄土沟壑高速公路房建工程勘察设计,服务设施(服务区、停车区)管理设施、养护设施依据交通部颁发的相关标准确定建筑规模;随着收费广场 ETC 车道通行、收费能力大幅提升,收费设施(匝道收费站)依据交通部颁发的相关标准及收费站实际人员编制,确定收费设施建筑规模。

(3)黄土沟壑高速公路房建工程勘察设计,收费棚根据收费广场收费岛及车道数进行设计,收费棚建筑规模以投影面积计。

8.2.5 房建工程总图设计

(1)黄土沟壑高速公路房建工程勘察设计,服务设施(服务区、停车区)总图设计应符合交通部颁发的相关规范的规定,根据环境保护,新能源汽车的使用情况,增加加气站、充电桩设计,考虑多元化服务设施设计,设置无障碍停车位、加水站、房车营地,对地处人文景观好的服务区、停车区考虑交旅融合方面设计,或预留交旅融合方面用地空间;对服务区、停车区内车流线、人流线进行分析、规划,减少车流线、人流线相互交叉干扰;服务设施(服务区、停车区)总图竖向设计,停车场纵、横坡度按≥0.5%,≤2.5%设计,场区内连接道路纵、横坡度按≥0.5%,≤5.0%设计;加油大棚、加气大棚下地面宜按水平地面设计,若因场区内地形因素影响,加油大棚、加气大棚下地面需带坡度,地面纵、横坡度按≤0.5%进行设计。

(2)黄土沟壑高速公路房建工程勘察设计,服务设施(服务区、停车区),场区选用不同硬化地面,主要通道、大车停车位硬化地面选用可承载大型车辆通行、停放的硬化地面做法,减少因大车通行、碾压造成的硬化地面破损、断板,场区内主要通道硬化地面建议选用道路工程服务区贯通车道 A、B 匝道"沥青混凝土地面"做法;大车停车位硬化地面建议选用道路工程收费广场"聚丙烯纤维混凝土地面"做法;客车停车位硬化地面、小车停车位硬化地面、场区内单体四周连接道路可选用普通混凝土地面"陕09J01路1"做法。

（3）黄土沟壑高速公路房建工程勘察设计，服务设施（服务区、停车区）在靠近服务设施处布置无障碍停车位，依据无障碍设计规范的相关规定完善无障碍设计。

（4）黄土沟壑高速公路房建工程勘察设计，服务设施（服务区、停车区），停车场根据功能不同分区，并考虑对服务区景观、安全因素布置，超长大车停车位沿服务区贯通车道场区内纵向布置，小车停车位、无障碍停车位宜靠近服务楼布置；大、中型货车停车位布置在小车停车位外侧；客车停车位宜布置在服务楼公共卫生间一侧附近；危险品停车位布置在人流不易到达且距场区内其他单体间距较大处；房车停车位、牲畜停车位建议布置在视线较隐蔽的服务楼侧后方。

（5）黄土沟壑高速公路房建工程勘察设计，收费、管理、养护设施总图设计，应符合交通部颁发的相关规范的规定，总图办公楼、办宿楼布置应充分考虑建筑朝向及站点周围环境对场区光线、通风的遮挡，满足办公楼、办宿楼日照、通风的要求。

（6）黄土沟壑高速公路房建工程勘察设计，各站点房建场区主要单体建筑（服务楼、办公楼、办宿楼、宿舍楼）尽可能布置在挖方地段和填方较小的地段，减少高填方场区沉降对主要单体建筑的影响。

（7）黄土沟壑高速公路房建工程勘察设计，各站点房建场区临河、水沟，房建场区防护应采取防渗漏措施，选用防渗漏挡墙，防止水对挡墙基础及房建场区的侵蚀。

（8）黄土沟壑高速公路房建工程勘察设计，各站点房建场区土壤有湿陷性时，单体建筑基础根据地勘及湿陷性黄土规范的规定进行设计，房建场区应对场区湿陷性做相应处理，取强夯或设封水层的方法，防止场区硬化地面、绿化地面塌陷。

（9）黄土沟壑高速公路房建工程勘察设计，黄土沟壑地区土壤多有湿陷性，房建工程场区雨水直接排出会对场区防护及附近沟壑造成冲蚀、塌陷，道路工程综合排水系统应充分考虑房建工程场区雨水排出；房建工程场区污水若不能接入城市管网污水排水系统，房建工程场区增设蓄污池，污水经化粪池、污水处理装置处理后排至蓄污池，污水定期外运，满足当地环保要求。

（10）黄土沟壑高速公路房建工程勘察设计，各站点有穿越场区的高压线、石油管道、天然气管道、通信管线需移至房建工程场区外，并满足现行相关规范安全间距的规定。

8.2.6　房建工程单体建筑设计

（1）黄土沟壑高速公路房建工程单体建筑设计，服务、收费、管理、养护设施不同功能单体依据现行规范进行设计，满足使用功能要求。

（2）黄土沟壑高速公路房建工程单体建筑设计，建筑风格结合当地自然环境、风土人情、建筑风格并体现交通建筑简洁、明快的特点进行设计，与周围环境和谐、融合。

（3）黄土沟壑高速公路房建工程单体建筑设计，选用可再生、低污染、环保型建筑材料，满足环保、消防、节能、绿色建筑方面的相关规定。

(4)黄土沟壑高速公路房建工程单体建筑设计,完善室内消防设计,并根据现行规范规定,完善单体消防救援窗设计。

(5)黄土沟壑高速公路房建工程单体建筑设计,服务楼、办公楼、办宿楼、宿舍楼、食堂、餐厅等人员密集建筑单体外墙保温材料选用A级耐火等级保温材料,屋面可选用B1级、B2级耐火等级保温材料,根据气候分区,通过节能计算确定单体建筑不同部位保温材料厚度。

(6)黄土沟壑高速公路房建工程单体建筑设计,绿色建筑方面满足《绿色建筑评价标准》(GB/T 50378—2006)相关规定。

8.2.7 结构设计

8.2.7.1 黄土沟壑地区房建地基特点

黄土沟壑地区,地质条件复杂,建筑地基存在湿陷性黄土、软土、高填方、滑坡等不良地质情况,针对这些不同地质条件,高速公路沿线设施房建站点设计应重视潜在的地质灾害对建筑安全的影响。在建设过程中,应采取不同的地基处理方式,确保建筑结构安全。

与平原地区相比,位于黄土沟壑地区的房建工程地基具有如下特点:

(1)山区建设中,平整场地时不可避免地出现高填方场区,高填土的密实度和原始土的再压缩对单体建筑的安全性至关重要,部分房建场区往往成为路线路基、隧道施工时的弃土场,成分大多为马兰黄土,疏松多孔,垂直节理发育、水稳性差、遇水容易分散,填筑时堆积层较厚,整个场地疏松且极不均匀。如果处理不当,很容易使单体建筑产生附加沉降量超过建筑物容许的沉降,影响正常使用。

(2)地面高低悬殊很大。大量的平整场地工作往往使同一建筑物的部分基础置于挖方区,而另一部分基础置于填方区;一部分基础置于河道上,而另一部分基础置于土层上,如果处理不当,很容易使建筑物产生不均匀沉降。

(3)基岩起伏变化较大。由于基岩起伏,上覆土层的厚度不同,常常使建筑物一部分基础置于坚硬的基岩上,另一部分基础置于土层上,使建筑物产生不均匀沉降。

(4)湿陷性黄土。湿陷性黄土在黄土沟壑地区广泛分布,湿陷性黄土遇到水的浸湿,其强度会大大降低,会在压力作用下产生较大的变形,如果处理不当,易引起建筑的倾斜、甚至倒塌。

8.2.7.2 场区选址

场区选址应尽量避开冲沟,若避不开,单体建筑一定要避开冲沟,防止冲沟水对建筑地基的浸害,并在场区适当位置设置排水明沟或盲沟。

8.2.7.3 地基处理方法

对于高填方场区,不仅要关注场区回填土的压实度,更要关注场区回填之前原始土的压缩性和承载力。如果原地表下为高压缩性土或者软弱土、湿陷性土,要清表后先对原始土进行强夯,减少土层附加沉降量后,再回填场区至场坪高程,回填时应分层碾压,且每2m强夯一次。

对于高填方场区,建筑物地基处理时,如果下部有基岩层,可采用勘岩桩,如果无基岩层,可采用灰土挤密桩对回填土进行挤密处理,提高承载力,减少沉降;地面高低悬殊很大、基岩起伏变化较大,可做嵌岩桩。

湿陷性黄土场区,场平处理可采用强夯法消除湿陷性,挖方场区要预估夯沉量,先试夯,然后整体夯。场平处理也可采用压实度大于0.97的3:7灰土垫层,既可以阻止场区地表水下渗,又可以调整地基均匀性。单体处理方法可根据湿陷等级、周围环境采用垫层法、挤密桩法、强夯法。

8.2.7.4 工程实例

国家高速公路榆蓝线(G65E)陕西境黄龙至蒲城公路黄龙服务区位于黄龙县界子河村。南区场地原为农林,总体呈台地状,每级台地地形起伏不大,较平坦,地面高程介于1000.5m~1015.2m,台地之间最大高差约15.00m。

工程穿越区地层依次分述如下:

(1)粉质黏土Q_4^{1al+pl}:黄褐~褐黄。土质较均匀,含较多植物根系及砂土颗粒,偶见圆砾。坚硬~硬塑,高压缩性。稍湿,松散~稍密。具中等~强烈湿陷性及自重湿陷性。地基土的承载力特征值f_{ak} = 120kPa。

(2)卵石Q_4^{1al+pl}:杂色。母岩成分以砂岩、泥岩为主,中等风化,磨圆度较好,呈亚圆形~圆形,一般粒径20~50mm,最大粒径60mm。中粗砂充填,骨架作用一般。级配较好。稍湿,稍密。含泥量约5%。该层夹粉土薄层或透镜体。地基土的承载力特征值f_{ak} = 300kPa。

(3)新黄土Q_3^{eol}:黄褐色,土质较均匀,虫孔发育,可塑,中压缩性,湿,密实。地基土的承载力特征值f_{ak} = 150kPa。

(4)古土壤Q_3^{el}:棕红色,硬塑,团粒结构,含大量的钙质结核及白色菌丝,局部偶见铁锰质氧化物。地基土的承载力特征值f_{ak} = 180kPa。

(5)粉质黏土Q_3^{al+pl}:黄褐色,土质较均匀,含较多砂土颗粒,孔隙较发育,可塑,中压缩性,潮湿。地基土的承载力特征值f_{ak} = 200kPa。

(6)强风化砂岩(T_2):灰绿色,细粒结构,层状构造,矿物成分以长石、石英为主,节理裂隙较发育,泥钙质胶结,胶结程度较差,岩芯一般呈块状–柱状,其中局部夹0.2~0.4m灰褐色泥岩。地基土的承载力特征值f_{ak} = 800kPa。

(7)中风化砂岩(T_2):灰绿色、灰色,细粒结构,层状构造,矿物成分以长石、石英为主,节理裂隙较发育,泥钙质胶结,胶结程度较好,岩芯一般呈柱状,柱长一般10~30cm,最长100cm。地基土的承载力特征值f_{ak} = 1000kPa。

工程穿越区地层示意图见图8-2。

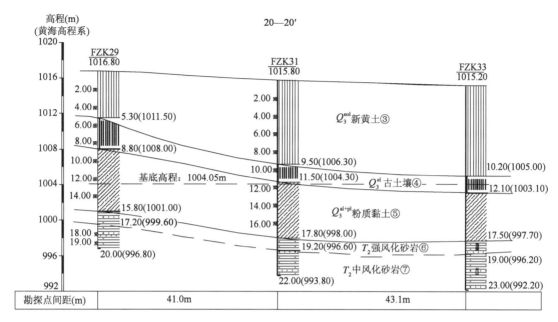

图 8-2 工程穿越区地层示意图

南区服务大厅为两层框架结构,采用钢筋混凝土灌注桩,桩端持力层为第 7 层中风化砂岩,进入深度不小于 3d(桩直径),桩径为 0.6m,桩有效长度为 8.5m。

8.2.8 暖通设计

20 世纪以来的能源危机使越来越多的国家关注节能。而建筑用能量巨大,其中供暖、通风及空调的能耗占建筑总能耗的 2/3 左右,故空调与通风系统的节能设计及运行意义深远。《近零能耗建筑技术标准》(GB/T 51350—2019)提出通过在建筑设计中应用一系列节能技术,让房子能耗更低、碳排放更少。《交通运输部关于进一步提升高速公路服务区服务质量的意见》(交公路发〔2014〕(198 号))要求加强绿色服务区建设,积极推广应用各类节能、环保、循环利用技术。《关于实施绿色公路建设的指导意见》提出要推行服务区建筑节能、清洁能源等新技术应用。高速公路沿线服务管理设施的暖通设计,不仅对节能要求高,且要保证区域的各项舒适度参数,冷热源选择应朝着减少排放,利用清洁能源这个方向发展。

根据《湿陷性黄土地区建筑标准》(GB 50025—2018)中湿陷性黄土工程地质分区略图,陕西省黄土沟壑区属于严寒或寒冷地区。严寒地区的暖通设计必须充分满足冬季保温要求,一般可不考虑夏季防热;寒冷地区的暖通设计应满足冬季保温,兼顾夏季防热。黄土沟壑区高速公路沿线服务管理设施应在符合《民用建筑供暖通风与空气调节设计规范》(GB 50736—2012)第 8.1.1 条、第 8.1.2 条和《公共建筑节能设计标准》(GB 50189—2015)第 4.2.1 条、第 4.2.2 条规定的基础上,根据建筑规模、用途、建设地点的能源条件、结构、价格以及国家节能减排和环保政策的相关规定,通过综合论证确定建筑物供暖制冷方式。建议冬季可采用散热器供暖、热水辐射供暖、电加热供暖、燃气红外线辐射供暖、户式燃气炉和户式空气源热泵供暖、热空气幕供暖等供暖方式,夏季采用分散设置的空调装置或系统制冷方式。

8.2.9 电气设计

黄土沟壑区一般日光充足,阴雨天较少,室外照明应结合周边地形地貌,使用太阳能光伏室外照明灯具。在有条件的场区,可设置分布式太阳能发电装置。

第 9 章　环境保护与景观设计

陕西省黄土沟壑区立地条件差,生态环境恶劣,因此,做好黄土沟壑地区的高速公路环境保护与景观设计的工作,不仅是改善当地生态环境的需要,而且也是公路自身保护、推动区域社会经济发展的客观需要。

9.1　总体要求

9.1.1　指导思想

高速公路环境保护与景观设计的主要目的,一是保护公路沿线的环境要素,使公路融入自然;二是提升公路的景观效果,为司乘人员提供良好的行车体验。总体来说需满足以下要求:

(1)"设计结合自然",坚持最大限度地保护、最低程度地破坏、最强力度地恢复原有生态环境。

(2)通过景观利用和营造,使公路和路域自然融合、和谐共生,展现陕西黄土高原地区的淳朴深厚的文化底蕴。

(3)提供安全舒适的视觉体验,全面提升司乘者的舒适感和愉悦感。

(4)避免刻意人工造景和雕琢的痕迹。

9.1.2　环保模式构建原则

在公路环保模式选择和构建中,运用生态经济学原理和生物多样性及可持续发展理论,严格遵循"生态优先"的原则,严格遵循多树种、多效益、多层次结构、和乔灌草相结合的原则,严格遵循绿化和美化相结合的原则。在公路绿化带植物的配置上,坚持以乔木为主,灌、花、草为辅,乔灌草结合,常绿与落叶、针叶与阔叶树种相结合的原则。具体而言有以下要求:

(1)根据不同路段的立地条件,严格遵循因地制宜、适地适树的基本原则,在充分研究沿线植被的自然分布和土地适宜性的基础上选择公路绿化树种。所选择栽植的树种大部分应为长期适应当地自然环境条件、抗逆性强的树种。

（2）在构建模式中，采用多树种搭配、立体配置、乔灌结合或乔灌草结合的原则，充分体现公路绿化组成成分的多样性及空间结构的复杂性，打破"一路两行树"的公路传统绿化模式，使林带充分起到景观和美化功能，满足人们对环境保护和景观美化的要求。

（3）绿化大多应选择生长快、根系发达、树冠枝叶茂盛的树种，不仅有利于公路主体工程本身及边坡生态恢复，栽植后还能更快地发挥其生态效益。

9.2 景观设计

9.2.1 景观规划与设计原则

9.2.1.1 景观规划

高速公路绿化规划是高速公路景观规划的主要内容，公路绿化作为公路内部景观应与公路外部景观充分协调，以体现整体性的沿线景观风貌为指导思想。高速公路景观绿化的各项种植设计之前应对项目公路景观绿化做出整体规划，确定其全线和主要路段绿化景观的主题和风格，以及主要路段的绿化模式。绿化规划主要在方案设计阶段完成，并指导初步设计和施工图设计的各项绿化设计。

绿化规划应确定重点绿化种植段落、一般绿化种植段落和不宜绿化种植的段落，应针对互通式立交区、服务区（停车区、观景台）、隧道洞口等的区位特点和环境特征确定高速公路项目整体景观的主要景观节点，并确定各节点的景观意向、绿化模式、以及各区段拟采用的苗木种类。

图 9-1 为某高速公路整体景观规划示意图。

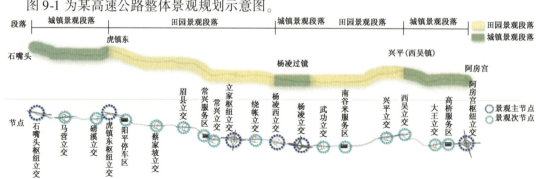

图 9-1　某高速公路整体景观规划示意图

9.2.1.2 设计原则

(1)全面的植被恢复与针对性的种植设计相结合

应注重脆弱路域生态环境的植被恢复,充分考虑高速公路管理养护的特点,遵循近自然植物群落景观营造的理念。在种植形式上,避免人工痕迹过重、过于精细化的模纹图案式景观造型,植物搭配的形式尽量多样化,形成丰富的空间层次。

(2)植物配置应具有地域特色

在苗木配置上,针对黄土高原山区特定气候土壤条件,应大量使用乡土植物,形成代表性的绿化景观。通过对公路沿线自然地理与景观风貌的详细调查,依据其地形地貌与气候、降水、土壤、植被等条件对黄土沟壑区和河谷川地区两类不同路段进行研究,确定具有针对性的绿化植栽模式。在设计中选取适应当地生长环境的乡土植物,空间布局追求简洁朴素。整体上不同路段之间既互有区别,又保持一定的连贯性。

①黄土沟壑区:考虑到地下水的缺乏,水土流失敏感的情况,沿线绿化应着重考虑水土保持问题,栽植密度应适当加大,在设计上以乔灌结合为主,增加乔木的使用,采用具有耐干旱、耐严寒、耐高温、耐盐碱、耐贫瘠的植物,可按图9-2所示进行植物配置。

图9-2 植物配置(黄土沟壑区)

②河谷川地区:位于河道的川地,地势较为平坦,地下水相对充足,植物立地条件较好,沿线绿化应考虑生态恢复与景观效果的兼顾。植物选取在乡土树种的基础上增加一些已在北方

地区大面积推广的节水耐旱型园林观赏绿化树种,尤其在环境条件较好或滨水的立交区、路基分离带的绿化设计应强调形成一定的景观特色。

9.2.2 线性景观设计

高速公路的路线植被绿化具有视线诱导、防眩等功能,主要通过路侧和中央分隔带的植物栽植实现。

9.2.2.1 路侧绿化设计

路侧绿化包括碎落台、路肩外侧、护坡道和隔离栅内的绿化,路侧绿化应起到美化景观、生态恢复、水土保持、保护路基、引导视线等作用。路侧绿化应充分结合沿线地形地貌和环境风貌的特点,形成与周围环境相协调的景观带。同时,绿化形式的设计应结合具体的路基形式,充分考虑动态视觉与心理效果,应根据气候、土壤、地下水、周围植被、季相景观效果、防止污染等立地条件和功能要求选择植物品种,苗木选择应以生长快、适应性强、抗污染能力强、病虫害少的乡土植物为主。路侧绿化的布置应与交通安全设施、公路降噪设施等的布置相协调,绿化植物的枝条均不得越入高速公路路面净空界限内,不得遮挡交通标志。公路曲线外侧宜通过连续种植乔木,使前方视野范围的公路线形清晰,起到对行车进行视线诱导的作用。

(1)碎落台绿化

碎落台的绿化是公路绿化的重点和亮点,在碎落台宜种植灌木或小乔木,常绿与落叶搭配,可适当选用彩叶植物,宜采用列植行道树、密植绿篱、或两者相结合的方式,满铺种植形成连续性的绿带。石质边坡路段可种植攀缘类植物使其逐渐向上覆盖岩体。

常用植物配置:油松/樟子松(高1.5m,冠50cm),株距2.5m,靠近公路内侧满铺红刺玫/黄刺玫(1m宽,8~9株/m^2);侧柏(高1.5m,冠径40cm以上),株距2.5m,靠近公路内侧满铺连翘或迎春(1m宽,8~12株/m^2);红叶李(胸径4~5cm)/山杏(冠径50~60cm),株距2.5m,靠近公路内侧满铺沙地柏(1m宽,12~16株/m^2)。

(2)路肩外侧、护坡道和隔离栅内绿化

结合沿线环境特征及路基形式等因素,可采用封闭式或通透式的景观绿化形式。针对沿线具有特色景观风貌的路段,应采用通透式的绿化形式,采用封闭式的填方路侧可布置杨树林、旱柳林、油松林、樟子松林等风景林形成贯穿全线的景观连续性基调。同时,可在路肩外侧种植灌木,丰富路域景观,一般栽植位于路肩外侧1.0~1.5m处,宜栽植丛生类花灌木,株距宜为2.0~5.0m。隔离栅内侧宜种植绿篱,可选用常绿灌木、刺篱类落叶灌木或攀缘植物,以阻止人或动物进入高速公路界内。

常用植物配置:路堤高度大于3m的路段采用乡土树种河北杨、旱柳分段落栽植,路堤高度小于3m的路段采用樟子松、油松栽植(1km变换一次),并在路肩外侧栽植金叶榆/榆叶梅/紫丁香,形成丰富的色彩搭配和鲜明的地域特色。隔离栅内栽植黄刺玫或红刺玫。

常用植物:油松、樟子松、云杉、圆柏、河北杨、旱柳、榆树、国槐、栾树、白蜡、刺槐、金叶榆、山桃、山杏、沙地柏、大叶黄杨、沙棘、紫丁香、榆叶梅、连翘、珍珠梅、木槿、迎春、早熟禾、黑麦草、高羊茅。

图9-3和图9-4为路侧绿化实例。

图9-3 填方路侧绿化

图9-4 挖方路侧绿化

9.2.2.2 中央分隔带绿化设计

中央分隔带绿化应起到遮光防眩、引导视线、减轻视觉疲劳、美化路域景观的作用。应选择枝叶浓密、生长速度慢、根系发达且对埋土深度要求较浅、抗逆性强、落叶少、耐修剪的植物,以常绿乔木、灌木树种为主,地面种植草坪或地被植物,起到保湿、固土和降噪的作用。防眩植物的种植可通过一定距离变换植物品种或种植形式,来丰富视觉景观,种植单元的长度可根据桥梁、隧道、立交等节点的位置来确定。

常用植物配置:采用常绿灌木桧柏和侧柏作为主要防眩树种,等间隔列植,林下混播高羊茅和黑麦草草种,并在每个百米桩处栽植花灌木紫丁香组团20株进行点缀。

常用植物:桧柏、侧柏、云杉、油松、金叶榆、木槿、紫薇、早熟禾、黑麦草、麦冬、波斯菊等。

图 9-5 和图 9-6 为中央分隔带绿化实例。

图 9-5　常绿灌木为主的中央分隔带绿化

图 9-6　中央分隔带搭配花灌木绿化

9.2.3　节点景观设计

9.2.3.1　互通立交区绿化设计

互通式立交区的绿化设计包含立交区设计范围内的边坡绿化、合围区（绿岛）绿化、主线及匝道的路侧绿化。其绿化设计应达到引导视线、美化景观、恢复植被、弱化人工构筑无痕迹的要求，互通立交绿地栽植应富有层次，总体布局不易繁杂，植物品种不宜过多，中心位置布置高大乔木，外侧及边缘布置灌木及地被植物。除沙漠区外，互通式立交区范围内所有可绿化区域的地表均应植草，以防治降雨造成的水土流失，草种的选择应考虑地域自然条件。城镇周边公路的互通式立交区宜采取"园林式"绿化形式；山区公路的互通式立交绿化宜以恢复原有植被为主；平原区公路的互通式立交绿化可采用"苗圃式"或"森林式"绿化形式。

重点节点互通如项目起终点、靠近城市附近的互通，应结合当地地形，适当运用植物造景手法表现人文和历史内涵，形成复合型结构体系，创造多层次、多色彩、生态型道路环境，构筑良好的生态群落环境，可根据要求设置雕塑、景观石或其他类型的标志性景观小品，如图 9-7 所示。

图 9-7　重点节点互通绿化

一般路段互通可选择造林的苗圃方式，为高速公路补给苗木，也可选择自然式种植，恢复被破坏的景观，如图9-8所示。

图9-8　一般路段互通绿化

9.2.3.2　隧道洞口绿化设计

隧道洞口绿化包括洞口仰坡、洞口广场、隧道进出口道路分离式路基的中间隔离带和两侧绿化。隧道洞口绿化应起到弱化人工构筑物痕迹、协调周围自然环境、改善隧道内外视觉反差对行驶产生的影响等作用，应注重保护原有植被，绿化种植应与周围山体植被相协调。隧道洞口广场可绿化用地的绿化设计应采取自然式种植形式，隧道洞口仰坡边坡的绿化应注重其对边坡的安全防护作用。端墙式洞门顶部可回填种植土后适当种植常绿灌木或小乔木，削竹式及其他形式的洞门上部坡面可采用草灌结合和种植攀爬植物的方式进行绿化。

例：康家塬隧道进口广场绿化设计。隧道洞口种植高大茂密的油松林，向外逐渐降低高度和密度，分别形成金枝槐/樟子松的组团，对进出洞口的明暗反差进行弱化，绿带两侧种植山桃组团和连翘片植形成醒目而多层次的植物群落，如图9-9所示。

图9-9　康家塬隧道进口广场

9.2.3.3　房建区绿化设计

绿化设计突出"以人为本"的理念，应结合场地条件、建筑布局和景观要求，场地内的绿化种植应考虑行车安全及视线诱导的问题,通过植物种植的合理布局来划分场区内部的功能分区,确保场地内人流、车流的通畅。

例:永坪服务区绿化设计。综合服务大厅、宿舍楼等主要建筑物的周围绿地以高大乔木榆树、樟子松、金枝槐和紫叶李为主,搭配开花灌木紫丁香、榆叶梅的组团;停车场区域绿化以高大庇荫乔木旱柳搭配云杉、榆叶梅、狼尾草等为主,小车停车区分隔带种植开花小乔木樱花以及金叶榆绿篱;服务区入口处(东区)布置油松林和山桃组团,林下片植花灌木连翘和丰花月季,形成标志性的景观;整个场区的绿地全部建植草坪,并在多处绿地片植连翘、丰花月季、黄蔷薇等花卉植物;综合服务大厅周围绿地布置多处景观石,如图9-10所示。

图9-10 永坪服务区绿化

9.2.4 植被恢复设计

取土场、弃土场是高速公路建设过程中堆积废弃土方的场所,往往含有工程垃圾和其他不适宜植物生长的物质,景观设计的重点是绿化遮挡和生态恢复,绿化应以恢复植被和保持水土为目的。应根据土质、灌溉条件、气候特征、生产功能及规划情况等合理确定利用目的,宜耕则耕,宜林则林,不宜恢复耕地时应及时绿化。应选用与周围环境相协调的乡土植物进行绿化,重点防治水土流失。绿化种植应遵循适地适树、乔灌结合、针叶阔叶混交、常绿与落叶搭配的原则。

9.2.5 边坡植物防护

边坡植物防护包括路堤植物防护和路堑植物防护。边坡植物防护措施应起到边坡生态恢复、保护路基、稳定边坡、水土保持和美化路域景观的作用;应满足粗放式养护的要求,尽量减少后期人工维护和管理;应结合工程防护、立地条件及坡面环境等情况,选择适宜的边坡生态恢复方法、施工工艺、养护措施,做到经济合理;宜选用抗逆性强和固土能力强的水土保持先锋植物,兼顾绿化植物的多样性。通过调研和借鉴已通车的项目的边坡绿化工程实施效果,总结出适合黄土沟壑区的项目的生态防护措施,边坡植物防护做法推荐如下:

一般路堤边坡宜采用混播草籽的方式进行植物防护,确保路基稳定;植物配置宜草木灌木结合,前期以草本植物为主,后期以乔灌木覆盖为主;一般土质路堑边坡一般采用打穴栽植方式进行植物防护,打穴植物以灌木为主,可结合适生草种,打穴密度为16株/m²~20株/m²;对于采用窗口式护面墙和锚杆框架梁的石质边坡,采用码砌植生袋绿化。边坡植物防护做法见表9-1。

边坡植物防护做法表　　　　　表9-1

边坡类型	工程防护	坡率	边坡植物防护	备注
路堤边坡	土质边坡（H质3m）	1:1.5	打穴栽植灌木、撒播草籽	撒播草籽:小冠花+紫穗槐+沙棘;小冠花+柠条+早熟禾(4:3:3)15~25g/m²;野花组合
路堤边坡	拱形骨架护坡	1:1.5	打穴栽植灌木、撒播草籽	撒播草籽:小冠花+紫穗槐+沙棘;小冠花+柠条+早熟禾(4:3:3)15~25g/m²;野花组合
路堑边坡	土质边坡（H质4m）	1:1	打穴栽植灌木	打穴栽植营养杯苗 柠条+紫穗槐 3株/穴,9穴/m²
路堑边坡	土质边坡（高边坡）	1:0.5	打穴栽植灌木	打穴栽植营养杯苗 柠条+紫穗槐 3株/穴,9穴/m²
路堑边坡	拱形骨架坡	1:1	打穴栽植灌木	打穴栽植营养杯苗 柠条+紫穗槐 3株/穴,9穴/m²
路堑边坡	窗孔式护面墙	1:0.7	码砌植生袋	植生袋上扦插紫穗槐二年生苗6株/m²
路堑边坡	锚杆框架梁	1:0.75~1:0.5	码砌植生袋	植生袋上扦插紫穗槐二年生苗6株/m²

9.2.5.1 路基边坡植物防护

填方边坡:一般土质边坡及拱形骨架护坡在边坡(骨架内)培25cm厚的种植土,采用人工培土植草灌。打穴栽植柠条+紫穗槐(3株/穴,9穴/m²),撒播草籽选用小冠花,播种量为25g/m²。

挖方边坡:一般土质边坡(含深挖方多级高边坡)及拱形骨架护坡:边坡打穴栽植营养杯苗柠条+紫穗槐(3株/穴,9穴/m²),多级边坡的平台上栽植油松及刺槐,后期与灌木层覆盖整个坡面。

窗孔式护面墙、锚杆框架梁及锚索框架梁:窗孔内选用绿色植生袋,规格为袋口宽40cm,袋长60cm,码砌植生袋前,先在窗孔内回填25~30cm的种植土。植生袋内植物种子选用柠条、沙打旺、早熟等草种,码砌后在植生袋上扦插紫穗槐二年生苗,6株/m²。

图9-11和图9-12为挖方边坡植物防护实例。

9.2.5.2 主要固坡植物

在植栽设计上考虑当地原生植被大量分布的乡土植物,采用主体根系发达的灌木与草本相结合,主要固坡植物如下。

图 9-11　挖方土质边坡打穴植草

图 9-12　挖方边坡码砌植生袋 + 扦插紫穗槐苗

紫穗槐(图 9-13):耐寒性强,耐干旱能力也很强,能在降水量 200 毫米左右地区生长,对光线要求充足,对土壤要求不严。

柠条:豆科锦鸡儿属灌木,根系极为发达,适生长于海拔 900~1300m 的阳坡、半阳坡,耐旱、耐寒、耐高温,是干旱草原、荒漠草原地带的旱生灌丛,图 9-14 为柠条容器苗。

图 9-13　紫穗槐　　　　　　　　　　图 9-14　柠条容器苗

小冠花(图9-15):生长的最适温度为20～25℃,开花的适宜温度为21～23℃。抗寒,轻霜不致枯萎,绿色期较长;抗旱性强,在年降雨量400毫米左右的半干旱地区生长良好。

波斯菊:一年生或多年生草本,喜光植物,喜光,耐贫瘠土壤,忌肥。花紫红色,粉红色或白色。

早熟禾:禾本科早熟禾属,冷季型草。适于湿润冷凉气候中生长,耐寒性较强,可以在高寒地区越冬。

野花混合撒播特点:较强的抗性、抗旱、耐热、耐土壤贫瘠、较强的抗病虫害;生长较快,见效快、花色丰富艳丽,花期长。图9-16为野花混合撒播实景图照片。

图9-15 小冠花

图9-16 下边坡野花混合撒播

9.2.5.3 高陡边坡植物防护

(1)高陡边坡生态环境特征

土壤干旱缺水。研究资料表明,当升级高度为3m时,平台30cm和80cm深度处的土壤水分(干旱时期)含量分别为6%和8%,前者已接近凋萎湿度,植物难以正常生长。因此水分是高陡边坡植物生存的主要限制因素,土质贫瘠,缺乏植物所需营养元素"水是命,肥是劲"。高陡边坡区域全是外露心土,土壤养分极缺,因而不利植物的生长发育,娄土、黑垆土和黄绵土底层土壤中的有机质和全氮含量不及表层土壤的50%,植物生长所需的养分缺乏,边坡坡面陡峭,边坡坡角大,土壤结构不良。资料表明,当地面坡度为35°时,其稳定入渗速率仅为地面坡度为0时的32%,降低了68%,而高陡边坡的坡角多在63°～73°之间,因而极易产生径流,不利雨水向土中渗入保存。

(2)高陡边坡植物防护

据已建成的榆神、榆绥、黄延等陕北地区高速公路边坡植被恢复经验,高陡路堑边坡采用"平台绿化+坡面恢复"相互结合的形式,平台上栽植适生能力强的水土保持先锋树种(刺槐),以利于固土护坡,保持水土流失;坡面采用打穴钻孔植灌木,灌木选用深根性且固坡能力强的乡土植物柠条或紫穗槐,降低雨水对坡面冲刷,减小坡面径流,增强植物自身的固土护坡能力。为保证成活率,打穴植草需严格按照以下步骤。

清坡:清理边坡是将容易滑落、影响边坡稳定的碎石、浮石等去除掉,并将凹陷处用土填平,使坡面尽可能地平整,对于光滑坡面可通过挖掘横沟等措施进行加糙处理,以免客土下滑。

打穴:打穴密度为16穴/m²,穴间距为0.25m密度为过挖掘,打穴深度为0.15m,穴孔直径达到8cm,打穴方向为铅直方向。

营养杯育苗:营养杯使用纸质营养杯,内置培养基营养土,营养杯育苗草籽选用柠条或紫穗槐苗。

移植营养杯苗:当苗蓬径达到0.15m时,须预先在穴孔内保持其成活率。

浇水养护:养护期限视坡面植被成长状况而定,一般不少于45天,定期喷洒广谱药剂防治病虫害,并在草种发芽后,及时对稀疏无草区进行补播。

图9-17为打穴植草示意图。

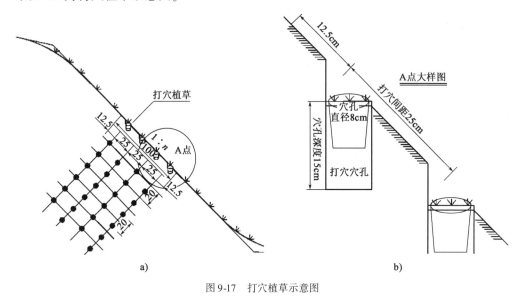

图9-17 打穴植草示意图

9.3 环 境 保 护

9.3.1 总体要求与设计原则

按照《公路工程基本建设项目设计文程编制办法》(交公路发〔2007〕358号),高速公路"环保设计"包含降噪工程设计、污水处理设计、取弃土场设计和其他环保工程设计。随着近年来环境保护工作的持续开展和深化,环境保护设计文件在此基础上进行了更新,包含生态环境保护设计、声环境保护设计、敏感水体保护设计和污水处理设计等内容。同时,结合环保品质工程的要求,环保设计应该遵循以下设计原则。

(1)生态优先原则

环评文件是项目全过程环保措施的有力依据,在高速公路建设及运营过程中,各项措施均应满足环评文件要求。对于沿线涉及生态敏感区路段,路线应在满足环评要求基础上,尽可能避让生态保护红线,对于不可避免的穿越,应根据生态保护红线具体类型和保护要求,结合高速公路具体建设内容和施工方式,制定相应的保护措施,实现"无害化"穿越。

(2)主体功能原则

各项环保措施的设置应顺应高速公路的使用功能,不得影响高速公路正常的安全通行、路基稳定性和桥梁结构安全。

(3)专业协调原则

公路工程建设带来的环境影响具有多元、复杂的特点。道路选线、征迁安置、路基路面工程、桥涵工程、隧道、服务区、管理设施等专项工程均会产生不同的环境影响,环保设计必须坚持防治结合、综合治理的设计原则,从不同的专业角度,协调公路主体工程设计与环境保护设计的关系,寻求经济效益与环境效益的统一。

(4)建养一体化原则

对不同的环保工程分别制定具有针对性的建养一体化措施,以便于运营期环保工程养护工作的开展,做到环保工程可检、可修、可换,减少养护工作量,节约养护成本。

(5)标准化原则

在高速公路环保工程项目实施过程中,积极推行设计标准化,采用标准化通用图,减少项目结构形式的多样性,降低工程成本,提高使用品质。

(6)耐久性原则

为保证道路沿线的环保设施在高速公路运行环境下长期发挥效用,其耐久性是设计中应首先考虑的问题。

(7)精细化原则

高速公路环保工程涉及的各项内容均应开展精细化设计,做好环保工程与主体工程的合理衔接,对常见质量通病和特殊工点提出针对性设计方案。

9.3.2 生态环境保护设计

9.3.2.1 主要内容和问题

高速公路建设全过程中应贯彻生态优先的理念,生态环境保护主要包括生态选线、水土保持和生态敏感区的生态修复。

(1)生态选线

项目选线阶段应对沿线的土地资源、林业资源、生态敏感区进行详细的调查,结合当地各项规划合理布线。要坚持地形选线、地质选线、环保选线的思想,尽量不破坏原有自然地貌,并尽量绕避沿线自然保护区、水源地保护区、河流、水利设施等环境敏感区,力求"最大程度保护、最小限度破坏、最大力度恢复"。

(2)水土保持

高速公路环保设计中应充分分析高速路所在区域水土流失特征,避免公路工程的实施对当地水土保持产生不利影响。根据工程建设特点,结合建设过程中可能引发新增水土流失的形式、危害和治理难易程度,将项目建设区划分为若干水土流失防治区。针对不同的防治区,在分析评价主体工程中具有水土保持功能工程的基础上,把水土保持工程措施、植物措施和临时防护措施有机结合起来,形成完整的水土流失防治体系。

(3)生态敏感区的生态修复

对于项目实施过程中对沿线生态敏感区产生的不利影响,应在工程结束后根据生态敏感区的类型,落实相应的生态修复或补偿措施。

9.3.2.2　技术要点

(1)路线方案优先避让生态保护红线

生态保护红线一经划定必须严守,原则上按禁止开发区域的要求进行管理,严禁不符合主体功能定位的各类开发活动,严禁随意改变用途,杜绝不合理开发建设活动对生态保护红线区域的破坏。所以道路选线设计应牢固树立底线意识,将生态保护红线作为路线方案选择的决策依据,坚持把生态保护放在优先位置,严守生态红线。对于涉及生态保护红线的项目,应优先考虑优化调整选线、主动避让,对于不同类型的生态红线区,路线方案应做出不同程度的避让,并对各方案从规划、社会、生态、水、声、大气等环境影响方面进行同深度比选。

(2)路线经过生态红线保护区的要求

若路线确实无法避让生态保护红线,应对无法避让的原因做出说明,并优化工程设计,尽量减少对生态敏感区的占用,同时强化生态影响减缓和生态补偿措施,做到"无害化"穿越生态红线区。

对于涉及自然保护区或森林公园路段,应优先以桥梁或隧道方式通过,并且不在保护区内设置收费站、服务区、停车区等设施;在保护区进出口位置设置限速、禁鸣等警示标志;根据动物的活动特性及其环境特征,设置野生动物通道,满足动物迁徙、活动需要,尽量减轻道路对沿线野生动物的活动形成的屏障作用;对于路线涉及特殊鸟类保护区路段,应通过设置声、光屏障和降噪林带等措施来减轻道路运营对沿线鸟类的影响。

对于涉及生态湿地、饮用水源保护区或以水源水质保护为主的清水通道维护区和水源涵养区等生态敏感区路段,应设置桥路面径流收集处理系统、视频监控等事故风险管控设备设施来降低道路运营对沿线水体或湿地的影响。

(3)水土保持设计

项目建设过程中应推行"零弃方"要求,变废为宝,将传统做法中的弃土加以保存和利用。应合理控制路基填挖,统筹土方调配,有效减少取、弃土场设置,进一步节约土地资源,保护沿线植被与自然环境,实现公路与环境景观协调。同时,在主体设计及施工过程中,要灵活运用技术指标,做好路堤与桥梁、路堑与隧道的方案比选,做好横断面和纵断面设计,实现填挖平衡,最大限度地降低对环境的影响。

在环保设计中,应根据工程建设特点,结合工程布局、建设内容、施工区域等建设过程中可能引发新增水土流失的形式、危害和治理难易程度,将水土流失防治区划分为 7 个防治区:路基工程防治区、桥梁工程防治区、互通工程防治区、管理养护工程防治区、施工便道防治区、施工生产生活防治区和表土堆存场防治区。

路基工程区工程措施有路基截排水工程、边坡防护工程、表土剥离与回覆工程、土地整治工程,植物措施有中央分隔带、侧分带、路基边坡绿化,临时措施有临时排水沟、临时沉沙池、临时苫盖。

桥梁工程区工程措施有截排水工程、表土剥离与回覆工程、土地整治工程,植物措施桥下空地绿化,临时措施有临时排水沟、临时沉沙池、临时苫盖、泥浆池和沉淀池。

互通工程区工程措施有截排水工程、边坡防护工程、表土剥离与回覆工程、土地整治工程,植物措施有匝道边坡、互通空地绿化,临时措施有临时排水沟、临时沉沙池、临时苫盖、泥浆池和沉淀池。

管理养护区工程措施有截排水工程、表土剥离与回覆工程、土地整治工程,植物措施有绿化区绿化,临时措施有临时排水沟、临时沉沙池。

表土堆存场工程措施有绿化覆土工程、土地整治工程,临时措施有临时排水沟、临时沉沙池、临时苫盖、临时拦挡。

施工便道工程措施有表土剥离与回覆工程、土地整治工程、复垦,植物措施有占用林地区域绿化恢复,临时措施有临时排水沟、临时沉淀池、路面碎石层。

施工生产生活区工程措施有表土剥离与回覆工程、土地整治工程、复垦,植物措施有占用其他用地区域绿化恢复,临时措施有临时排水沟、临时沉淀池、临时苫盖。

环保设计应结合以上主体工程中路基排水、排洪设施,路基、路堑边坡防护等水土保持临时防护措施,重点考虑取弃土场、施工营地、施工场地等水土保持防护及施工后修复。

(4)生态敏感区的生态修复

高速公路施工期间,在路基两侧临时设置必要的施工便道,应根据施工便道的占地面积及占地类型,在工程结束后,对该区域进行植被恢复,在弥补生物量和生产力损失的同时,有利于工程沿线区域生态环境的改善。

对于项目线位永久占用生态敏感区范围,应根据生态敏感区类别和沿线用地类型,选择在生态红线周边相邻地块以"占补平衡"的方式进行生态补偿,或考虑采用"以质换量"的思路,充分利用项目永久占地内的区域进行生态补偿与修复。项目生态补偿措施主要为绿化补偿。对于自然保护区、风景名胜区或林地,施工期建议对树木进行移栽,项目结束后在项目线路两侧或附近区域进行绿化防护林恢复;对于其他类别生态敏感区,主要以地表植被补偿为主,适当增加植物群落多样性,营造物种丰富、景观性强、群落结构复杂而稳定的近自然植被群落。

9.3.3 声环境保护设计

9.3.3.1 主要内容和问题

高速公路沿线声环境敏感点数量较多,分布形态主要可以归纳为 3 种类型:①规模大、团状集中;②条状、与路线斜交;③规模小、零散分散。根据敏感点不同的分布形态及与路线的位置关系,可通过采取环保拆迁、降噪林带、声屏障和隔声窗等降噪措施来缓解高速公路运营对沿线敏感点的噪声影响。

(1)环保拆迁

拆迁是解决噪声影响问题最直接、最彻底的途径,缺点是拆迁费用较高,还涉及新宅基地的选址等问题,可能会引发新的环境问题。同时,可能因拆迁带来攀比等方面的矛盾,适用于房屋较分散、超标较严重、规模较小的敏感点。

(2)降噪林带

降噪林是利用树林的散射、吸声作用以及地面吸声,以达到降低噪声的目的。降噪林的植物配置应高低错落、乔灌结合,林带应有一定的厚度,能形成多层、有一定郁密度的绿林实体的效果。降噪林带宽度、长度需根据敏感点沿路线分布长度和噪声超标情况而定,需要考虑道路外侧征地需求。适用于 1~2 层房屋、超标轻微的敏感点。

(3)声屏障

声屏障是使声波在传播途径中受到阻挡,从而达到某特定位置上的降噪作用的一种装置。受益人口多,效果较好,且应用于公路本身,易于实施,但投资相对较高,同时,由于长期处于室外环境,受风力和紫外线作用,声屏障结构会发生变形、外观会随时间老化、零部件会松动或缺失等。适用于超标严重、距离公路很近的集中敏感点。

(4)隔声窗

隔声窗是设置于敏感点建筑物处的降噪措施,隔声效果很好,但实施范围难以界定,且容易引发居民攀比等矛盾,实施难度较大。随着公路运营,可能会带来不通风,影响居民生活等新的问题。适用于分布分散、受影响较严重的村庄。

综上,各种措施均存在一定的缺陷,在满足降噪要求的前提下,要综合考虑降噪措施的可实施性和经济性。根据高速公路建设的条件,最常见的降噪措施为声屏障和隔声窗。

9.3.3.2 技术要点

绿色理念指导下的声屏障设计思路是从功能提升、材料耐久、资源节约、建养便捷与景观融合方面提出增强声屏障的耐久性,降低成本与造价,提升声屏障的可靠性的方法。

选用新材料:应用水泥混凝土、微孔岩等低能耗材料作为屏体,推进生态声屏障的广泛应用。

采用新造型:结合当地黄土文化为基调,统筹考虑声屏障屏体造型、色彩、光线及植被覆盖等景观要素与环境景观,同时达到降噪和提升景观效果的功能。

落实标准化:落实声屏障标准化,要求基础标准化、上部设计标准化、屏体产品标准化、施工工艺标准化,做到声屏障大部分部件可拆、可换,施工与养护便捷。

9.3.4 水环境保护设计

高速公路的建设呈线性延伸,跨越区域广、影响范围大,线位不可避免地跨越大型湖泊、水源保护地等具有重要功能等级的地表水体。公路初期径流污染负荷高且难以控制,为控制桥面径流污染,需设计初期雨水收集系统,并设置处理池(塘)对桥面径流进行收集处理。

(1)桥面径流收集

桥面上设置管道或渠道收集和输送桥面径流,初期径流利用收集系统输送至桥梁两侧,进入桥下处理单元,从目前国内高速公路实施的桥面径流收集系统看,基本可分为"全收集"和"半收集"两种收集系统。

(2)处理单元

处理单元通常包括沉淀隔油池、氧化塘和人工湿地。隔油沉淀池采用混凝土结构,池深一般可达2~3m,且本身具有防渗功能,位于桥梁正投影下方,无须额外征用土地,目前应用较为广泛。氧化塘较为生态化,可种植水生植物,具有一定景观效果,但塘底需素土夯实或铺设防渗膜,且塘深一般在1m左右,总体占地面积较大。人工湿地方案较为复杂,为增强处理效果,一般选用潜流湿地,下层铺设过滤单元,但污染负荷较低,占地面积较大,且存在堵塞隐患,栽种植物等需定期维护。受高速公路建设条件的限制,目前应用较多的为钢混沉淀隔油池。处理单元的主要问题为依赖人工操控,事故应急不及时,同时处理单元周边无配套道路,导致事故后清拖得不到良好的解决。

第10章 四新技术应用

10.1 便携式激光扫描测量

10.1.1 基本要求

（1）便携式激光扫描系统按照携带方式可分为背包式和手持式，按照传感器定位方式可分为 GNSS/INS（全导导航卫星系统/惯性导航）组合以及激光 SLAM（同步定位与地图构建）等，本节主要针对激光 SLAM 类的便携式扫描系统。

（2）宜采用 16 线及以上的多线激光雷达，扫描距离不宜低于 100m，水平视场角不宜低于 270°，垂直视场角不宜低于 30°。

（3）数据采集前应对系统进行综合检校，并设计扫描路线。

10.1.2 控制点布测

控制点的布设应综合考虑现场环境、扫描仪的性能、扫描时间以及行进路线长度等因素，其平面精度不低于 3cm，高程精度不低于 5cm 的要求，在特殊困难地区，纠正点成果在原有精度基础上可放宽 0.5 倍。

10.1.3 数据获取

（1）扫描前应进行初始化，按照设计路线进行扫描，路线宜形成闭合环。

（2）采集过程中应根据实际环境控制采集速度，保持扫描系统平稳，按照设计要求进行数据采集。

（3）扫描结束后检查数据是否完整。

4）数据处理

（1）数据解算规定

①数据准备应包括轨迹数据和点云数据；

②应对惯性测量数据、SLAM 数据进行融合解算，利用 SLAM 算法，提高轨迹精度；

③宜引入控制点数据,对含有相对位置信息的点云数据进行基准转换;
④可利用纠正点提升点云数据精度。

(2)成果要求

点云的点间距不应低于 2.5cm,点云的厚度不应大于 5cm;特征点相对精度不应低于 7cm,地上空间点云的平面绝对精度不应低于 10cm,地下空间点云的平面绝对精度不低于 20cm。

10.2 航空摄影测量

10.2.1 基本要求

(1)应根据航摄任务要求确定航摄平台,航摄设备的选取应考虑航摄平台情况。

(2)航摄设备的规格型号、数量和技术性能指标应满足航摄任务要求;飞行平台和地面监控站应进行检查、调试、维修和保养等工作,使其处于正常工作状态。

(3)数字航摄仪在航摄前应进行综合检校,检校内容和方法应符合《数字航摄仪检字规程》(CH/T 8021)的规定,机载 IMU/GNSS 系统的要求应满足《IMU/GPS 辅助航空摄影技术规范》GB/T 27919 的规定。

10.2.2 影像获取

航摄计划应按任务要求制定,航摄计划内容应包括:
(1)摄区范围、执行航摄任务的时间。
(2)航摄平台选取、倾斜数字航摄仪类型、技术参数和航摄附属仪器参数。
(3)垂直影像地面分辨率、航线敷设方法、垂直影像航向和旁向重叠度。
(4)航摄成果类型、名称和数量。

10.2.3 航摄设计

(1)已有资料收集

根据航摄任务要求,宜收集摄区最新的基础地形资料、正射影像用于航线设计,也可基于三维空间数据进行航线设计。

(2)航高

应依据分区地形起伏、飞行安全条件等确定分区基准面高度,具体计算式(10-1):

$$H = f \times \frac{GSD}{a} \tag{10-1}$$

式中:H——航高(m);

f——镜头焦距(mm);

a——像元尺寸(mm);

GSD——地面分辨率(m)。

(3)航摄区域的划分

10.2.4 航摄分区划分规定

(1)航摄区域划分应综合考虑精度、飞行效率、飞行方向和安全高度等因素。

(2)分区内的高差不应大于 1/6 相对航高。

(3)在满足分辨率与重叠度要求的前提下,分区的跨度应尽量大。

(4)分区基准面高度确定。

依据分区地形起伏、飞行安全条件等确定分区基准面高度,一般应选取分区内低点平均高程为基准面高度。

10.2.5 摄区、分区覆盖要求

航向覆盖应超出分区、摄区边界线一定的基线数,旁向覆盖应超出分区、摄区边界线一定的航线数,具体计算见式(10-2)

$$理论超出值 = \frac{\tan\theta}{2\tan\left(\frac{\beta}{2}\right) \times (1-P)} \tag{10-2}$$

式中:θ——倾斜相机角度(°);

β——倾斜相机视场角(°);

P——航向或旁向重叠度。

在实际飞行中,航向覆盖应在理论值的基础上多超出两条基线,旁向覆盖应在理论值的基础上多超出一条航线。

10.2.6 航线敷设方法

航线敷设应符合下列规定:

(1)建筑物低矮、稀疏区域按大部分建筑物分布、朝向以及地形敷设。

(2)建筑物高大、密集区域可交叉敷设或加大航向旁向重叠度。

(3)曝光点依地形起伏、建筑物高低设计,宜采用定点曝光或等距曝光控制方法。

(4)水域摄影时应尽可能避免垂直影像像主点落水。

10.2.7 航摄季节、时间的选择

航摄季节和时间的选择一般应符合下列规定：

(1) 航摄应选择摄区最有利的气象条件,应尽量避免或减少积雪、洪水、扬沙、烟雾等对摄影和数据处理不利的影响,确保航摄影像能够真实地显现地面细部。

(2) 航摄时太阳高度角宜大于 40°,阴影倍数宜小于 1.2 倍,高层建筑物密集区域宜在当地正午前后各 1h 内摄影,减少阴影对地物细节影响。

(3) 光照和能见度条件允许时,可实施云下摄影。

10.2.8 重叠度设计

无人机低空摄影设计重叠度应在航摄分区基准面上计算,应遵循:

(1) 航向重叠度不宜低于 70%,旁向重叠度不宜低于 60%。

(2) 倾斜影像:满足垂直影像重叠度后,倾斜影像的航向、旁向重叠可不再重新设计。

10.2.9 航摄要求

1) 飞行质量规定

(1) 垂直影像倾角一般不宜大于 3″,最大不宜大于 6″,垂直影像旋角一般不宜大于 25°,在确保影像航向和旁向重叠度满足要求的前提下最大应不大于 35°。

(2) 航线弯曲度一般不应大于 1%,当航线长度小于 5000m 时,航线弯曲度最大不应超过 3%;同一航线上相邻像片的航高差不应大于 30m,最大航高与最小航高之差不应大于 50m,实际航高与设计航高之差不应大于 50m。

(3) 在满足航摄成果质量要求的前提下,可放宽执行航摄飞行质量指标的要求。

2) 影像分辨率要求

基准面垂直影像分辨率不低于 3cm,困难区域可适当放宽至 5cm。

3) 影像质量要求

(1) 影像应清晰,层次丰富,反差适中,色调柔和,应能辨认出与地面分辨率相适应的细小地物影像,能够建立清晰的实景三维模型。

(2) 影像上不应有云、云影、烟、大面积反光、污点等缺陷,少量缺陷不应影响实景三维模型生产,可用于基础地理要素采集。

(3) 曝光瞬间造成的像点位移一般不应大于一个像素,拼接影像应无明显模糊、重影和错位现象。

4) 补摄原则

(1) 航摄影像出现的相对漏洞和绝对漏洞均应及时补摄;

(2) 应采用前一次航摄飞行的倾斜数字航摄仪补摄;

(3)漏洞补摄应按原设计要求进行;

(4)补摄航线的两端应超出漏洞之外一条基线。

10.2.10 航摄实施

1)航摄实施应满足以下要求

(1)使用机场时,应按照机场相关规定飞行;不使用机场时,应根据飞行器的性能要求,选择起降场地和备用场地。

(2)航摄实施前应制定详细的飞行计划,且应对可能出现的紧急情况制定应急预案。

(3)在保证飞行安全的前提下可实施云下摄影。

(4)轻型无人飞行器航摄实施的其他要求按《无人机航摄安全作业基本要求》(CH/Z 3001)执行。

(5)需要进行差分 GNSS 测量计算实际曝光点坐标的情况,可就近布设 GNSS 基站或使用 CORS 基准站。

2)航片整理

航片编号宜按如下方法执行:

(1)航片编号采用以航线为单位的流水编号。

(2)一般以飞行方向为编号的增长方向。

(3)同一航线内的航片编号不允许重复。

(4)当有补飞航线时,补飞航线的航片流水号在本航线原流水号基础上加 5000。

3)IMU/GNSS 数据

IMU/GNSS 数据处理应满足以下要求:

(1)垂直影像 IMU/GNSS 数据处理应按照相关规范的规定执行。

(2)倾斜影像 IMU/GNSS 数据根据垂直影像的 IMU/GNSS 数据和倾斜相机与垂直相机之间的相对位置和姿态关系解算获得。

(3)IMU/GNSS 数据中影像名编号与影像编号相一致。

(4)IMU/GNSS 需要标明坐标系统、转角系统及相应单位。

4)航片存储

摄区、分区、航线、倾斜数字航摄仪的相机分别建立存储路径,宜采用硬盘存储,文件一般为常规影像格式,文件名称与影像编号一致。

10.2.11 像控点测设

1)像控点布设原则

(1)像控点以加密分区为单位进行布设,保证分区的角点处有像控点。

（2）像控点在分区内应分布均匀，相邻像控点的跨度应能满足本部分空中三角测量精度的要求。

（3）像控点应布设为平高控制点，如果所选区域内存在已有可用的平高控制点，则可不重新布设像控点。

（4）不规则区域网，除按上述间隔要求布点外，区域凸角点和凹角点处还应加设像控点。

2）像控点位置要求

（1）应布设在航向及旁向六片（或五片）重叠范围内，使布设的像控点尽量能共用。

（2）像控点应选在影像清晰、接近正交的细小线状地物交叉点、地物拐角点或固定的点状地物上，同时满足平面和高程控制点对点位目标的要求，并且选取的像控点不应高于地面。

（3）像控点距相片边缘不应小于20个像素，位于范围线边上的像控点宜布设在范围线20m以外。

3）像控点测量

像控点测量应满足像控点平面精度不低于3cm，高程精度不低于5cm的要求，在特殊困难地区，可在原有精度基础上放宽0.5倍。

4）像控点编号

像控点应按摄区统一编号，同一摄区内不应重复编号。

10.2.12 空中三角测量

1）区块划分

区块划分应综合考虑垂直影像分辨率、摄区地形特点、航摄分区、测区形状等，划分原则如下：

（1）应以航摄分区作为区域分块的边界，分块不宜跨测区。

（2）分区间旁向有2~3条航线的重叠，航向有3~4幅影像重叠。

（3）分块形状应规则，宜以矩形、正方形为主。

2）影像预处理

根据勘测设计需要，在不影响地物立体观测、属性判读前提下可对数字航片进行格式转换、影像旋转、畸变纠正、图像增强等影像预处理。对航片进行色彩、亮度和对比度的调整以及匀光匀色处理时，光线明暗差距不大的，同一条航线可使用同一调色模板；明暗差距大，大气透明度不高的，应对影像进行逐个调色，以达到最佳真实色彩。

3）相对定向

相对定向精度应满足：连接点上下视差中误差不应大于1/3像素，连接点上下视差最大残差不应大于2/3像素，特别困难地区可放宽0.5倍。

4）绝对定向与区域网平差

空中三角测量绝对定向精度应满足以下要求：

(1)控制点平面、高程残差均不应大于0.5个像素。

(2)检查点平面、高程残差均不应大于2个像素。

网平差计算时对连接点、像控点进行粗差检测,并对检测出的粗差点进行剔除或返测;对于IMU/GNSS辅助空中三角测量和GNSS辅助空中三角测量,导入摄站点坐标、相片姿态参数进行联合平差。

5)区域网接边

区域网之间的公共点较差不应大于检查点平面、高程残差的规定。

10.2.13 实景三维建模

(1)实景三维模型制作应满足平面精度优于0.09m,高程精度优于0.09m的要求。

(2)三维重建分区面积不宜超过40km²,每个分区相片数不宜超过16000张,分区占用航线尽可能少,接边数量尽可能少;以分区为单位,通过影像数据和空中三角测量成果进行像对配对和同名点密集匹配。

(3)实景三维模型成果宜输出通用格式,模型出现严重色差时,应对相应相片进行匀色处理,对模型重新贴图。

(4)实景三维模型分区接边应通过叠加模型分区范围,删除分区外瓦片,剔除相邻分区的重复瓦片,对没有重复瓦片的分区模型数据重新组织成一个或若干新区。

(5)接边完成后,宜检查模型中是否存在漏、变形和悬浮物等问题,并进行修改。

10.3 机载激光扫描测量

10.3.1 基本要求

(1)应根据机载扫描任务要求确定航飞平台,机载激光扫描系统的选取应考虑航飞平台情况。

(2)机载激光扫描系统宜使用多星座测地型GNSS接收机,采样间隔应优于1s;IMU/GNSS系统的时间同步精度应优于20ns,IMU数据观测频率不应低于200Hz,水平方向定位精度不宜低于1cm,垂直方向不宜低于2cm,翻滚角、俯仰角姿态精度不宜低于0.005°,航偏角不宜低于0.02°。

(3)激光雷达的频率不宜低于500000点/秒,视场角不宜低于330°,角分辨率不宜低于0.001,测距不宜低于300m;数码相机的选取应综合考虑飞行平台和机载扫描任务。

(4)机载激光扫描系统应进行系统综合检校,在航飞数据采集前宜进行飞行检校,检校符合有关规定。

10.3.2　GNSS 基站测设

（1）基站布设：GNSS 基站距离施测区域距离不宜超过 5km，最大距离不应超过 15km，GNSS 基站点位选取原则应符合规范要求。

（2）基站测量：GNSS 基站测量宜采用 GNSS 静态测量方法，利用 CORS 基准站进行 GNSS 控制网设计，使用国家基准站点作为起算点，采用三维约束网平差进行数据解算，GNSS 控制网成果应满足 E 级网精度的要求。

（3）基站编号 GNSS 基站应按测区统一编号，同一测区不应重复。

10.3.3　纠正点和检查点测设

10.3.3.1　纠正点布设

1）纠正点布设原则

（1）纠正点应综合考虑轨迹姿态、点云几何精度等情况进行布设，均匀分布在航带两侧。

（2）纠正点应布设为平高控制点，如果所选区域内存在已有可用的平高控制点，则可不重新布设纠正点。

（3）点云几何精度满足要求时，可不布设纠正点。

2）纠正点位置要求

（1）纠正点可布设在屋顶或地面上。

（2）充分利用地面上具有一定厚度和大小的道路标志标线，如停车线外角、道路分隔线外角、箭头等特征点。

（3）无法找到合适的道路标线时，可选择点云中易于识别的地物特征点。

3）纠正点测量

纠正点测量满足平面精度不低于 3cm，高程精度不低于 5cm 的要求，在特殊困难地区，纠正点成果在原有精度基础上可放宽 0.5 倍。

10.3.3.2　检查点测设

（1）检查点宜均匀分布在整个测区，点位密度应综合考虑轨迹姿态、点云几何精度等情况进行设置，检查点点位设置同纠正点位置要求。

（2）检查点测设满足平面精度不低于 5cm，高程精度不低于 5cm 的要求，在特殊困难地区，检查点成果在原有精度基础上可放宽 0.5 倍。

（3）纠正点和检查点应根据测区分别统一编号，同一测区不应重复。

10.3.3.3　数据获取

1）航飞计划

机载激光扫描航飞计划应按任务要求制定，其计划内容应包括：

(1)测区范围、飞行任务时间、机场或起飞位置、GNSS 基站。

(2)飞行平台、激光扫描系统类型、技术参数和附属仪器参数。

(3)点云密度、航线敷设方法、航线重叠度、影像分辨率、影像航向和旁向重叠度等。

(4)机载激光扫描成果类型、名称和数量。

2)航飞设计

(1)已有资料收集

根据机载扫描任务要求,宜收集测区最新的基础地形资料、正射影像和大地测量资料用于航飞设计,也可基于三维空间数据进行航飞设计。

(2)航高

飞行高度应综合考虑点云密度、精度要求、激光有效距离及飞行安全的要求,在满足成果数据的技术要求和精度要求的前提下,也可在测区内不同架次采用不同的相对航高。

(3)航飞速度

航飞速度应综合考虑航高、激光雷达系统参数、精度要求、测区地形、飞行平台性能以及安全等因素确定。

(4)航飞分区划分

分区应考虑测区地形、GNSS 基站布设、飞行效率、方向和安全高度等因素进行划分。

(5)航线敷设方法

航线敷设应符合以下要求:

①航线敷设应根据测区面积和形状,考虑安全和经济性等实际情况选择飞行方向。

②航线敷设时,宜根据 IMU 误差累积的指标确定每条航线的直线飞行时间。

③航线敷设时,平行于测区边界线的首末航线一般敷设在边界线上或边界线外,边界以外区域覆盖不宜少于单条航线扫描面积的 40%;考虑飞行速度、高度、安全和 IMU/GNSS 系统性能等因素,航向覆盖超出测区边界线通常不宜低于 100m;旁向重叠度不宜少于 50%,保证数据的完整性。

④每个测区应至少设计一条构架航线,航高应保持一致,建筑物密集区域可布设十字航线。

(6)航飞季节、时间的选择

宜选择气象条件最有利的飞行季节,选择地面无积雪、地面植被稀疏和树木落叶的季节,同时应考虑云高、云量、可见度等因素,选择有利于影像获取的航摄飞行时间。

3)航飞要求

(1)点云密度每平方米不宜低于 80 个点,点云应覆盖整个测区。

(2)航高变化不宜超过相对航高的 10%,飞行速度尽可能保持一致,上升下降速率不宜超过 10m/s,航线俯仰角、侧翻角不宜大于 2″,最大不宜超过 4″,航线弯曲度不宜大于 3%;在满足航飞成果质量要求的前提下,可放宽上述飞行质量指标的要求。

(3)补飞或重飞航线的两端超出范围不宜小于 100m,并应满足与原航线的旁向与航向重叠要求。

(4)在 IMU/GNSS 系统数据或点云数据缺失,原始数据质量存在缺陷影响点云的精度或密度时,应进行补飞和重飞。

4)航飞实施

(1)检校飞行

检校飞行应符合以下要求:

①航飞实施前宜进行检校飞行,多架次飞行后,可根据数据质量情况进行检校。

②机载激光雷达系统各部件相对关系发生改变后,应进行检校飞行。

③检校飞行时 GNSS 卫星数不宜低于 15 颗,高度角不宜低于 15°,位置精度衰减因子(PDOP 值)宜小于 4。

④检校飞行可采用高低航线和交叉航线等,旁向重叠度不应低于 50%,纠正点和检查点测设应满足要求。

(2)飞行准备

飞行准备应符合以下要求:

①停机坪或起飞点四周视野开阔,视场内障碍物的高度角不宜大于 20°,避免 GNSS 信号接收失锁。

②机载激光雷达系统在起飞前应加电检测,起飞前 5min 开机,落地后 5min 关机。

③所有基站应在飞行前进入观测状态,完成电源、存储系统等检查,做好观测准备;所有基站在测量过程中应连续观测。

(3)飞行实施

飞行时其他注意事项如下:

①飞行过程中应观察系统工作情况,重点观察系统状况、数据状况和实时天气状况。

②飞机进入测区前,应进行 IMU/GNSS 系统的静态和动态初始化。

③飞机降落至停机位或停机点后,应继续采集 5min,保证 IMU 与 GNSS 数据记录完整,待机载激光雷达系统电源关闭后,方可关闭飞机电源。

10.3.4 数据处理

1)数据解算

机载激光点云数据解算应符合以下要求:

(1)机载激光扫描测量数据处理可包括定位测姿数据、影像以及点云数据的处理。

(2)定位测姿数据应采用距离测区最近的 GNSS 基站数据或多基站数据联合机载 GNSS 观测数据和 IMU 数据进行解算。

(3)影像数据处理前应检查相片数、测区是否覆盖以及影像质量等,影像质量以及数据处理宜符合 CH/Z3005 的规定。

（4）通过检校飞行结果改善系统各部件的安置误差，联合定位测姿数据、原始激光数据解算激光点云数据，解算完成后应进行航带拼接。

（5）航带拼接时，不同航带间（含同架次和不同架次）点云数据同名点平面、高程较差不宜超过 5cm，若存在系统误差，应利用纠正点进行系统误差改正，再进行航带拼接。

（6）数据预处理完成后，应利用检查点进行精度验证，对于精度不满足要求的数据可通过纠正点改善点云几何精度。

2）成果要求

机载激光点云数据成果应符合以下要求：

（1）点云数据宜采用通用格式，如 LAS 等，单个点云文件不宜大于 1G。

（2）点云不宜出现连续大范围空洞。

（3）点云平面绝对精度应优于 7cm，高程绝对精度应优于 5cm，在特殊困难地区，点云成果在原有精度基础上可放宽 0.5 倍。

10.4 成果形式

初测阶段，提交精度为 0.2m 分辨率的 tif 或 jpg 格式正射影像（DOM）、格网间隔为 2.0m 的 tif 格式数字高程模型（DEM），以及 las 格式彩色激光点云数据，包括地面点及其他重要地面构筑物（如高架桥、高压输电线等）两种类型。

详测阶段，提交精度为 0.05m 分辨率的 tif 或 jpg 格式正射影像（DOM）、格网间隔为 0.5m 的 tif 格式数字高程模型（DEM），以及 las 格式彩色激光点云数据，包括地面点及其他重要地面构筑物（如高架桥、高压输电线等）两种类型。

另初测、详测阶段均需提交 1:2000 精度 dwg 格式地形图（DLG），计入常规勘测范围。

10.5 BIM 技术的应用

勘察设计全过程运用 BIM 技术可提升项目勘察设计质量及效率、提高管理水平，降低运营成本。通过搭建协同平台实现各专业三维 BIM 协同设计，以工程项目为单位，参加的各专业在平台的统一框架下，动态、实时地整合设计成果，实现在线数字化复审工作，形成实时、跨平台、全流程的协同设计解决方案，从而提升设计质量。

（1）构建完备的 BIM 模型，直观展示项目

运用 BIM 技术可全面直观展现走廊带内不良地质情况、城市、村镇分布情况、水库、景点

等环境敏感点分布情况,路网情况等项目状况。

在建立 BIM 模型时,首先,应用机载激光雷达技术对全线走廊区域进行地形扫描测量,针对全线建立以 DOM+DEM 合成的三维实景地模,对特殊工点,采用倾斜摄影测量获取高精度三维实景地模。其次,根据设计方案,搭建路基、桥梁、隧道、互通、标示标牌等结构物的模型,形成全线设计阶段的项目 BIM 模型。最后,叠加相关环境影响因素,如不良地质区域、地质规划控制区域等,形成叠加了环境因素的 BIM 模型,全面直观展现项目状况。

如果互通数量多,部分节点互通建设条件复杂,方案选型难时,运用 BIM 技术构建重要节点互通各比选方案模型,可以直观展现互通方案对建设条件和控制因素的适应情况,合理选定互通方案。同时,通过交通运行分析,优化互通匝道设计。

(2)运用 BIM 技术优化设计,查错补漏

设计中可以利用 BIM 技术对设计进行优化和对结果进行核查。比如,隧道围岩支护方案选择较难,传统的二维描述和赤平投影等方法均不能很好地反映构筑物与其关系,借助 BIM 技术构建隧道模型并叠加地质模型,能更好地反映隧道转岩与支护结构的空间关系,为隧道设计优化提供基础技术支撑;将桥梁模型与地质模型结合,可更好地校核桥梁桩长设置是否合理。

进行项目总体模型装配,可查找各专业之间的"错、漏、碰"问题并进行适当优化。

(3)为施工、运营阶段 BIM 应用提供基础模型及支持

在施工阶段,可利用模型的三维可视化,将各构件与施工进度、建造费用数据关联,形成"模型+时间+成本"的"5D"BIM;监测数据通过 BIM 技术进行可视化呈现;构件植入 RFID 芯片结合物联网技术,可提高物资信息的管理效率。

在运维阶段,建立 BIM 运营养护系统能够有效帮助运营单位提高管理水平,降低运营成本。

设计阶段应用 BIM 技术建立项目模型,为业主项目建设管理系统提供基础模型,是 BIM 技术在"设计—施工—管养"全寿命周期中应用的有力保障。

参 考 文 献

[1] 陕西省交通运输厅.陕西高速公路建设实录[M].北京:人民交通出版社股份有限公司,2018.

[2] 霍明.山区高速公路勘察设计指南[M].北京:人民交通出版社,2003.

[3] 中华人民共和国住房和城乡建设部.湿陷性黄土地区建筑规范:GB 50025—2018[S].北京:中国建筑工业出版社,2019.

[4] 王念秦.黄土滑坡发育规律及其防治措施研究[D].四川:成都理工大学,2004.

[5] 朱海之,高凤英,裴静娴.黄土颗粒成分在显微镜下的分析[J].地质科学,1959(3):90-92.

[6] 王辅,何倩,韩芬,等.黄土丘陵沟壑区六盘山以西葫芦河流域水土保持精准治理措施量化配置[J].甘肃农业,2022,(04):58-63.

[7] 高海博,李芍颖,高鹏,等.湿陷性黄土区复杂地基上高层建筑岩土勘察设计要点浅析[J].矿产勘查,2021,12(10):2132-2136.

[8] 易鑫.陕北黄土丘陵沟壑区特色村庄规划设计导则初探[D].陕西:西安建筑科技大学,2021.

[9] 李小海.黄土地区公路路基勘察设计问题探讨[J].交通世界,2020,(31):39-40.

[10] 刘庆,张渭锋.陕西黄土地区滑坡的一般勘察方法和工程处理措施[J].中国金属通报,2020,(03):198-199.

[11] 陈学宏,肖仁.探讨黄土地区岩土工程勘察问题[J].建材与装饰,2017,(36):242.

[12] 王永青.高速公路湿陷性黄土路基填筑的施工技术[J].交通世界,2017,(07):26-27.

[13] 薛晓辉.不良地形因素对黄土隧道塌方的影响性分析[J].山西交通科技,2013,(06):96-99.

[14] 肖大选.黄土地区高速公路下伏不良地质体处治技术[D].陕西:长安大学,2001.

[15] 丁成城.黄土地区不良地质病害原因分析[J].铁道运营技术,1998(01):26-27.

[16] 苗贵华.黄土地区淤地坝软土路基处治技术研究[J].山西交通科技,2020(04):16-19+36.

[17] 杜少少,洪勃,王力,等.陕北黄土地层地貌特征及工程特性综述[J].中国地质调查,2018,5(06):83-89.

[18] 姚海平,裴生丽,张云江.黄土地区常见工程地质问题的浅析及对策事项[J].四川地质学报,2013,33(02):196-200.

[19] 李晓芳,赵文博.黄土滑坡的形成机理与防治措施[J].科技创新导报,2012(15):93.

[20] 王慧萍.黄土地区高速公路软基处理[J].科技创新导报,2011(01):48.

[21] 邢玉东,王常明,张立新,等.阜新—朝阳高速公路段湿陷性黄土路基处理方法及效果

[J].吉林大学学报(地球科学版),2008(01):98-104.

[22] 郑翔友.湿陷性黄土路基处理措施[J].交通世界,2019(26):39-40.

[23] 李金云,吴全雷,王邵臻,等.强夯法处治湿陷性黄土路基的数值分析及应用[J].兰州理工大学学报,2017,43(01):111-115.

[24] 何元勋.基于探地雷达信号的黄土区路面塌陷智能识别方法研究[D].河北:河北地质大学,2022.

[25] 张小兵.湿陷性黄土地区公路排水及病害防治对策探索[J].中国建材科技,2021,30(02):131-133.

[26] 陶虎,张少英,万冰清,等.黄土地区海绵城市建设中一种雨水收集系统的开发研究[J].应用基础与工程科学学报,2021,29(01):91-101.

[27] 窦斌强.黄土地区公路隧道明洞下沉病害处治设计[J].山西交通科技,2020(04):140-142.

[28] 樊延刚.陕北黄土地区高速公路水毁的成因分析及防治措施[J].公路交通科技(应用技术版),2020,16(08):51-53.

[29] 张雪强.湿陷性黄土地区路基路面病害处治技术[J].黑龙江交通科技,2020,43(03):34-35.

[30] 张甲.黄土地区高速公路排水问题分析[J].科学技术创新,2018(10):110-111.

[31] 张刚刚,宋宇鹏,卢洋,等.黄土梁峁沟壑区高速公路桥梁设计探讨[J].公路,2017,62(07):115-119.

[32] 张正琦.黄土沟壑区高低墩梁式桥边坡稳定与桩基动力响应研究[D].陕西:长安大学,2020.

[33] 浑铁链.太中线黄土地区桥涵的设计[J].山西建筑,2008(02):321-322.

[34] 左祥红.公路桥梁勘测设计中的常见问题和策略探讨[J].工程技术研究,2019,4(15):188-189.

[35] 邹霖,韩相宏,李丹,等.山区高速公路桥梁设计关键要点及优化措施[J].工程建设与设计,2021(19):82-84.

[36] 王孝勇,蒋克勇.关于公路桥梁跨河沟的布置探讨[J].建筑知识:学术刊,2011(1):2.

[37] 郑强,吴迪军,张建军.桥梁工程跨河水准测量设计与实践[J].地理空间信息,2009,7(4):2.

[38] 薛劲松.黄土高原V型冲沟桥梁的设计[J].甘肃科技,2003.

[39] 冯忠居,任文峰,李晋.冲沟地区桥梁结构的设计与施工技术研究[C]//交通运输领域国际学术会议论文集.陕西:长安大学,2005.

[40] 吕东阳,孙晓娜,孙强.黄土冲沟地区桥梁基础安全调查研究与分析[J].明日风尚,2016(24):1.

[41] 韩桂武,刘斌,范鹤.浅埋黄土隧道衬砌结构受力分析[J].岩石力学与工程学报,2007(S1):3250-3256.

[42] 来弘鹏,谢永利,刘苗,等.黄土地区浅埋暗挖地铁隧道衬砌受力分析[J].岩土工程学报,2011,33(08):1167-1172.

[43] 李国良,邵生俊,靳宝成,等.黄土隧道地基的湿陷性问题研究[J].铁道工程学报,2015,32(12):12-16+50.

[44] 康军.黄土公路隧道设计与施工技术研究[D].陕西:长安大学,2006.

[45] 赖金星,李宁军,谢永利.黄土软岩公路隧道防排水合理结构型式研究[J].岩土力学,2007(03):614-618.

[46] 王亚琼,谢永利,晏长根.黄土公路隧道病害治理实例研究[J].工程地质学报,2008(04):557-562.

[47] 王小军.黄土地区高速铁路建设中的重大工程地质问题研究[D].甘肃:兰州大学,2008.

[48] 王俊,戴志仁.黄土地区既有隧道上方新建建筑施工影响分析[J].地下空间与工程学报,2016,12(03):747-753.

[49] 张玉伟,宋战平,翁效林,等.黄土地铁隧道湿陷性基底地基处治优化模型试验[J].岩石力学与工程学报,2020,39(09):1912-1920.

[50] 张庆飞.黄土地区隧道洞口段边坡稳定性研究[D].四川:西南交通大学,2005.

[51] 陈新建.黄土隧道工程地质灾害主要类型及分析评价[D].陕西:长安大学,2004.

[52] 张翾,汪成兵,周宁,等.某黄土隧道洞口段边坡坍塌机理分析[J].地下空间与工程学报,2015,11(S1):307-311.

[53] 牛泽林,谢永利,霍润科,等.黄土隧道衬砌结构的可靠度分析与研究[J].铁道科学与工程学报,2011,8(06):39-43.

[54] 叶朝良.黄土隧道施工地表裂缝形成机理及控制技术研究[D].四川:西南交通大学,2012.

[55] 高丙丽,蔡智云,王金华,等.黄土地区地铁隧道地层变形规律[J].西安科技大学学报,2015,35(03):331-335.

[56] 井洪涛.浅埋暗挖黄土隧道地层及围岩力学特性变化规律[J].科学技术与工程,2020,20(29):12137-12142.

[57] 冯丙阳.膨胀性黄土隧道大变形演化特征及支护对策研究[D].山东:山东大学,2014.

[58] 许海标.浅埋暗挖黄土地铁隧道力学性能研究[D].陕西:长安大学,2010.

[59] 王瑛,王维荣,屠彬.陕北黄土地区路线方案比选实例[J].公路交通技术,2016,32(01):26-31.

[60] 应亮亮,郭晓航,罗发扬.湿陷黄土地区规划地铁线路上方下立交工程设计[C]//2015城市地下空间综合开发技术交流会论文集,2015:44-47.

[61] 王鑫涛.高速公路机电系统分析[J].黑龙江科学,2022,13(06):88-90.

[62] 张智超.高速公路机电系统运维养护管理[J].交通世界,2022(Z1):223-224.

[63] 朱修权.高速公路隧道机电消防系统工程建设研究[J].科技与创新,2021(10):25-26.

[64] 杨仁聪.高速公路隧道消防设施监控系统设计与实现[D].陕西:长安大学,2021.

[65] 赵永生.浅谈高速公路山区长隧道消防系统的运维管理[J].交通工程,2020,20(05):53-56.

[66] 陶湘.高速公路房建工程设计常见问题及对策[J].科技风,2020(24):113-114.

[67] 张宏杰.湿陷性黄土地区公路桥梁病害形式及机理分析[J].工程技术研究,2020,5(16):169-170.

[68] 乔正正,方涛.浅谈黄土地区高墩大跨度连续刚构桥梁监测技术[J].上海公路,2019(03):36-40+4.

[69] 华丹.高速公路房建机电工程的防雷设计及施工问题研究[J].科技创新导报,2018,15(25):65-66.

[70] 曹益民.关于对高速公路收费站和服务区等房建和机电工程进行优化设计的应用研究[J].内蒙古科技与经济,2018(12):98-99.

[71] 张阳等.公路景观学[M].北京:中国建材工业出版社,2004.

[72] 戴明新.公路环境保护手册[M].北京:人民交通出版社,2004.

[73] 刘书套.高速公路环境保护与绿化[M].北京:人民交通出版社,2001.

[74] 马健等.公路绿化工程[M].北京:人民交通出版社,2003.

[75] 冯志慧.基于驾驶员认知特征和视觉特性的高速公路景观设计方法研究[D].陕西:长安大学,2012.

[76] 胡圣能.高速公路景观规划与设计技术研究[D].陕西:长安大学,2011.

[77] 汤振兴.高速公路与沿线景观协调性研究[D].北京:北京林业大学,2008.

[78] 魏中华.公路景观设计理论研究[D].北京:北京工业大学,2005.

[79] 屠剑斌.陕西高速公路绿化设计与路域生态恢复的研究[D].陕西:西安建筑科技大学,2009.

[80] 夏本安.高速公路景观绿化设计研究[J].中外公路,2004(02):99-102.

[81] 王淑芳,WANG,Shu-fang,等.新技术在公路桥梁设计中的应用分析[J].工程建设与设计,2017.

[82] 毕雪飞.测绘技术在公路勘察设计工作中的应用[J].四川建材,2021,47(12):45+56.

[83] 何江龙,李照永,侯至群,等.便携式三维激光扫描技术在城市地下空间信息化中的应用研究[J].电子测量技术,2020,43(14):136-142.

[84] 王国锋,许振辉.机载激光扫描技术在公路测设中的应用研究[J].公路,2011(3):5.

[85] 张熙,刘小勇.机载激光扫描技术在公路勘察设计中的应用及关键技术研究[J].公路交

通科技:应用技术版,2014(4):3.
- [86] 项兴松.道路桥梁工程测量中的GNSS-RTK的应用[J].建筑工程技术与设计,2018.
- [87] 武汉测绘学院航空摄影教研组.航空摄影技术[M].北京:中国工业出版社,1961.
- [88] 周福.无人机航空摄影测量技术在地形测量中的应用与实践分析[J].大科技,2019.
- [89] 肖鰓纯.北斗卫星导航技术在公路工程建设中的应用探究[J].城市建筑,2013(10):2.
- [90] 韩佳琦,李鹏程,姜辉.GPS全球卫星定位导航系统的发展与应用[J].化工管理,2017(05):194.